# The Innovation Quartet: From Lab to Market

Otto C. C. Lin

# 创新四重奏

## 从实验室到市场

林垂宙 著

上海交通大學出版社
SHANGHAI JIAO TONG UNIVERSITY PRESS

**内容提要**

本书主旨在分析科技、创新和创业三者的关系，并以台湾工业技术研究院及多位科技创业家创业历程为例，生动阐述技术成果如何从实验室转换到市场。指出“产、政、学、研”四类成员的定位连结，可以构成和谐共生的创新机制，促使创业家成功起舞。主要内容涵盖：创新机制的基础；工研院的运作模式；成功创业团队的案例；以及创新文化等。

本书适合创业者、企业管理者、研究院所领导阶层、政府相关机构参考阅读。


**图书在版编目(CIP)数据**

创新四重奏：从实验室到市场/林垂宙著. —上海：上海交通大学出版社，2014(2019 重印)
ISBN 978-7-313-11385-6

Ⅰ. 创... Ⅱ. 林... Ⅲ. 企业管理—技术革新—研究 Ⅳ. F273.1

中国版本图书馆 CIP 数据核字(2014)第 103880 号

**创新四重奏：从实验室到市场**

著　　者：林垂宙
出版发行：上海交通大学出版社　　地　　址：上海市番禺路 951 号
邮政编码：200030　　电　　话：021-64071208
印　　制：当纳利(上海)信息技术有限公司　　经　　销：全国新华书店
开　　本：787mm×960mm　1/16　　印　　张：17
字　　数：224 千字
版　　次：2014 年 6 月第 1 版　　印　　次：2019 年 7 月第 3 次印刷
书　　号：ISBN 978-7-313-11385-6/F
定　　价：49.00 元

# 简体版自序

在过去的15年中，我有幸在许多国内的前沿高校和政府机构如科技部、国资委、中组部、清华大学等的训练班，及各省市的讲习会上演讲，最常说到的主题，就是知识经济、科技发展、创新机制、创业精神以及全球化等。很明显的，这些是台湾近三十年来比较知名的课题，很多社会上的人士，对台湾的发展，感到惊讶。我前所服务的工业技术研究院（工研院），在台湾的创新机制中，有着相当重要的角色。所以他们对工研院的运营模式，很是好奇。

20世纪末期，台湾的发展在东南亚地区，不可不谓是一个奇迹。说起来台湾不过是南中国海上的一个岛屿，面积不到四万平方公里，可耕地不及四分之一，而且地貌贫瘠，除了台风地震之外，绝少天然资源。1940年代末期蒋介石到此，可谓是山穷水尽。然而，他和陈诚、严家淦、蒋经国惨淡经营，先从土地改革做起，安定民心；继而发展教育，促成轻工业，逐步实施十大建设项目，增强经济基础。到了1980年代，科技产业登场，经济快速成长，便跃升为东亚经济“四小龙”之一。在1980年时，大陆、台湾的GDP比值，约为4.5；1993年时，转成为2；这就是台湾经济成长最快速的15年。从此之后，科技产业成为台湾经济的主力。大陆方面，科技企业此时方在起步，亦很迅速地开展。

台湾经济发展的一个特点，是中小企业的成长及大型公营企业的式微。在这个时段中，台湾制造业的附加价值，归属于中小企业（受雇100人以下）的约已增加为40%，超过了大型企业（受雇500人以上）。所以，中小企业成为创新的主要动力，中等收入阶层成为社会的主流，这是此后台湾社会安定力量的源泉。

这种经济生产和分配的模式，可称是台湾经济发展的特色。塑造这种特色的原因很多，其中一个确定的因素，就是工研院笃守它的定位，发挥了它在创新机制中的角色功能，不断地移转技术、协助中小企业的升级及发展。世界上从事科技研发的机构，不可胜数；然而能做好技术转移促进产业化的，寥寥无几。所以许多国内外的有识之士，对于台湾经济发展和工研院的好奇心，不为无因。

中国是世界上庞大的国度，经济上的改革开放，到1986年后全速进行。中国大陆的GDP和台湾相比，在1993年是2，2003年急促成长到5，2010年是13.7，到了2012年已成为17.4倍。这样的经济成长，真可称是突飞猛进。然而在急速发展的背后，特别是在分配的角度来看，亦潜存着若干令人不安的现象。两岸的创新机制，存着甚多相似之处，亦有很多的相异。所以，分析两岸经济发展的轨迹应是深具意义的课题，相信未来必有更多的学习和验证。

我个人的观察，中国在过去二十年经济成长辉煌，有一个特色，就是不断地学习、不断地验证、不断地攀升。邓小平说得好，“摸着石子过河”。中国的学习是多层面的，它向朋友学习，向对手学习，亦向历史学习。可说学习不遗余力，无所不至；先是模仿，随着改进。其实“三人行，必有我师焉”，邓小平的话，看似平实，说来真有中华文化的背景。他又说“白猫黑猫，能捉老鼠的就是好猫”。因此，政府措施常能不拘一格，兼收并蓄。所以在全球化波涛汹涌的竞争中，能够脱颖而出。

我在2013年写作《科技创新四重奏：成功创业故事解密》一书（商讯文化出版）的本意，是希望把台湾在20世纪末期经济发展中“产、政、学、研”的创新机制、机制中各成员的互动以及创业家的努力笃行，作较详细的说明，以便给未来的研究作参考。我所着重的时段，是1980到2000年的这20年，因为这是台湾发展最迅速的时候，而个人亲身参与，有第一手的体会；当然亦因此可能有过于主观和偏见在内。但是作者实话直说，对未来的学者，应不无辩论参考的价值。我虔诚地希望，21世纪的中华民族，能够真正地从世界中崛起，而给人类历史留个榜样。这将需要把今天中国内地、台湾、香港各地区的经验保留学习，相互扶持。

为方便国内读者容易阅读，所以我有在国内发行简体字中文版的意愿。但是这事说来容易，等到我开始进行的时候，才发现困难。它的挑战性，不只是文字的转换而已。两岸经过50年的隔阂，许多表达的方式和意识的框架，已然形成不少的屏障。要克服这些困难和障碍，恐怕还需多些时日。

所以我需要把商讯文化出版的《科技创新四重奏》的内容，作一些必要的修饰。为了更加明确这本书的主题，简体版的书名改为：《创新四重奏：从实验室到市场》。两书看来不同，内容实有很多相似处，从主旨及重点来说，亦可说是二而为一。

这本书的出版筹划多时，但极少进展；幸而得到上海交通大学出版社的支持，才步上坦途。在韩建民社长、张天蔚总编、提文静、朱懿、华春荣等专家的鼎力协助下，终使这本书能在较短的时间内和读者见面。我对他们的热忱和卓越的贡献，表示诚挚的感谢。清华大学公共管理学院院长薛澜教授和精益中国总裁赵克强博士两兄，在早期就答应为简体字版写序以为鼓励，我在这里向他们致衷心的敬礼。清华大学的林萍、工研院的陈念玉、香港理工大学的林海秋、周崇英等几位同事，给予了慷慨的协助，我要特别向他们致谢。

**林垂宙**

2014年6月

# 致　谢

在工业技术研究院服务接近十二年，是我职业生涯中最可回味的一段：接触最广，层面最宽，层次最繁，影响最久。特别有趣的，是离院后所体验的回响，比在院时更为热烈、更为亲切。老朋友聚首时不免感怀于许多难忘的插曲，新朋友见面时常震动于好奇而期待的眼光。

由于几代工研人的努力，新竹工业技术研究院已经成为一个国际性的品牌，和20世纪后期台湾的经济转型存着不可分割的关系。我撰写这书的本意，是尝试描绘许多先进的远见和同仁的努力，说明工研院运行的模式，分析台湾创新机制和创业精神的特色，解说20世纪后期“台湾崛起”的背景，给后人留个见证。

首先我必须先向孙运璇、徐贤修和方贤齐三位领导人表示由衷的敬意。孙、徐两位均已作古，孙先生建立工研院，高瞻远瞩，众所周知。徐先生奉蒋经国先生之命建立新竹科学工业园区、担任工研院董事长长达十年；和现时在纽约颐养天年的方先生，共同奠定了工研院的企业化管理制度。这三位都是科技人员报效国家、服务大众的典范。

在工研院的十二年中，我前后经历了五位“行政院”院长（孙运璇、俞国华、李焕、郝柏村、连战）和六位“经济部”部长（赵耀东、徐立德、陈履安、李达海、萧万长、江丙坤）。我和这十一位长官和他们的主要工作团队，自有许多来往和沟通。他们的领导风格各不相同，但共同的特色，是任劳任怨、有为有守。他们对工研院有积极的期待,更有正面的支持,都把工研院的成就当做他们施政的一个重点。无怪乎这些人的时代,是台湾经济崛起、开展、辉煌的时代。算起来,我真幸运能在工研院的岗位上和他们交集。

然而我亦实在低估了写这本书的困难度。工研院同仁的成就宏大浩瀚,书中所能提到的只是很小的一部分,而且局限在早期个人所经历的狭窄的层面上。许多非常优越的科专计划、人员事迹、对台湾经济和社会发展的影响,实在没办法在限时内给予充分的介绍。所以在本书杀青的时刻,我心里感觉到十分的不足、惆怅和惭愧。但是个人的能力有限,此笔已秃,此气已衰,不得不鞠躬下台。我衷心希望未来能看到更多年轻的作者,舞其如椽巨笔或生花妙笔,把工研院和工研人的故事,再好好地描绘。

最后我必须向几位工研院的朋友们表示衷心的感谢:徐爵民院长,没有他的鼓励支持,这书无法开始;罗达贤主任,因为他的精心安排,使我免在典籍中迷失;吴淑敏、侯玉贞、滕怡光、陈静芬协助稿件的整理;林行、彭裕民、张世平、何大安、张和坚、吴素静、王贞云、谢凤杰、朱美莲对访问的安排和数据的提供;许淑佩、蔡昕融对出版的规划指导;他们都是我撰写过程中的贵人。最后,陈念玉在本职繁忙中协助稿件的总成和整理,尤令我深深感激。工研人,我以你们为荣,在这里向大家致敬!

**林垂宙**

1983年7月1日于工研院四十周年庆

# 序一　迎接创新创业经济时代的挑战

薛　澜

（清华大学公共管理学院院长）

林垂宙教授因《创新四重奏：从实验室到市场》简体汉字版出版在即，邀我为新版作序。我一方面感到高兴，另一方面感到不安。高兴的是林先生的这部大作能够用简体汉字出版，对于大陆的读者来说将更加容易阅读和理解，有益于林先生的知识和经验的传播，可喜可贺。不安的是，从学识和年龄来说，我都是林先生的晚辈，才疏学浅，与林先生结识十几年，从为学和为人方面学到了很多东西，也看到了自己的差距，很难为林先生的大作写序。但林先生诚意拳拳，我也很难推辞，只想把自己的阅读体会跟大家分享。

科技创新也许是当今时代最响亮的音符，但其背后的旋律又可能是最难结构的。正因为如此，市面上关于科技创新的各类书籍林林总总，不一而足，但细翻起来，有的理论体系宏大，论证方法精美，唯一的缺陷是与科技创新的实践相差万里；有的则是“战场故事集（war stories）”，虽有各种生动有趣的故事来反映科技创新精彩纷呈的活动，但零零散散，总是令人难以抓住科技创新的真谛。而林先生则像是一个高明的作曲家，把《科技创新四重奏》的四个部分详为阐释：科技创新活动的整体框架——国家创新体系，科技活动的组织机构——工业技术研究院，科技活动的行为主体——创业家团队，以及科技创新活动的价值理念——创新创业文化等有机地结合在一起，辅之以作者本人多年从事科技创新活动管理的具体实践，生动案例及富有哲理的思考，把科技创新活动的严谨科学与生动优美体现得淋漓尽致,是科技创新领域极为难得的一部扛鼎之作。

我一口气读下来,感觉本书有以下几大亮点:

首先是作者本人的独特学识与经历。林先生早年留学美国哥伦比亚大学,获得博士学位后到美国杜邦公司工作,之后80年代回到台湾清华大学任教并担任工学院院长。后受聘担任台湾工业技术研究院材料所所长,并于1988—1994年担任台湾工研院院长。之后,林先生又到香港科技大学担任负责科研的副校长,继而受霍英东先生委托,在大陆广东省的南沙高科技开发区创立"南沙信息科技园"担任总经理,推动其产学研政的有机结合。在此期间内,林先生在国际科技创新政策舞台上也非常活跃。可以说林先生是学贯中西,历经产学研政,横跨海峡两岸三地。正因为他有如此丰富的学识和经历,所以对于同样的现象,不管是创新系统的构建,研究院所的管理,还是文化对创新的影响,林先生总能够有其独到的观察与分析,给人以启迪与思考。而林先生思维敏捷、机智幽默的性格也更是生动地体现在书中。

其次是林先生曾经担任院长的台湾工业技术研究院这个机构。台湾工业技术研究院是享誉国际的杰出研究机构,曾经被一些业内期刊评为全球10大著名研究机构之一,对台湾高科技产业的崛起做出了巨大的贡献。多年来对于台湾工研院成功奥秘的研究应该说也是汗牛充栋了。但是很多分析都比较原则,而且给人以事后诸葛亮的感觉——成功了什么都对。但是在本书中,林先生作为工研院推动台湾高科技发展关键时期的掌门人,把工研院当时发展在职能定位、治理结构、运行模式、技术管理等面临的挑战进行了详细的描述,同时给出了工研院对这些问题的诊断及解决这些问题的具体思路和方法,使我们看到了一个真实的台湾工研院,一个不断成长的工研院,及一个追求卓越的台湾工研院。其中很多的管理诀窍(know-how)非亲身经历很难想象。正因为如此,每当我们邀请林先生到公共管理学院来授课,尤其是给学院受国家有关部门委托、为国家大型研究院所的院所长举办的管理培训班授课时，林先生的课程每次都受到学员的欢迎和尊敬。

此外，本书的一大特色就是对台湾高科技产业发展背后一批创业家团队和他们的创新发展经历栩栩如生的描写。从刘金标的巨大机械公司与工研院工业材料研究所合作开发碳纤维复合材料，打造名扬全球的捷安特自行车，到胡定华离开工研院受聘担任 H&Q-Taiwan 总经理，成为科技新创业家的伯乐，培育出一代成功的台湾高科技企业，再到卢志远主持工研院次微米计划并创立衍生企业“世界先进积体电路股份有限公司”及“欣铨科技股份有限公司”等，林先生对这些创业家的艰难发展经历如数家珍，娓娓道来，绘出了工研院推动产业科技研究，孵化高技术企业的一道道靓丽的风景。

当前，中国大陆正在经历着经济发展的重大转型，国家新一代领导人对科技发展高度重视，强调科技创新是提高社会生产力和综合国力的战略支撑，必须摆在国家发展全局的核心位置；必须使中国经济尽快转入创新驱动发展的轨道上，充分发挥科技进步和创新的作用，把科技创新的潜力更好释放出来。现在中国每年在科技创新方面的投入已经接近发达国家的水平，关键问题是如何提高中国国家创新系统运行的效率。如何让中国的企业有更好的创新创业环境去创造价值，让大学和科研院按照更加有效的机制去创造知识并提供服务，让产学研政的交流合作更加顺畅，这是摆在我们所有从事科技创新研究的学者和实践管理者面前的共同挑战。林垂宙先生的《科技创新四重奏：成功创业解密》汉字简体版出版恰逢其时，是我们迎接这场挑战的必读之书！

# 序二　科技创新和创业在未来的中国

赵克强

（精益企业中国总裁）

“创新”是知识经济社会时髦的名词，任何事加个创新都会引起大家的注意，这表示大家认同创新的重要。但真能用简单的言语解释创新，并系统地剖析一个政府建立创新机制的书还没有见过。林教授的《创新四重奏：从实验室到市场》正是及时雨，希望能为中国读者带来新的知识与价值。

我郑重推荐这本书给大中华区，包括大陆、台湾与港澳，在政府、产业、大学或研究院，对“创新”这个课题有兴趣的朋友们。我的推荐基于下面几点：

我读过若干中外私企创业的书籍，但能从政府和社会的层面，引用实际的案例，来讨论政、产、学、研四方的定位，阐述各自的职责与对社会的贡献，还属创举。作者亲身参与“台湾工业技术研究院”（以下简称工研院）的建设，担任所长及院长前后12年，退休后总结他的经验与大家分享；并以第三者的身份，客观地分析欧美、中国、韩国、新加坡等国家和地区的创新机制。这对关心创新的朋友们、特别是拟定政策的政府及企业领导来说，真是个很好的学习机会。

这是本围绕着中国社会与文化背景的写实故事，用简单的文字来阐述创新的定义，创业家的实践与科技企业成长的过程。作者在退休20年后，再度走访曾经与工研院合作的11家台湾企业，与经营者畅谈当年创业的酸甜苦辣。本书是今天大中华区从事创新创业的朋友、尤其年轻读者们，最好的借镜与指南。

创新过程中最重要的成功因素是什么？作者在总结的章节里，提到成功创业者的价值观，值得大家深思。这七个元素看起来都很平常，没有什么惊人之笔，但从书中那些成功创业者的故事里可以看出，正是这些平常的价值观，带领他们克服了一关又一关的大环境挑战，与运作上的种种困难，不断地向前走。

作者引用老子"有与无"、"实与虚"、"硬与软"的思维，来说明"软实力"的重要性，把中国的传统文化与当今大家关注的创新精神相结合，实属难得。这对中国读者来说，尤其是年轻一辈的创业家，比读外国人著作有关 Soft Skill 的书籍，更容易了解接受。作者的确用心良苦。

欧美与台湾地区的经济发展都是以中小企业为基础，中国政府发展和谐社会、小康社区，也采取同样的方向。我们希望读者能借他山之石，在中国开发出一套适合中国大陆国情的政、产、学、研的创新机制，为未来社会经济的持续成长，作出更大的贡献。

# 序三　创新源自于人与环境的合奏

施颜祥

（中原大学讲座教授，原台湾“经济部”部长）

为林垂宙兄所著的《创新四重奏》写序，是我莫大的荣幸。

垂宙兄是知名的材料学者与管理专家，旅美多年有成，回台后先担任台湾清华大学教授、工学院院长，后出任工业技术研究院材料所所长、工研院院长，主持台湾工业材料发展计划等重大科技项目，支持推动台湾产业发展，并规划扩建工研院新研究院区，奠定工研院长期发展良好基础；他对台湾经济建设具有重大的贡献。

垂宙兄领导工研院期间，适逢台湾产业升级的关键时刻，社会上下齐心为发展经济而努力。科技引领经济发展的理念，落实到产、政、学、研的紧密分工合作。工研院适时扮演关键枢纽角色，先引进尖端技术，加以吸收改良之后，再移转产业生产，带动了新兴产业崛起，同时也引领了传统产业转型升级。我在这段时间正在“经济部”服务，主管科技发展项目业务，因与垂宙兄及工研院各单位来往频繁，对各项重大科技项目之规划及进展，知之甚详，亦乐为协助，共襄经建发展大计。工研院的成功营运模式已成为发展中国家学习的典范。

垂宙兄在本书中，详细说明产、政、学、研四重奏的各自角色，以及整合产生综效的关键因素。书中指出“定位清楚、连结紧密”是台湾新竹与加州硅谷得以成为科技创业摇篮的基本要件，而人的热忱、决心与毅力，更是将创意落实成为创新与创业的主导力量。

书中也比较不同国家(或地区)的机制,有采取自由放任的"分离独立"模式,也有采取"集中整合"的做法,但是"定位链接"模式仍然是符合科技创新的最有效机制。台湾有幸在许多先贤的领导之下,能够勾画一个成功的模式,并戮力执行,而有今日的成就,实在值得大家珍惜。

本书详细讨论了工研院模式的成功要素,由定位为"民间组织,研究开发工业技术,提高整体工业水平,增进社会福祉"开始,到工研院组织制度的设计,绩效评估的推行,人事与财务管理机制的落实,以激励为基础的行政措施,多形式、多层面的技术的扩散等。甚至如何面对社会的质疑,与各界沟通,化解"与民争利"的误解等,书中都有清楚的阐释,的确可以作为国内外典范学习的参考。

"创新四重奏"一书,又从环境制度回到人才的核心议题,不论是产、政、学、研,都仰赖人才运作落实。书中列举了12个值得学习的案例,由巨大的刘金标董事长开发碳纤维自行车开始,到三芳化工的王敬堂董事长引进超细纤维技术,多数与工研院都有密切的合作关系,也看到企业负责人如何坚毅地克服企业转型升级的瓶颈。这些案例由垂宙兄现身说法,读来更具亲切感与说服力,值得读者细心体会。

另外值得一提的是,书中也引介了工研院出身的成功专业经理人,如投身创投事业的胡定华董事长、耕耘半导体业的卢志远博士等,各在专业领域都有杰出的表现。"工研院院友"已经成为台湾产业的金字招牌,也见证了实务人才在创新经济体系中的重要地位。

台湾目前又进入了另一个产业结构必须加速调整的阶段,这个阶段更须仰赖自主技术创新,以及经营管理模式创新。产、政、学、研四重奏的基本架构不需要改变,但是各自内涵则要有重大的调整,而主导力量仍然以人为核心。

台湾企业投入研究开发已有相当增加,但是仍然不足以因应国际竞争。政府的角色已在转向,以塑造环境为主,但需要进一步强化产、学、研合作机制。

在政府大力支持之下，台湾学术研究能力已具相当水平，但是有价值的智能财产创造力依然不足。研究机构赖以发展的技术引进移转模式已捉襟见肘，扩大前瞻先进技术开发的需求已迫在眉睫。垂宙兄指出了台湾以及工研院成功的经验，但是新的挑战则需要新一代来积极面对，以建立更有效的产、政、学、研合奏机制。

垂宙兄离开工研院之后到香港科技大学任教，视野又从台湾扩大到亚太地区，也看到中国大陆与东南亚国家的发展过程中，对台湾工研院的经验，具有高度的兴趣。“前有强敌，后有追兵”是台湾当前产业处境的写照，他适时完成本书的著作，相信可以提供关心台湾产业发展的广大读者一个反省、精进的机会。

再度感谢林垂宙兄，为产业发展提供了真知灼见，相信本书的出版，可以启迪国人掌握科技创新的精髓，共同使台湾成为“全球创新中心”。我以最诚挚的态度向所有关心台湾产业发展以及科技创新的广大读者推荐本书。

# 序四　创新环境、创新机制与创业精神

许士军

（元智大学讲座教授，台湾大学管理学院首任院长）

当几十年前，彼得·杜拉克提出"不创新，即灭亡"这一警句后，整个世界在事实上的发展已经证实了这句话的真知灼见，甚至大可以应用到一个国家或社会，中可以应用到企业以及教育、金融各种组织机构，小可以应用到个人——尤其所谓的"知识工作者"(knowledge worker)身上。时至今日，问题已不在于创新是否重要，而在于如何能够实现所称的"创新"。

累积至今，有关"创新"之主张或理论可说是车载斗量，汗牛充栋，往往使人有莫衷所是之感。然而，拜读了林垂宙教授大作后，深深感觉，这是继他前一大作〈中华崛起来〉(2010，香港大学出版社)之后，再一次提出一整套经由长时期深思熟虑所孕育的结晶，相信对于当今台湾社会以及政企学界对于创新的想法和做法，有如醍醐灌顶。

**创新不是一种单线发展的程序，而是一个多面向和多层次的系统**

传统上，人们讨论"创新"，往往采取一种一条龙式的"程序"(process)观点：自"基本研究"至"应用研究"再至"产品与制程开发"，经过"试产/销"以至于"规模化产制"再到"销售与服务"。这显然是一种过于简化的线性思维；事实上，如本书所论述的，创新乃一种多面向和多层次的"系统"。

将这种"系统"观念应用到一个国家或社会上，创新之出现，乃取决于十分复杂的条件与因素，互相激荡与互动而来。首先，本书清晰地区别科学、研发与创新三者间的差异:“科学”所追求的,乃是新的知识,尤其表现为“理论”的形式,这种“知识”属于人类所共有;“研发”所追求的,乃是某种独特的“技术”,人们可以利用技术以达成某种具有实用价值的目的。相较而言,创新不同于科学理论和实用技术,其目的在于创造某种具有“市场价值”的产品或服务;重要的是,此种“市场价值”,并非取决于产品与服务本身,而在于它们所创造出对于使用者的效用和满足。不可否认的,这三者之间固然存在有某种密切关系,但它们又各有其本身之活动范畴与规则。譬如说,技术根源于某些科学知识或理论,但从科学知识到技术发展这一过程并不简单,也非直接;而创新的成功,也并不只靠知识或技术本身,有时甚至不需要靠新的知识或新技术,而在于其有效的经营模式。因此要推动和实现创新,必须有一整体观点建立一个能够统领这些复杂构成要素的架构。

**一个由作者亲身经历所孕育的总体创新架构**

本书中所发展的,就是这样一个总体架构。基本上,它包括有三个层次:一是如何发掘与利用有利于创新之外界环境因素,二是如何发展和建立一种相互分工与协作的创新机制,再则是最根本的创业文化和创业精神。令人敬佩的,也是本书的特殊价值,在于这一总体架构,不是教科书式的,而是作者以亲身经历与参与的台湾在过去四五十年的历史经验为主轴,并参照美国硅谷的事例所发展出来的,弥足珍贵。

**愿景是动力来源和指南针**

首先,创新不会发生于一个真空状态,它深受外界环境的影响,包括有如国际环境和潮流所带来的机会与竞争,所处社会层次的基础建设与文化价值,加上政府政策与法制以及相关产业的发展与群聚等,创新要从这些环境或条件中获得营养与支持。在这个层面上,作者特别强调社会愿景的根本重要性;有了某种足以激励人心的愿景,才能赋予所有参与者以努力奋发的热情,并导引策略和政策发展的方向。

其次，所谓创新机制，就是由产、政、学、研四类机构所形成的一种机制，它们各自扮演某种特定的角色，互相搭配及协调以支持创新活动。但是在本书中，作者特别将讨论的焦点放在属于“研”这一部分机制上。譬如以大学而言，所扮演的角色，应该是在于基础研究和应用研究方面，然而这种上中游性质的研究往往和企业所致力的产品与服务开发间，存在有某种鸿沟，因而有赖像工业研究院所扮演的“桥梁角色”予以连接。

这种创新机制的提出，具有重大而积极的政策和策略上涵义。有了这一架构，不同性质的机构才不会以为自己要包办整个创新程序——由基本研究到产业化，或由原料到产品再到经营模式开发——而是根据本身之能力与专长，设定本身之定位和其他性质机构互相配合。

譬如以作者最为熟悉的工研院为例，书中说：“它的能力再强，如果不尊重这个定位，企图向两端发展，便会走入它所不擅长的领域，而被边缘化；或者促使两端反向整合，就把它压缩以至消失了。”同样地，大学也应该有自己的创新定位，不宜捞过界，更不可追求急功近利，侵入企业或研究院的角色领域。例如目前许多大学孜孜一意地，只是在追求排名先后或发表论文篇数多寡，就是令人忧心的一种现象。

**不可或缺的创业家和创业精神**

真正说来，本书和一般纯粹自经济或科技观点探讨创新之最大不同，在于特别强调创业家团队与文化价值之重要，这一部分的讨论几乎占了全书一半篇幅。有关创业家的关键角色，诚如书中所言：“无论任何方式的创新都需要创业家去实践执行，才能实现”，也就是要靠创业家所坚持的理想、热诚和毅力，才能排除困难向前推进。书中并举出美国在19世纪和20世纪之交所出现的创业家，如爱迪生、莱特兄弟和福特，20世纪中的惠莱(Hewlett)和派卡(Packard)，比尔·盖茨(Bill Gates)，戴尔(Dell)以及在20世纪与21世纪之交的Steve Jobs(Apple)，Jeff Bezos(亚马逊)与Sergey Brin & Larry Page(Google)，Mark

Zuckerberg(Facebook)这些人物。令人惊奇的是,他发现,这些创业家都不是出身于某科学院或工程学院院士,然而他们所表现的洞察力、冒险力、行动力与毅力,赋予创新不可或缺的动力。

非常幸运地,在台湾也产生了类似的创业家,书中以专篇描述了十多位这样的人物,分别说明了他们如何在创新事业上所发挥的开创和带头作用。谈创新,如果没有这些创业家以及他们所带领的团队,我们难以想象台湾过去所创造的经济奇迹是如何发生的。仔细读来,本书以这些创业家的成功故事作为本书主体,并非只是教人如何致富之道,而是从这些成功案例背后发掘所蕴藏的文化价值:这些文化价值一方面代表中华文化的传承与底蕴,另一方面,作者更大声呼吁,我们应如何加以发扬光大以支持地球未来持续性的发展。

读罢全书,对于本书作者垂宙兄之博学深思及民胞物与的胸怀,不得不表示衷心的感佩。

# 前　言

苹果计算机创始人乔布斯(Steve Jobs)可说是现时代创新和创业的楷模，他的创业历程为大众所津津乐道。我们知道他的生父是一个到美国求学的叙利亚籍伊斯兰教青年，与一个美国天主教女友相好后，将襁褓中的乔布斯托让他人收养。老乔布斯夫妇是虔诚的基督教徒，是一个中等收入的典型美国家庭。他们在加州硅谷辛勤工作，视养子如亲生，关怀呵护，抚养成人；并容忍他的癖好，诱导他的兴趣，培养他特立独行、追求至善的性格。

请让我们思考一个假设性的问题：如果 Steve 的生父后来将他带回叙利亚，亦对他同样的优容呵护，甚至给他更多的资源，他是否亦能创造同样的事业？或许假设老乔布斯其后到台湾或大陆工作，把 Steve 带来了，在中国环境下长大发展，他是否亦能有今日同样的成就？我相信绝大部分人的答案都是：不可能。

这个道理其实是很浅显的。同样的一个人，在不同的时空及社会环境下发展，自然会得到不同的结果。所以我们可以了解，在科技创新上，人才当然重要；但是，环境机制也是同样重要的。优秀的人才，要有优秀的环境和机制的配合，才能成就大事，创造宏大事业。

过去 20 年来，我和很多大学校长或研究院长谈过话，他们时常为了一个共同的"产、学"关系的问题绞尽脑汁，挖空心思：我的机构里已经在许多前瞻性科技领域内发表了千百篇学术论文，这些著作大都是掷地有声，或者已成经典传诵。但是能够产业化的可说百中无一,能创造经济价值的更如凤毛麟角。甚至通过政府的资源,在“产、政、学”联手下,仍然是成败未卜。这创新——科学成果产业化,为什么那样困难?从实验室到市场的道路,为何如此崎岖?

反观Steve Jobs所塑造的科技产品,可以说是超时代性的。实际上Steve在一个并不是顶级的大学里,只待了一年的光景,除了思想上有些感悟之外,课业成绩可谓乏善可陈。什么电子电工、计算科学、无线通信、电子材料等,即使有所闻,亦属皮毛;他从来亦不以任何专家学者自居。然而他所率先创立带入市场的苹果个人计算机,从早期的MacIntosh,到近期的iPhone或iPad等,都能集声、光、电、动之新之巧,成为男女老少至爱的产品,人手多机,风靡全球。他的创业结果、苹果计算机公司的市场价值,在2012年中高居全球第一。类似的例子,亦可从创业家盖茨(Bill Gates)或朱可伯(Mark Zuckerburg)的身上看到。

他们这几位青年创业者没有当选某科学院院士或工程院院士、亦没具有某名川大海学者头衔或列名在某国家级计划的人物,他们所从事的科技亦没有立项在任何国家重点之中,但是他们在创新创业方面的成就,可说是出类拔萃,影响深远,这是什么道理?

再从宏观的层面来说,在1950年代二次世界大战结束之后,台湾处身在东南亚中,没有印度尼西亚、马来西亚的天然资源,亦没有日本、菲律宾的强大美援,历经内忧外患,如惊涛骇浪,但30年后,台湾的经济社会发展比很多东南亚国家为高为快。台湾的科技创业,如何形成?台湾的经济奇迹,是什么力量在推动?

这种科技创新和经济发展,究竟是什么一回事?这加州硅谷和台湾新竹,数千里之遥、天各一方,有些什么相似的环境生态和创新机制?

我们可以说科技发展要经过创业者的努力,在适当的创新机制下,才能创造新的经济价值,成为国家的经济力量。这个创新机制,不是“产、学”或“产、政、学”或“产、学、研”所能解释。而应从“产、政、学、研”的定位连结，才能表达清楚；我称之为“科技创新四重奏”，就是本书的主题。

本书从讨论创新和创新机制的基本架构开始，叙述台湾工业技术研究院在“产、政、学、研”创新机制中运作的模式，描绘许多优秀的创业团队的努力历程，并探索如何使创新创业的动力持续不息。希望读者从这些分析及众多成功实例中，可以触发更深入的思考。

**林垂宙**

# 目　录

# 第一部

## 架构——价值创造的基础

## 1.1 知识经济的动力:科技、创新、创业

人类社会经济形态的演进,由农业经济到工业经济再到知识经济,在各种经济形态下,各有其生产要素,如图 1-1 所示。

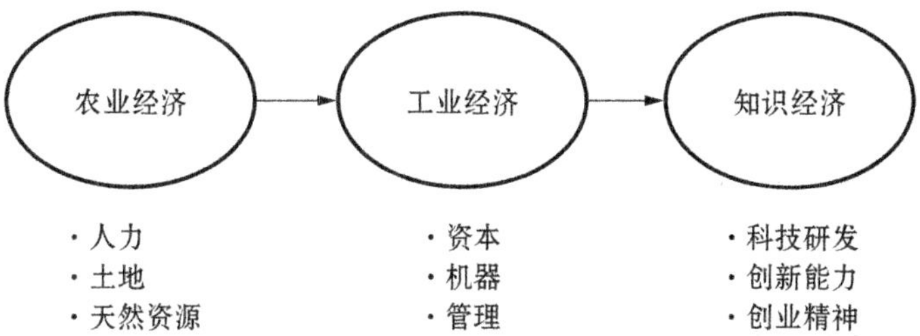


图 1-1　社会经济进步:生产要素

农业经济在人类文明发展中,已有万年的历史,它的生产要素就是:劳力,土地和自然资源。《尚书》所谓“有人斯有土,有土斯有财”,恐怕是人类最早的一个经济理论。在农业时代,最大的金主是地主,最大的地主就是国王。国王如果觉得他的财富不够,自可启动战事,攻城略地,并吞子民。所以农业经济里的重要活动,大都是属于零和游戏(Zero Sum)的范畴。在这种经济形态下,天然资源富庶的国家,自然成为强国。到今天许多出产石油的国家如沙特阿拉伯、科威特、伊朗等常以其油储为武器,在世界上取得独特的影响力。

然而天然资源有一个重大的缺点:一经使用,便已消耗(Depleted)。所以天然资源丰富的国家,如不知努力,善用现有资源以开发其他国力,终究有坐食山空之日。2009 年沙乌地国王阿杜拿斥资美金百亿元,创立科技大学 KAUST,便是希望以科技创新,为其王国开辟未来新天地,可谓虑远思深。

(参考:http://www.kaust.edu.sa)

人类为追求经济力量的提升,故戮力发明机器,用以增强人力的生产效率,纺织机是一个重要的实例。到了十九世纪,由于蒸汽机、发电机的发明和应用,

导致了工业革命的来临。

电力是人类文明的重要创新,因为电力和机器的交互运用,人类的生产力大幅度地提升。运用庞大资金和机器,更可以扩大经济规模,降低生产成本,使单位劳力、单位材料、单位土地的产出,进入新的层次而获取更高的竞争力。20世纪以后,更因国际航运的发达,全球主要城市,均可朝发夕至,地球村的态势,于焉形成。所以工业经济的时代的生产要素,是资金、机器和管理。

在工业经济时代,社会上的富豪大都是工业家、银行家和企业管理者。著名的人物如福特(Henry Ford)、杜邦(Pierre Du Pont)、卡内基(Andrew Carnegie)、史隆(Alfred Sloan)等,都属于这一类型的人物。

到了20世纪末期,社会经济活动因为新科技的发展,特别是信息科技、通信与网络技术的应用,而有了重大的改变,迅速带来了知识经济的时代!

在知识经济社会里,主要的生产要素是科学技术、创新能力以及创业精神。新的科技知识,如果运用得当,在较短时间内便可走上商业化的路。计算机、软件、电子商务、信息服务、社会网络等应运而生,并迅速成为国际领先的企业。苹果计算机(Apple Computer)、微软(Microsoft)、思科(Cisco Systems)、甲骨文(Oracle)、亚马逊(amazon. com)、谷歌(Google)、脸书(Facebook)等,都属于这一类型。这些科技产品的面世,在很短时间内便引起世界性的轰动,并诱导了人类生活形态及企业模式的革新。

知识经济社会的金主,如盖茨(Bill Gates),巴菲特(Warren Buffet)等,他们个人的财富,高达数百亿美元,超越世界上许多国家。他们所拥有的不是土地、矿产或机器设备,而是经由脑力创造的“智慧财产”。美国的经济在两次能源危机后逐渐式微,然而科技创新的能力,到了20世纪已成世界之冠,所以美国在全球知识经济里,居于龙头领导地位。2012年福布斯杂志(Forbes)美国富豪排行榜前20名中,有一半是科技公司的掌门人。擅长运用现代科技为管理工具的沃尔玛(Walmart)公司,其创始人家族四人,总资产超过千亿美元,多年来均列名首级富豪榜中。

20世纪末叶由于信息及通信技术的激荡，推进了民主化的潮流。技术化、国际化、民主化三潮流的相互激荡，促成了全球化的来临。在全球化时代中，多种人为的障碍逐渐减弱甚至消失于无形。许多政治边界、贸易海关、军事堡垒以及多种形而上的枷锁，逐步为民众所舍弃，或可称之为"世界平坦化"。

（参考：Thomas Friedman, "The World is Flat", Farras, Strauss and Gioroux, 2005）

然而在平坦世界中，人类社会众多的冲突并没有消失。相反，从前利用时间及空间上距离所提供的缓冲，不复存在。许多爆发性的冲突，可能更尖锐地对峙，更迅速地传播。三种经济社会之间所存在的矛盾，将可能更为恶化。

这三种经济形态仍共存于今日的世界里。以人口来说，今天世界过半的人口生活在农业经济形态的社会里。但以财富来说，过半的世界财富，集中在四分之一以工业经济或知识经济为主体的经济社会中，富庶国家与贫穷国家的差距越来越大。在许多国家内，这三种经济形态，也以不同的比例共存，造成城乡和区域的显著差异。

根据英国《经济学人》（*The Economist*）的分析，在21世纪，以经济发展总额（GDP）及人均所得（Per Capita GDP）来说，中国大陆就是三种经济形态同时存在的一个很显著的例子；沿海省市如北京、天津、江苏、上海、浙江、广东的人均所得，都已超过达一万美元的水平，但内陆省市许多仍在千元之下。可见今日中国政治及经济状况之复杂，宛如许多第一、第二、第三世界国家的集合。在这种环境的压迫下，利用科技创新以改善人民生活、增进人民福祉，营造和谐社会的要求，更为殷切。

（参考：http://www.economist.com/content/chinese-equivalents, The Economist, 24 February 2011）

在知识经济时代，创新体制的建立，攸关一个国家经济发展和竞争力的提升。如何建构一个良好的创新体制,激发人民的创新潜能,减少创业者的障碍,迅速利用现代科技的发展以增强国家的总体力量及改善人民的生活质量,是一个大有为的政府所应密切关注的课题。

## 1.2 何谓创新?

创新(Innovation)一词,时常和发明(Invention)混淆。其实创新和发明,是两个相关但不同的名词。人类投入资源和财富(Resources and Wealth)去创造知识(Knowledge)的过程,是发明。发明程序的结果产出,可以是专利(Patent),论著(Publication),机密性工艺(Know-how)或可以公开的理念(Know-why)。这个过程,可以说是技术性的。这些产出,大部分属于公众领域(Public Domain)。亦有许多可以通过法律保障,而给发明者相当程度的权益。

创新是利用知识去创造新财富或新价值的过程。创新不仅是创意,亦不仅是新奇;创新是集中知识和能力去创造新财富、新价值。创新是一个讲求效益的经济性程序,涵盖多种形式,包括技术、产品、设计、过程、制造,以至营业模式等。它多半需要由多种专业才能的团队的共同努力,及社会环境的配合而达成(见图 1-2)。

图 1-2 什么叫创新

因此创新的要件是新财富或新价值的产出。许多科技产品如个人计算机、手机、电话、PDA 及它们的零组件如电路模板等新产品,都是耳熟能详的,因此科技与创新常被共同引述,甚至同时出现,以至于有二而为一的表象,其实不然。许多以营业模式为主的创新，如 McDonald's Hamburger 快餐店，Federal Express 速递服务等，它们对社会所提供的产品或服务中，技术只是其中一部分，主要的是营业模式的推行，它们所创造的营业额、就业机会及整体经济效益，非常重大，对全球化时代的来临，尤有意想不到的影响。所以，创新成为知识经济社会中的重要生产因素。

无论是任何方式的创新，都需要创业家去实践执行，才能实现。创业家必须要有理想、热诚、毅力、能排除困难，以达于成。

创业家的目的是为实现一个梦想，使社会享受到它的价值。他个人所得到的回报或利益，是创新事成之后的一种奖赏，不应是推行创新的诱因。所以本末因果，不可倒置。我们可从成功的创业家和他们的事迹，如 Alexander Bell 之于电话及通信，Thomas Edison 之于电灯及电力，Steve Jobs 之于个人计算机等的发展，得到例证。

在近代人类文明发展及创新的过程中，最重要而最困难的莫过于 20 世纪初美国的莱特兄弟(Orville and Wilbur Wright)。他俩原以自行车店谋生，因操纵单车的运动，而感悟到人的意念为机械的主宰；因赞美飞鸟在空中的飞翔，而启发航行控制的构思。两人得到父母的鼓励，决定化构想为实践。从思考、讨论、绘图、制作，而试飞而改良；胼手胝足，不屈不挠。历经十年的试验，证实了人类没有翅翼，通过控制机械，亦可如飞鸟一样翱翔于天空之中。他们的努力，开启了航空的大门。

莱特兄弟的影响，一方面是开辟航运事业，创造无限的财富；再一方面是促进地球村的实现，提供了全球化来临的基础。在更高的层面上，使人类能脱离地球的枷锁，遨游于虚无缥缈的太空之中；并可登陆月球火星，探索宇宙的奥秘。这两兄弟在创新上的贡献，超越时代。他们在追求理想过程中所表现的毅力和求新求进的狂热，对人类价值提升的坚持，是创业家及创业精神(Entrepreneurship)优越的典范，可以说是人类文明发展史中极为辉煌的一章。

## 1.3 科技产业的根

一般人泛说科学和技术的重要性,把科技视为一体。事实上,科技两者固然相辅相成,但并不完全一样,发展的次序也有一定的先后。举例来说,指南针、火药等技术的发明和应用,远早于物理、化学、地磁、燃烧等科学。而数学、量子力学、半导体科学等科学研究,却开拓了现代许多技术的大门。又因为现代技术的进步,更拓广了许多科学的新领域。

科学和技术还有另一层分别,科学是共通性的,基础性的,超越国家领域的。例如太阳从东边出来、西边下去,在地球上哪一个国家或城市都是一样。所以我们可以说科学现象与自然的真、善、美有关。然而科学现象大都必须转变成技术,才能彰显它的适用性,而后能有经济上及商业上的价值。

技术的商业价值的高低,和空间(Space)及时间(Time)有关。譬如计算机制造技术,在 20 年前的台湾,是高价值的科技产业,今天已经没有什么经济价值可说了,然而在世界上若干地区,今天仍把计算机当做高科技产业。

从宏观的社会立场来说,科学、技术和产业的关系,究竟应该如何界定?从经济发展的层面来看,什么是高科技产业的根呢?

一般人的看法,高科技产业树的树根是科学,树干是技术,树的果实应该就是高科技产业了。这种概念,其实只是定性上的关系。

依我个人的观察,高科技产业树的根有多项,除了基本科学以外,其他主要的是:国家远景、国家策略、政策承诺、研发资金、财税政策、法律体系、区域规划、基础道设、人力资源、企业精神、风险基金、计划管理、及社会支持等。

(参考资料:林垂宙,《知识经济时代国家创新体制的建立》,高希均、李诚主编,《知识经济之路》,天下文化出版,2000 年)

这可用图 1-3 来解说。

国家远景 财税鼓励 基本科学 风险投资
策略措施 法律制度 基础建设 社会支持
研究发展 区域规则 人力资源 创新管理

图 1-3　高新科技产业之树

**国家远景**

从国家长期发展的层面看，国家远景的重要性可说是第一位。国家有了明确的远景，不论在政治、社会、经济、民生还是环境等任何方面，才能够集中意志、凝聚力量、启动资源，齐一步伐；所谓众志成城，就是这个道理。

我在 30 年前讨论高科技产业的树时，许多美国朋友表示质疑说，国家远景一说无形中强调政府的角色，这显然是中华文化的价值观。我说不然，国家远景的重要性是放诸四海而皆准，国家有了共同的远景，政府才有稳定的领导，社会各行各业才能正常地运作并追求持续的进步，这是创新发展的重要因素。

君不见，1957 年苏联 Sputnik 火箭发射后，苏联人能在太空中恣意飞翔，鹰扬地球之上，周而不息。世界各国门户洞开，再无秘密可言。此时美国原挟二战胜利之余威，以国力鼎盛自豪，遽处此变，无任震撼。1960 年肯尼迪即任总统大位，在美国国会提出“在十年之内，我们将会让人在月球上登陆，并把他安全地带回地球”的承诺。他所揭橥的是一个前所未有的远景：伟大、明确、挑战、浪漫而充满人道主义的憧憬，希望以此重振美国人的自信心。

从 1960 到 1980 年的二十年中，为了达成这个目标，美国全国科技和产业社会，齐心一致，共同努力，可以说是美国科技界、产业界中最活跃、最积极、最亢奋的年代。

**战略、政策与研发**

远景必须有战略规划及政策方案的支撑,才能付诸实现。许多科技研发的方案,因为政府资金的投入,能够逐步开展,这是非常明显的,不用多说。以登陆月球的计划为例,美国政府以太空总署(NASA)为主导,负责全案的推动,同时通过国家科学基金会、国防部、商业部、交通部等政府机构的引导,许多科学、工程、技术项目,纷纷在大学、企业、研究机构中进行。不到10年,美国终于在1969年的7月,通过Apollo 11计划把阿姆斯特朗、欧德林、柯林斯(Neil Armstrong、Buzz Aldrin、Michael Collins)等三名航天员,成功地送上了月球,并在四天后把他们安全地带回地球家里。这是人类文明史上继莱特兄弟之后的划时代性的重要里程碑。因为太空计划所研究开发的技术,包括在电子、计算机、通信、机械、控制、材料、燃料、感测、传动等多方面,50年来多已陆续产业化,成为今日人类生活不可分离的成分。

美国政府在80年代及90年代所提出控制癌症及艾滋病的国家远景,亦促成20年来生医技术的进步,人类基因组的解密,和许多生技产业的建立。生技科技的创新效果,到今天仍是方兴未艾。

**基础建设**

政府的角色最显著的是在营造一个良好的环境,使社会上的各行各业,都能有效率地运作。物理的、硬件的基础结构,是最明显的建设。这包括土地的平整,以及电力、用水、煤气、运输、通讯等的通畅,所谓"五通一平"。如果加上无线通信,就是六通一平,再把交通细分下去,由陆而海而空,那就成为八通一平,总之这类硬实力的营造,是可不断细化的,让我们叫他为"X通Y平"吧。政府在这方面的投资,是经济硬实力的表现。这种投资,时常迅速地发生连锁效应,昭彰政府绩效。所以不论任何党派当政,都优于为之,甚至释索敞赋,以高利贷款支应。

然而这一类的投资，如果处理不当，在供应及消费两端，都可能发生负面效应。在供应面上如果过分倚赖举债，必然增加计划成本；在消费面如果过分高估需求，必然降低使用的效率，两者都违背可持续经营之原则。故政府如盲目“倒水泥”，最后必将泥足深陷，反受其苦。故基础建设，亦须审慎为之。

**财税与法律**

科技产业的树根很多属于软实力的范围，而所涵盖的层次，非常广泛，亦非常重要，在此先就大的环境因素来说。

要达成科学研究结果的产业化，必须把民间企业界的力量早日纳入，所以国家在财税措施上，应设法减轻企业界的风险，以鼓励企业参与科技研发，或更新生产技术以增加在市场上的竞争力等。对于科技的投资减免税赋，是经常采用的措施。

同样的道理，国家必须简化法律规章，塑造法治环境，保障人民的安全及财产权益；并将政府运作透明化，使企业能申张其合法权益，免受官僚腐化的威胁。

此外亦应速立制度，维护知识产权并促进公平竞争。政府与企业间，应有透明、简单、快速的沟通渠道，使企业界在国际上或地区间的营商环境下都能有效地运行。

一个简单的指标，是新公司成立所需的手续及审批营业许可的时间。凡是鼓励创新、创业的政府，无不将规费、条件及程序等公开化、透明化，可由申请者追踪，并限期在短时间，或一周或一月之内完成。

我常向为“招商引资”而求教的地方领导问些小题目，公司的设立及解散，常是其中之一。许多领导通常不知答案，但拍胸保证，他们可以专人负责，特案处理，提供弹性。其实科技创业人员最害怕的是政府没有规范，事事都需要特别处理。他们的教训是：特权就是腐化的源泉。

**人力资源**

人力资源当然是重要的软实力因素，它所包含的不单是能从事尖端研究的博士级科学家和工程师,也是在生产一线的技术人员、办公室里的营运人员以及市场上各种专业人员。更广义来说,它是指所有企业里的从业者,都要有科技的训练、敏锐的观察、深入的分析和诚挚的执行。有这样的人力为主体,可以说无事不可为,他们所建立的产业,必定是高质量、能持续的产业,才能发挥创新的效果。

所以,现代化政府首要的一项施政措施就是教育。要建立一个完备的教育系统,从小学、中学、技职、大学、研究院所,要能一贯相成,而能互相配合。所培养的学生,不但有知识,有品德,亦能负责任,能合群。我们观察美国在20世纪的兴盛,日本在二战以后的再造,台湾经济在80年代后的脱胎换骨,都可以追寻到政府重视教育、培植人才的功效。

据报道,美国奥巴马总统曾向乔布斯(Steve Jobs)求教,如何才能使苹果计算机公司把海外制造的工作搬回美国。乔布斯说发展制造业,首要在人才。以苹果计算机为例,我们需要三万个合格的科技人员:工程师、设计师、技师、技工,等等。政府能保证提供这样的人才,我的制造业就可以回美国来!

**风险投资**

风险投资基金的功能,对美国高新产业特别是个人创业者,发挥了很大的功效。因为它可协助一般创业者在四顾无助的情况下得到资金,以维持他在产业化过程中的动力,追求他在科技产业领域中的梦想。此梦如能成真,既可服务社会,亦可成名致富。但是创业者要得到风险基金的兴趣去考虑,以及此后认真的磋商而达成协议,并不是一件简单的事。

Cisco Systems 公司创始人斯坦福大学教授 Leonard Bosack 和 Sandy Lerner 夫妇在1984年创业时要找资金,他俩所要达成的是把区域里不同系统的计算机连接起来,使计算机之间可以互相沟通。计算机能“联机”在现在看来是理所当然,但在30年前是个幻想,许多人不明白它的价值。据说他们陆续尝满70次闭门羹后,才能得到另一风险投资基金(Sequoia Capital)的首肯。

Cisco 如此，硅谷如此，他人他地，困难可知！

试想一般企业或个人到银行贷款时，必须提出能确定价值的物品为抵押，如地契房契等证明，或珠宝珍藏等实物，以保障贷方的利益。对于青年创业者来说，他可能是赤手空拳，身无长物，唯一有价值的是脑中的构思，而且大都是未来式。所以他必须如何表达，以取信于一般锱铢必较的投资者，实在是个大难题。从银行或基金的立场来看，新方案之提出，无日无之，如何分辨概念与幻想，原型与玩偶，数据与伪证；如何从沙砾之中发现宝石，或在牡犊之中认识骏骥，实在亦是极为困难。

一个理想的风险基金经营者，应是一个能识拔管仲的鲍叔，他应该兼具顾问、教练、导师、朋友、伙伴等角色于一身。然而不论投资基金如何照顾创业者，最后新创的公司仍可能因多种原因而失败。所以从政府的立场看，应该鼓励基金的设立，亦必须设法减少他们的风险，就如和对待高新科技产业一样。这些道理，不是一言可以说清的。多年前我在台湾鼓吹协助投资风险基金时，受到一位德高望重、名满士林的长者所斥责："小子已知风险，何可引人入壳?"令人啼笑皆非！

**社会支持**

一个地区或国家要能发展科技，以至于成就科技创新，社会的因素甚为重要。要分析社会影响，实在亦很复杂。社会必须尊重学问，鼓励对知识的好奇心；要求优秀品质，探讨日新又新。这样的社会，对未来有期望、有憧憬，就能赏识科技的发展。因为从事科技研究，是一个长期的追寻，许多科学现象开始时如浮光掠影，难以捉摸。科技产业需要时间的发酵和沉淀，然后才能看到效果。这和从事教育相类似，毕竟十年树木，百年树人。有些社会以拜金为尚，追求短期成果，要期待这样的社会去支持科技新创产业，何异于缘木求鱼。

乔布斯开发个人计算机的历程极为曲折，而时空因素极为重要。回顾在1970—1980 年代的加州硅谷，是一个朝气蓬勃的社会。人们受遗传因子 DNA

解密、登陆月球成功、越南战争结束、社会保险制度推行、航空旅运的平民化等的影响和振奋,面对未来,有着无限的期待,觉得一个伟大的社会就要来临了。很明显,具有庞大功力的计算机促成了这些发展。但是计算机这个无所不能的巨人(Genie),只有政府、企业、大学、机构才有能力拥有,岂是个人所敢奢求?所以当乔布斯向其他幻想家说"个人"可以使唤的"计算机"就要成真时,在硅谷的人们,自有一种情不自禁的欢喜和期待。这种能容忍说梦的痴人的社会生态,是创业者像乔布斯重大的支撑。

另一反面的例子是1997年回归前的香港。因为未来政治转变所可引发的未知数很高,所以移民风盛,资金外流,社会人士大都不谈远景。对知识的评价甚为低迷,更不愿投资于科技发展与高等教育。对于技术创新,甚至嗤之以鼻。谚语所称"高技术擦边,低技术捞钱"的批判,在香港是司空见惯。政府的领导阶层中,甚多目光如豆,久而不能矫正这种社会积弊。故早期的科教从业者,在香港常充满挫折感。这种现象,略经十年的平稳过渡,香港社会对科技创新的支持,才略有改变。但是今天香港政府对教育及科技的投入,与世界上同等经济力的国家或经济体相比,仍是瞠乎其后。

(参考资料:Otto Lin, "Hong Kong Should Step Up R&D", South China Morning Post, 8 October 2011)

实际上政府的年度财政收支盈余常有千亿元港币以上,但不思投资于教育、科技或医疗,转以派发红包取悦民粹,良可一叹!

民粹效应的过分伸张是社会支持的一个逆流,多项科技性的公众磋商,常沦为情绪上的宣泄而非理性上的讨论。在环境保护的课题上,这个现象层出不穷。众人皆知毒气、污水、废弃物污染之可恶,但各项处理的措施,大都是"不能靠近我的后院!"(Not near my backyard)流风所及,新电厂或新工厂皆极难以设立,甚多更新的技术或代替方案,迭受阻碍。长此以往,欲求科技创新之实现,戛戛夫其难哉!所以有意发展科技的政府,必须有周全的规划和耐心,去面对科技发展中的社会问题，以寻求社会的共识和支持。

**区域规划**

区域规划是一个老生常谈的题目，看似简单，亦需要有超越性的思维和培养。20 年来，地方首长常问我，我们如何(How)在这地方打造一个的电子业或计算机业？我时常很不客气地反问你们为什么(Why)要在这里投资搞电子或计算机业？许多人忘记了区域规划的要件是先要“知己”，就是先分析本身环境的优势和劣势。姑且先说一个故事吧。

在 1990 年代的末期，我对印度班加罗尔(Bangalore)成为世界上商用软件魁首的现象非常好奇，所以特地去现场考察(用时尚的语言：调研)。我和几位同事经过一番旅程折腾，好不容易到达了印度的中南部山区，发现那是一个交通非常闭塞、基础环境落后的地方。斯时斯地，除了人力有关的资源外，其他的都谈不上。

这里优秀的科技毕业生多，脑筋灵活，既懂英文，又想干活，这当然是一个优点，应该算是四个优点。幸而那时大家都很穷，这其实亦是个优点。为什么？因为缺乏资金，不能奢望去开电子厂或计算机厂，所以最好的出路，莫过于安心在桌子上写计算机软件，以培养软件为龙头技术。穷则变、变则通，当然是个优点。另外还有一个公开但隐性的优点，是地理位置。正好在地球另一端的美国加州硅谷(Silicon Valley)里，他们有许多同乡校友，在最时尚的信息行业里当计划经理或采购管理。这些饱读 MBA 的经理们最希望找下游、找承包。又幸而在这个时候，印度政府有相当能干的领导，知道可以利用卫星通信的建立，发挥这种人际关系。等到无线网络的鹊桥搭好，大家以电子邮件相连，万里之外的工作，隔日便可完工。一个无接缝的伙伴合作(Seamless Partnership)营业模式，可以说是水到渠成，于焉建立。所以 12 小时的时差，成为 Bangalore 区域规划中的重要一环。能够有效地结合这些天、时、地、人的优点，是它能先期领先世界上软件产业的重要因素。

这个模式十年后在中国大陆被若干先进领导发现了,许多地区亦掀起了一番"外包"热,希望把他们的地盘亦转变成一个下包中心。这时 Bangalore 已转向高端软件业发展,但是丢下来的骨头,啃起来还是余味犹存呢!区域规划的功力,可说是高低立判。

**创新管理**

创新管理攸关整体的成败,从目标的设定,机制的建立,责任的划分,工作的推动,成员的配合,成果的扩散等,都成为非常重要的考虑。本书的第二部,将以台湾工业技术研究院为例,详为阐述。

## 1.4 创新的过程:新价值的创造

创新的过程,是一个把科技研究成果产业化的过程:先用财富创造新知识,再以知识创造新财富。这个过程是相当复杂的,不是光有科学或技术就可成功。许多科学家或工程师,高估了自身的能力,总以为一个个人就能独立完成科技产业化,这是一个错误的概念,或者叫他"迷思"吧。实际上科技产业化是需要很多不同才能的结合、共同努力才能成功的。我们看看从基本研究到销售服务这整个过程中,其间经历了什么步骤。请参考图 1-4。

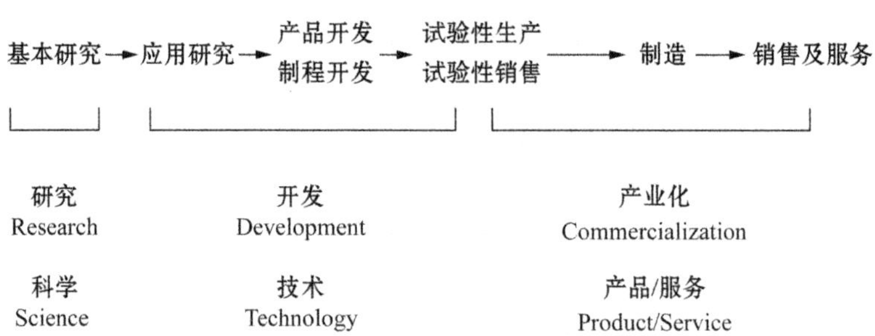


图 1-4 创新的过程:从科技研发到产业化

基本研究是探讨自然界的真、善、美,以追求知识为目的。应用研究是寻求知识的应用，以解决社会问题或工业问题为目的，这就关系到经济价值。接着是产品和制程的开发；然后是试验性的生产，亦就是批量性的试制。经历这些步骤之后，才能谈到商业制造、销售和服务。

这以科技为源头，逐步往市场推动的程序，是技术导向性的产品开发，通称Technology Push，即技术推动。技术推动的优点是合理性高，容易作计划管理，多以技术人员为领导。这个程序的缺点，是达到商业化时，市场可能仍未成熟；或者市场大好，但已为他人捷足先得。

创新过程中亦常以需求为源头，以市场为导向，逐步向科技端寻求解答的，这种产品开发通称 Market Pull，即市场拉动。一般来说，这种做法多以市场人员为领导。这种程序的优点，是能充分了解市场的动态，但缺点是如缺乏若干关键技术而需开发时，时常产生空隙，以致错过了大好商机。

创新的过程实际上很少是直线性的从一头走到另外一头，往往中间有许多大小循环；许多时候，需要几个平行的步骤，然后往复推演。然而图 1-4 中所表示的这些步骤，肯定都会遇到的。

一般来说，创新过程的前期是研究，是科学的范畴；中期是开发，是技术的范畴；后期是商业化，是产品和服务的范畴。由此可见，科学研究和产品商业化，实际上是两个不同的概念。

科学探讨以大学为主体，产品商业化以企业为主体，两者自有极大的差别。从任务来说，大学以培养高级人才为使命，企业主要是为股东谋利润。从工作产出来看，大学要培育优秀的毕业生，并从事高端的研究；产业是制造和销售优秀的产品和服务。从量度成功的标准来看，大学以学术地位、毕业生的就业和表现、在校教师的研究质量为标的。产业的成功标准一般说来，不外有三：能否占有市场，能否创造利润，能否持续经营。

归根到底，大学和企业是两宗不同的事情。相似的地方是，它们都需要有优秀的人才和杰出的管理。所以政府或社会，如果要求大学都能变成企业去营利,那是不合理的,是不可能的,亦是不应该的。如果对大学施以压力,要求他们去开公司求自足、谋利润,最后这个国家一定没有一流的大学,亦不会产生一流的企业。大学的教授或学生可以离开大学去创业,并通过技术移转和大学建立多种科技合作的关系,这是正常而健康的。但头戴两顶帽,脚踏两条船,不论是船或船夫,最后必难达到彼岸。

从投资层面来看,产品制造比科学研究需要更多的资金。一个科学家在研究时,可能做了一次又一次的实验都失败了,但他不屈不挠地继续改良和努力,如果第十次成功了,他只要把新的观察、新的发现确定了,就可以对外界公开发表。但在产品制造中如果在十次中只有一次成功,他肯定是不愿意公开说明的,因为那是绝对没有经济性的,这个公司亦会濒临关闭的危险。所以把科学结果开发成为可制造的技术(Manufacturable technology),是必要的步骤,这就是技术研发的重点。产和学之间的桥梁是研,道理是很明显的。

一般来说,一个工业程序,如果没有80%以上的合格品率,是不可能商业化的。一个公司能否获利,往往就在合格品率的最后几个百分点。所以从事技术开发工作,需要很大的资金投入,以支持重复的改善,最后才能成功。以电子业为例,科学研究和工业技术开发,投入的资源一般来说,约是1∶10,在生物医药产业约是1∶20。

资源投入也和公司本身的定位有关,像许多石油公司,营业额虽大,投入在研发的资源只有1%不到,只进行维持营运的更新改良。我在工研院担任院长的期间,曾倡议公营企业以中国石油公司及台湾电力公司为首,每年固定提拨1%的营业额支持政府相关产业技术的研发,可惜未能实现。虽然对这些公司本身的营运来说,研发的功效不一定直接,然而能源产业毕竟是影响国家竞争力非常重要的一环。

## 1.5 创新体系

一个国家的创新体系，影响个人及企业创造新价值的效能，以及整体经济发展。如何了解创新体系，我们可以从图 1-5 来说明。

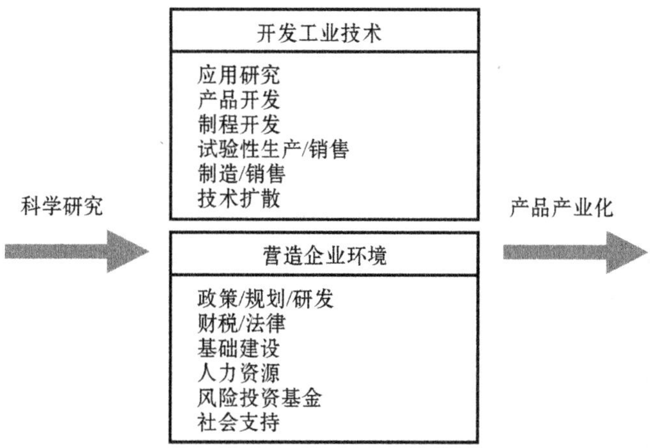


图 1-5　创新：以知识创造新财富

在这个图里，我把知识创造新财富的过程，或科学研究产业化的过程，分成两个环节，一是开发工业技术，一是营造企业环境。前者就是从产、学、研的过程，即图 1-4 所表达的各步骤；后者就是高科技产业树的根，如图 1-3 所示。要达成以科技知识创造新财富，中间这两个环节是相互搭扣不可缺少的。

创新机制的四种成员，或称四种玩家（Players），就像舞曲里的四重奏，各有独特的定位和角色，如图 1-6 所示。

我们接着要探讨创新机制里的四种玩家的定位及功能。

**企业**

产业化的主体毫无疑问的是企业，他们的工作是制造及销售产品，并提供销售服务。对所销售的产品及服务，企业自有维修的责任。判断企业成功的标准，如前所述主要有三：市场占有率，销货利润率，营运可持续性。在企业运作

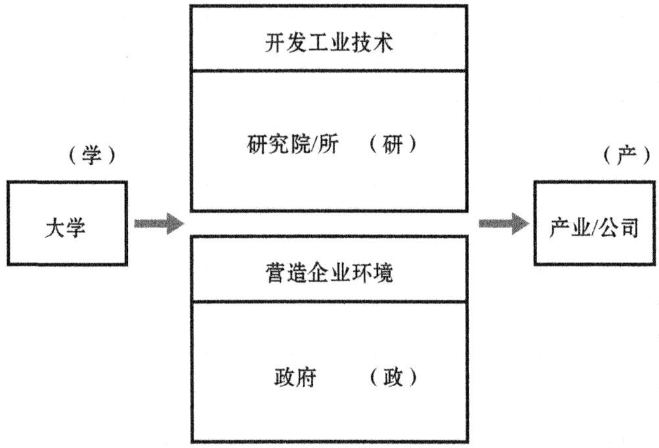


图 1-6 创新机制:成员

的过程中,他需要多种不同的经理才能,如产品规划,市场分析,流通渠道,货品贩卖,财务经营,客户经营,契约法律及企业管理等。它希望具备这些实务经验的人才,都有锐敏的市场触觉,并能把握顾客群的喜恶及价值观。这些人大都不是一般大学里的教授或实验室里的科学家,他们有特殊的天赋,能接受环境的挑战和培养。乔布斯和盖茨,都属于这一类的人才。即使这两位旷世奇才,他们亦感知个人独力的有限,所以急图建立一个能均衡发展的核心团队。乔布斯之于 Steve Wozniak 和 John Scully,盖茨之于 Paul Allen 和 Steve Palmer,都分别源自产品设计和企业管理的需要。

在一个已经发展的经济社会里,企业界自然是创新的领军,如美国的 General Electric,Microsoft,Intel,Du Pont,Google,3M;日本的 Sony,Hitachi,Panasonic;德国的 Siemens,Volkswagen,BMW,BASF;瑞典的 Ericsson,Electrolux,IKEA 等公司,它们能充分掌握产、学、研的连结,又能和政府有良性的互动,在过去的 30 年中,都有辉煌的创新成绩。

**政府**

孕育良好的营商环境无疑是政府的责任。这里的因素繁多而复杂,本章第 1.3 节《科技产业的根》中已有阐述。内中许多项目,如政府在基础建设等的资金投入，通常有刺激企业投资的加乘效果，而能迅速反映在近期的 GDP 成长之中，所以它常成为各级政府所优先采取的措施。反过来说，研发经费来自政府预算，但甚难有短期效益，所以许多政府的反应可说是微温(Lukewarm)。至于风险基金和人力资源，分别应由产业界特别是金融机构及各级学校去执行，但都需要在完善的法令律例和财税金融的架构下，方能发挥效果，这自然有赖于政府的领导和促成。

**学校**

大学的任务是人才的教育及科学研究，他的产出是毕业生和研究论著。毕业生的素质，学生就业状况，以及研究论文的数量和质量，都是评估大学的指标。然而学生的知识、能力、品德、领导气质是大学学风的反映，需要长时间的观察和验证。至于研究论文的影响，虽然有多种量化的参数，毕竟亦不是短时间内所能确定。一个卓越的大学，需要有卓越的学者，不求名，不逐利；学而不厌，诲而不倦，这些都是极不寻常的“常识”。无论如何，大学是培育人才、创造知识的地方；它是创新的源头，亦可是创新的领导者，这是无可置疑的。但是大学不同于企业，他的成功，不是短期可以达成，亦不是数字可以充分表达。

**研究院**

这里的研究是指技术开发。它的范畴是工业技术研究，它是把科学现象转化为可制造的技术，进而创造新财富、产生效益。它的角色固然是两者的桥梁，亦有触媒、孕育的催化作用。研究院的工作，主要是在应用研究的领域里，以任务为导向；和大学以基础研究为主流有所不同。然而现代科学发展迅速，基础研究与应用研究的界线时甚模糊，所以先进的应用研究院，在某些领域中，对基础科学亦可做出重要的贡献。

以应用研究为主体的研发机构，在 20 世纪的世界里，在许多国家中，都占有重要的地位。以美国而言，二次世界大战结束后，它把战时许多与国防有关的科研团队，重新组合而成为若干国家研究院，赋以若干经济发展的任务，从事与能源、材料、环境有关的应用科技研究,大部分隶属于能源部。此外国防部、交通部、商业部、劳工部、环保总署、太空总署、卫生部等,亦各有许多任务导向的研究中心或团队,它们除提供有关的科技信息,以为政策及措施的支持外,亦企图协助中小企业,使其能合作而达成施政目标。

类似的研究院广布于俄罗斯、欧洲、南非、日本、中国大陆等地,各有特色,成为各地创新机制的重要成员。

## 1.6 创新机制:创业者的摇篮

创新体系的四种成员——企业、政府、大学、研究院之间的互动关系,是创业者可以优为利用的资源,是决定整体社会创新效率的关键因素。这四种成员或玩家,简称:产、政、学、研。早期在台湾,习惯称之为产、官、学、研。在成员间塑造一个良好的互动关系,使这些资源产生加乘的效果,是建立创新机制的中心课题。这种互动关系,可以用三种模式来分析。

**第一模式:分离独立**

这种模式就是各自为政,彼此独立发展,极少互动。这可说四种成员在自由经济社会下关系的常态,实际上是自然而可理解的(见图 1-7)。

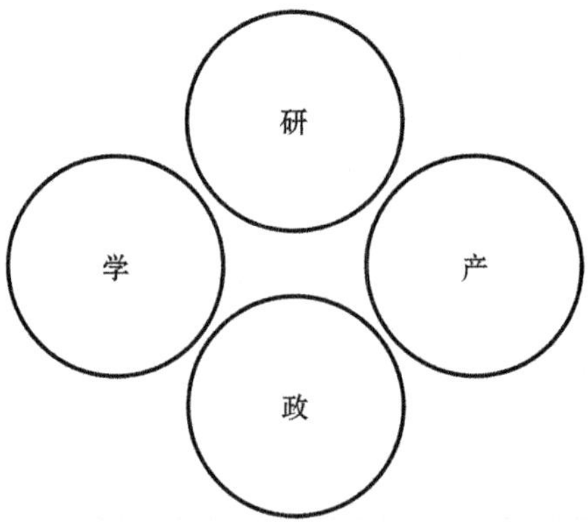


图 1-7 创新机制模式 1:分离独立

从大学及研究院来说，它们以学者为主体。学者多崇尚学术独立，主张研究自由，时常以为政府及产业之兴趣偏颇，视野短浅，忽视追求知识之重要，而急功近利，不尊重“慢工出细活”之精髓。故多不愿与外界多作沟通，以免徒增困扰。总之政府只要提供经费，供我研究，等时候成熟，学院自然提出报告。即使结论已失时效，亦可为未来之参考。

对产业来说，学者专家处身在象牙塔里，惯看明月与清风，高谈理论或未来。无奈企业的实际困难，如燃眉之急，亟须立即舒解；若待研究报告出炉，企业已成肆中枯鱼。至于政府，除宣示大原则大蓝图外，要求者无非是纳税或进贡，所以敬而远之为妙。

对政府来说，多做多错，不如不做。在自由经济市场中，适者自然生存，何须政府费心。最好宣称 Laissez Faire，彼此不相干涉。但求风平浪静，好官我自为之。

在 18、19 世纪时，欧洲科技领先全球，有许多优秀的大学亦有优秀的研究。虽有重要创新，如纺织机、蒸汽机、火车、轮船等的发展，但周期极长，社会之进步迟缓。原因之一，即为产、学、研之脱节，而政府多采取被动姿态。创业家大都寄身于产业之中，能脱颖而出者为较少数。

在这模式之下，创新产业，自不易产生。20 世纪末香港政府以不干涉主义驰名，产、学、研极少连接，大学及科研绝少经费支持，产业界在国际市场缺乏支撑，经济发展全赖其地理位置及廉价劳工。创新不振，原因在此。此种分离独立之机制，显然不能促进创新与知识经济之发展。近十年来，香港领导阶层懔于国际科技洪流之冲击，已有明显的觉醒，采取较为积极的措施。

**第二模式：集中整合**

第二种模式则是产、政、学、研完全结合，政府支持大学从事科学研究，继之由研究院所实行技术开发，遂之设立工厂以制造营销。这就是从实验室到市场一体化，一条鞭式作业（见图 1-8）。

图 1-8　创新机制模式 2:整合集中

在这种体制下,政府无所不在,其权力运作不受限制,政策效果很快可以实现,这当然是一个高效率的机制。但在这种机制中,产业化的过程循官僚体系按上级计划推动,时常和市场需求脱节。企业化管理无从建立,盈亏责任不清。所有权与经营权混淆,球员与裁判角色重叠。产、学、研三者,都成为政策的工具,惯于互相依赖,互相推诿。这样的机制,大都缺乏创新的动力。这种模式常见于计划经济的社会。

在 20 世纪初期的俄罗斯,在若干科技领域中,何等先进?但于创新经济,可说是乏善可陈。今日的朝鲜仍然在这种状态之中。实际上这些国家文化历史悠久,人民勇敢勤奋,然而科技创业者,在此机制下,无可着力处。因此,集中整合的互动模式不足以促进创新与经济之发展。然而政府常以维护独立自由的民族主义意识为由,不愿放弃此一创新模式。

**第三模式:定位连结**

一个有效能的创新机制中,产、政、学、研四个成员以任务而定位,彼此互相尊重而产生良性的沟通与互动。彼此的功能即使有部分重叠,但可以通过这些重叠为桥梁,建立共通语言与支撑的通道。其实在不同的产业里,四个成员角色的比重不同,重叠的范围也不尽相同。在世界不同的国度及社会里,因为经济发展程度的差异,四者之间的互动关系,自然也会有所差别(见图 1-9)。

在此模式中,产业之任务为产品及服务的制造与销售;大学之任务为教育及科学研究;研究院所为技术开发,即将科学成果转化为可制造有效率之技术;政府之任务为提供基础建设,包括教育、法规、财税、金融等措施,以孕育良好之

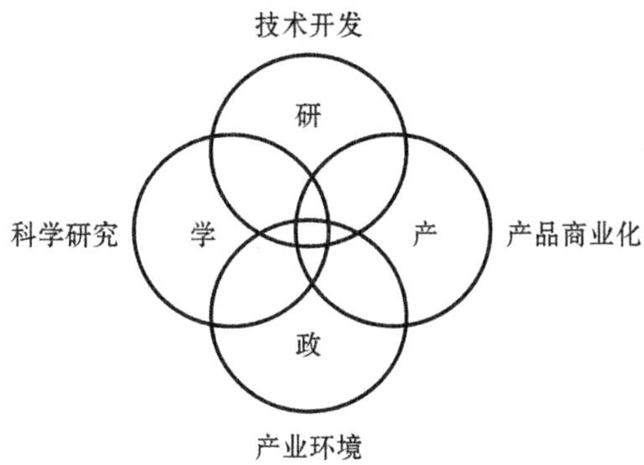


图 1-9 创新机制模式 3:定位连结

营商环境。

在这种创新机制下,创业家可以来自任何一方,或社会的任何角落。他可以游走多方,结合所需的资源,达成创新的目的。这种互动的模式,可用图 1-9 来表示。产、政、学、研之重叠区域,即创业资源最丰沃之处。

我们现在且以两个地区为例,叙述创新机制在其间的运作。一是加州硅谷,一是台湾新竹。

**硅谷**

美国加州在旧金山海湾西南以 Santa Clara Valley 为中心方圆约 3 000 平方公里的地区,自 1950 年代开始,成为美国高新产业发展的中心,因它的发迹与半导体产业直接相关,故通称为 Silicon Valley,中国大陆称之为硅谷。

此地之发端,起源于 1940—1950 年间斯坦福大学工学院院长 Federick Terman 之倡导,以校产成立斯坦福科学园,租赁予科技人员,在园区内经营,协助其创业。所以 Varian Associates, Hewlett-Packard 率先成立,其创始人均为斯坦福大学之校友,其产品广受欢迎,声誉鹊起。不久,Shockley Semiconductor laboratory, Fairchild Semiconductor, Intel, National Semiconductors 陆续创建,Eastman Kodak, General Electric, Microsoft, Sun Microsystems, Xerox 随之而来。1980 年 Apple Computer IPO 成功后,高科技企业更如风起云涌,如

Adobe,Cisco Systems,Oracle,3 Com,以至1990年代后之amazon. com,eBay,Yahoo,Google等,以此为企业总部。

此地区之科技产业发展,除受斯坦福大学及加州贝克莱大学之科技研究及专业人才支撑外,Stanford Research Institute(即后来之Stanford International),Electric Power Research Institute(EPRI),Xerox PARC,国家研究院LBNL及LLNL等,克尽技术开发之桥梁作用。硅谷中亦有一流之律师、会计师、市场分析师、风险投资基金等,向创业者提供专业服务,其投资业务量,为全美首位。半世纪来,产、学、研之互动优越,硅谷成为世界上创新与创业者之典范(见图1-10)。

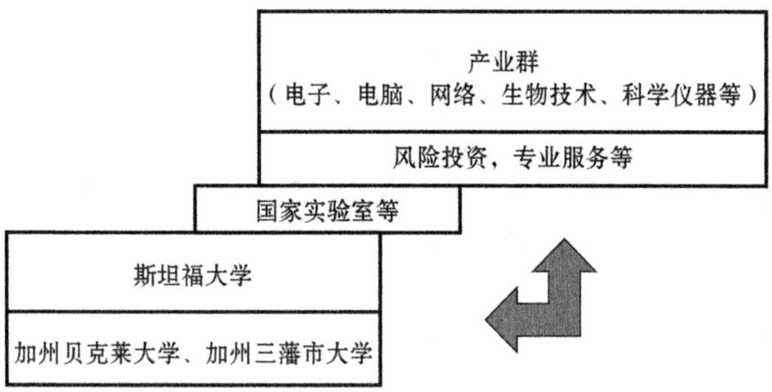


图1-10　创新体系:硅谷

硅谷在过去60年间世界高科技产业历程中,均占有领导地位。从1960年代之国防工业开始,历经集成电路、个人计算机、计算机软件、网络商务、生物技术等,每十年间,硅谷都有创新新星问世。2006年7月间Wall Street Journal的报道表示,全美最具创新性的20个小区中,有10个就在硅谷。全美申请专利数目排名第一位的小区是San Jose(3 867件),第二位是Sunnyvale(1 881件),两市都在硅谷范围内。

分析硅谷之创新机制,可以发现创新体系四成员之定位连结已提供优渥条件,使无数创业家在此能获得所需资源,协助其目标之达成。苹果计算机公司的Steve Jobs,只不过是最明显的一个实例。

硅谷发展之特色，与美国其他地区之比较，可参考：Annalee Saxenian，"Regional Advantage，"Harvard University Press，Cambridge，1996.

斯坦福大学另有一研究报告，分析硅谷之成功，可归功于已建立了一种特殊的社会文化生态。（参考资料：C-M. Lee，William F. Miller，Margarete Gong Hancock，Henry S. Rowen，"The Silicon Edge：A Habitat for Innovation and Entrepreneurship，" Stanford University Press，2000.）

综合其研究结论，硅谷的社会环境特色可如表 1-1。

**表 1-1　硅谷的社会环境特色**

| |
|---|
| • 知识：密集度高 |
| • 创新机制：产政学研良性互动 |
| • 人才：多民族、多元化、高品质、流动性 |
| • 激励：以成效定报酬 |
| • 企业文化：敢于冒险及忍受失败 |
| • 商业环境：开放、诚信、守法 |
| • 风险基金：专业化、团队精神 |
| • 职业服务：专业、完整、互补 |
| • 政府政策：简单、透明、公开、辅助 |
| • 生活素质：多元、开放、精致、质样 |

若干观察者以加州为自由经济社会之典型，政府之影响甚小云。其实联邦及州政府自二次世界大战之后，大力投资于各级教育、支持科技研究者，已数十年，造就硅谷有极高之知识密集度。地区政府之法令简单透明，鼓励科技产业、风险基金、专业公司之营运，并对交通、环境、医疗、文化休闲等持续投资，塑造优良之生活素质。凡此种种，均为政府定位所当为，称之为至大无名，不亦宜乎！

**新竹**

新竹市及竹东镇 100 平方公里间，自 1950 年代开始，已有若干科技单位在此聚集，逐渐成为以科技为特色的市区。主要的机构有联合工业研究所（联工所),联合矿业研究所(矿研所),金属工业研究所(金工所),三所隶属于“经济部”,为政府组织。1960 年代初台湾清华大学在新竹复校(校长梅贻琦),交通大学随之(校长凌竹铭),“经济部”在此设立人才训练中心,若干公私立技术院校继之成立。财团法人形态之研发机构,有食品工业研究所(食品所),为一民间组织,经费来源主要为产业及公会。

从 1960 年代起,台湾经济快速成长,但产品功能、质量、生产效率、营运效率等均甚低落:故全面工业技术之水平,亟须提升。当时之联工所、矿研所、金工所,虽初具规模,但其组织管理因袭政府体系,难以适应工业发展之需求。1973 年 7 月,“经济部”部长孙运璇精心规划,通过“立法院”正式立法,将此三所合并,成为财团法人工业技术研究院(工研院),使其脱离政府体系,而以企业化之管理方式,开发技术以促进工业之发展。新竹之科技生态,由此进入新一章。

1976 年工研院成立电子工业研究所,以从美国 RCA 引进之电子技术为基础,加以改良升级,为台湾开拓半导体工业,使台湾跻身于高新技术产业之门。其后 15 年中,工研院调整及扩大组织,陆续成立机械所、能源矿业所、工业材料研究所、化学工业研究所、计算机与通讯工业研究所、光电与系统工业研究所,全面协助台湾工业升级与经济转型。又成立工业标准量测中心、污染防治中心、工业安全卫生中心、航空太空中心,以提高工业质量及增进环境安全。工研院成为台湾产业、大学、政府之技术桥梁,2000 年后更拓展至生医技术及可再生能源领域。

1979 年“行政院”(院长蒋经国)责成“国科会”(主任委员徐贤修),在新竹斥地 653 公顷(6.53 平方公里),创立“新竹科学工业园区”,以鼓励创新创业。园区与清华、交大、工研院毗连,人才穿梳不绝,科技交流频仍。区内产业群集、克尽互助互补。此“产、政、学、研”创新机制的效能,蔚为 20 世纪后期台湾经济社会发展之特色。徐贤修曾任清华大学校长及工研院董事长,为此创新机制创始之一关键人物。

（参考资料：王仕琦采访撰稿，《父子双杰清华传乘：徐贤修徐遐生两位校长的故事》，清华大学出版社，2012 年）

现时工研院是台湾规模最大之实用科研机构，讲求绩效管理、产业合作、技术扩散、企业人才培育、全球化导向，已成为台湾高科技工业之摇篮。清华大学以科学研究箸称；早于 1977—1979 年间，倡议电动车之开发，树立创新校风。交通大学养成之信息科技人才，已成为台湾科技产业之领导中坚。

新竹科学工业园区之效果显著，2010 年园区内有 477 公司，就业人数约 145 000 人，营业额共达新台币 10 346 亿元，约为台湾 GDP 之 8%。各企业均注重研发，区内之 R&D 投资，约为营业额之 5%，在若干科技领域中，如集成电路、光电、计算机、通讯等，已在台湾的创新机制中逐渐展现领导的角色。新竹及竹东，50 年前以米粉及杠丸驰名，目前已是台湾知识密度最高、科技创新最有特色之市区（见图 1-11）。

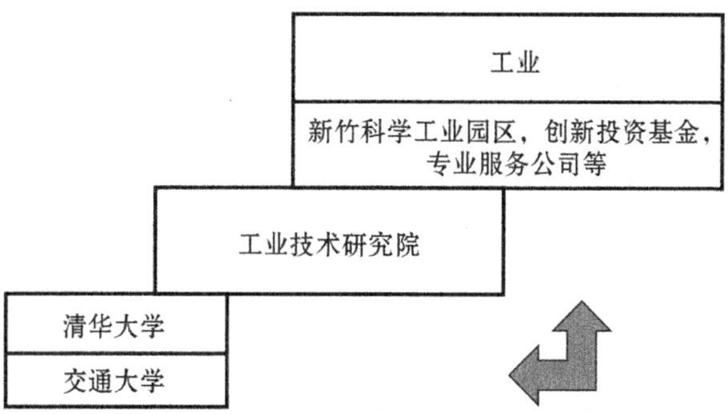


图 1-11　创新机制：新竹

近年来政府比照此方式，在台南及台中成立科学工业园区，工研院亦在台南及台中等处设立分院或服务中心。新竹地区创新机制之成功，已广为东南亚各处所模仿。

展望未来，台湾的科技创新将面临严峻的挑战，这是一个应该预期但出乎预料的现象。成功带来了迟疑,满足带来了松懈,权钱带来了腐化,种种政治社会畸形状况,一一在台湾发生。然而全球化的浪潮卷走国际间许多人为的藩篱,使多种竞争更为尖锐化,这是一个崭新的竞赛。

在1980—2000年20年中,因为科技创新的成功,促使知识经济社会的迅速来临,台湾因之成为"亚洲四小龙"之首。然而在2000年后,以意识形态取向的政治势力亦迅速崛起,造成了社会的不安定因素。政府及领导不能对台湾描绘切实的远景,施政策略亦晦涩僵化,许多力量消耗在内斗之中。因此在全球化最激烈的历史洪流中,亚太区域里许多新玩家如:韩国、马来西亚、越南、印度、印度尼西亚、菲律宾等纷纷出列,摩拳擦掌,蠢蠢欲动。台湾遭受了极大的冲击,已有被逐步边缘化的危险。如何重获80、90年代台湾淬励奋发的软实力,找寻可以持续的创新方向,是台湾创新体系不可忽视的挑战。

(参考资料:林垂宙,《中华崛起未?全球化时代中软实力的竞赛中》,香港大学出版社,2010年)

## 1.7 创新之环境因素

一个成功有效的国家创新机制,必须在极端复杂的政治、社会、经济环境下来运作。其中所面临的课题与挑战,需要所有成员一起贡献心力,以寻求解决方案。以前节所谈"国家愿景与策略"为例,这不是政府独力所能自行主张,而必须通过与产业、大学、研究院进行充分的对话和研商而确定。

1960年美国肯尼迪总统所提出的登陆月球计划,如果不是先和产、学、研各界已有密切的讨论并彻底了解它的可行性,他如何能向全国人民以及全世界描绘一个乐观的远景,并做出十年的明确承诺?

许多与此类似的重要课题或环境因素,列在图1-12中。通过这些课题的研商,国家创新机制的四成员将更了解彼此的定位、角色和价值,这将有助于创新活动和社会的进步。

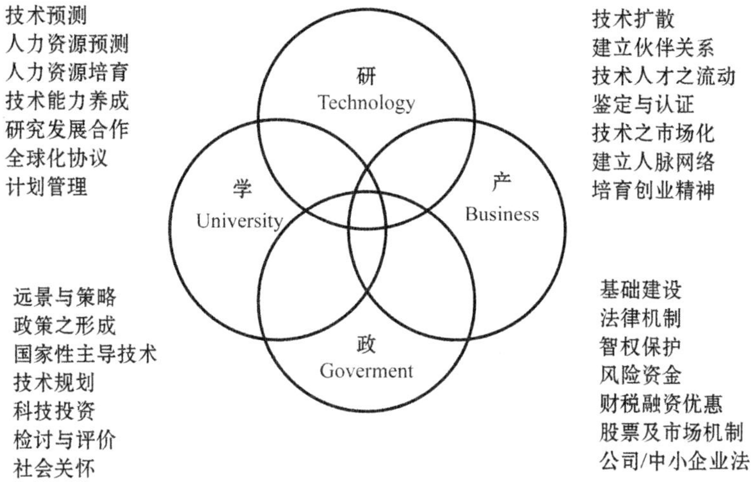


图 1-12　创新机制:环境因素

我们可就其中几个重要的环境课题,略为评述,以说明创新机制中各成员之互动情况。

**主导技术**

制定主导技术目标,是各国政府常见的措施。一般来说,技术目标的制定依据宏观策略可分几类:①为达成某种崇高的远景;②为解决某种社会问题或经济问题;③为增加生产力或竞争力;或④为拓展新知识领域及创造新机会。如果某种技术可以同时涵盖多项策略目标,当然会增加它执行的优先性。

对于美国来说,1960—1980 年代的太空科技当然属于①,无可置疑的它是国家登陆月球远景所必须。许多有关环境保护、海水淡化、生态多元、零碳排放应属于②。过去 30 年中在台湾及许多工业国常见发展的技术,包括:微电子,半导体,计算器,新材料,新能源,自动化,机器人,光电科技,食品加工,物流管理,先进制造,先进燃烧,地资工程等应属于③。生物工程,基因组,生物信息,纳米技术,海洋科技等应属于④。

崇尚市场经济的学者常主张技术的优先性应听由市场机能决定;如政府以

政治性或其他非市场因素指定重点发展项目,将与赛马场中之博弈无异。这种立论固然有其见地,但失之偏颇。

如果一个国家或地区有丰富的资源、充裕的时间,亦没有竞争的压力,则听之自然发展,不失是一种办法。但在实际环境中,政府面对多项国际及国内的压力,势必权衡得失,明辨利弊,在限期内做出选择。既然必须选择,政府必将尽其智慧,采取赢面较高的策略,并调整政策及资源,授权于专家组织执行。

所以政府主导技术目标取舍的关键,为在选择的过程中,应有产、政、学、研各界专家的充分参与,以博听众议,并慎思明辨,而后笃行。这一种作法,在过去30年中,成功的案例甚多。台湾在1980年代后,能成功地从以农业、轻工业为主体,转化为以技术为主体的经济形态,这和几次政府重点科技项目的制定,应有直接的关系。

**全球化协议**

20世纪后期,社会因技术化、民主化、国际化三个潮流的相互激荡,促使全球化时代的来临。全球化加速了人才、市场和资源的流通,促进了经济的发展,这是它对人类社会文明正面的意义。然而有毒性的污染气体在空中飘浮,在河流中疏散,无视国家边界的限制。因为地球村的形成,人类交通的频仍,一地的灾祸乍起,可以迅速地在他方蔓延。

近五年来冰岛火山的飞尘,松花江上的毒水,日本福岛的辐射,以至于来源不明的非典流感、禽流感等,旦夕之间,令人谈虎色变,就是全球化负面效果的体现。

所以在全球化时代,空间和时间加速压缩的结果,一国家的后院就是另一国家的前院,一个国家的小事如处理不当,在很短的时间内,可能变成国际间的大事。

现在全球面临的最大的挑战,是温室气体的大量排放。这些气体在大气层中积聚,吸收了地球的辐射热量,形成了保温层,就像一床薄薄的保温被,轻轻地覆盖着地球。过去100年中,地表的温度,已有显著的增高。它们已经冲激了地球生态的均衡和气候的递变。这是一个三度空间的威胁，将可能迫使全球人类逐渐地窒息，造成生态和生命的短路。人类在 20 世纪中无束缚地发展经济，恣意地摧残大自然，现在已感觉到末日危机的阴影了。

温室气体排放是发生在人类衣、食、住、行、医、护、育、乐每个层面中，可以说是无所不在。能源、交通及石化产业，只是其中的一部分。所以如何减少温室气体的排放，是一个充满高度困难的、整体性的科技挑战，但它亦会带来无穷的创新机会。在全球缩减碳排放的需求下，全球已有 150 个以上的国家，达成了基本的共识。然而多项实施计划，包括工业程序碳足迹的确定，碳排放减量的目标和措施，碳债信的交易等，都是国际科技、经济、社会上所关切的热点。任何确实有效的对策及方案，都需要国家创新体系中的四个成员，通力合作，并取得国际的认同，才能解决。这将是未来 20 年经济和社会持续发展的关卡。

**技术扩散**

技术扩散是要把技术开发的果实公开给社会分享，以达成新价值或新财富的创造，这是知识应用的一个重要过程。这个过程充满了复杂的环境因素，许多是非技术的，而与社会、经济、文化、政治等方面有关。

世界上有很多科技研究院，都擅长于科技研究，毕竟这是科学家和工程师们的领域；但擅长于技术扩散的，实际上寥寥可数。即使在美国，庞大的国家研究院的体系中，亦发现必须深化技术扩散，以协助提高产业的竞争力，特别是中小企业的创新能力。

其实技术扩散的规划，应是在技术开发之前，而不是在技术开发之后。工研院在 1980 年代中开始，在选择技术项目的前期，已率先与政府和产业界有密切的接触，考虑未来技术转移的方式和可能的对象，同时亦寻求这些可能的对象，以资金和人力加入技术项目的执行，成为共同开发的伙伴。合作无间的产业伙伴，常常可以使技术团队，保持良好的市场导向。亦因为这种密切产研关系的建立，大部分工研院的技术，开发后都能迅速地移转到产业界去生产和销售了。本书第二部及第三部中将作较详细的说明。所需注意的是在每个案例中，工研院勤劳、奉献、追求卓越的文化，是和产业界合作的基本理念。成功的技术扩散，在国家层面上产生了宏观经济效益，在微观上产生了成功的企业。对于科技人员和创业者，带来了可贵的成就感，更推动创新文化的建立，他们终于成为社会革新的动力。

**知识产权保护**

保护知识产权不只是一个法律上的概念，亦有很多人性关怀、科技研究、产业发展、政府公信、社会公义等方面的涵义。这是创新机制中重要的课题。

一个个人或企业组织由于自身的努力，达成某些领域内的发明或设计，经过官方的评鉴，确定它的使用范畴，所以政府授予发明者一些专属的权利，允许他在若干时段内可利用这些成果进行商业应用，别人不能侵犯他的这个权益。

这个法律，具有许多正面的意义。它是对人性的一种尊重，对于追求知识的一种鼓励，对于辛勤工作的一种奖赏。如果人们能善用专利权所提供的条件，创造了新财富，对于政府来说，自然可以创造新的经济价值，这亦是知识经济社会中的重要竞争力。

专利生产力对于研究机构来说，是研究绩效和竞争力的一种重要表现。在技术转移授权的阶段，它提供给技术使用者的法律保障，自然有利于技术的移转，达成技术扩散的目的。除此之外，它亦可促进技术水准的提升，而以世界级标准为鹄的。

以工研院为例，在 1980 初期时，全院多年的专利累积，不足一百个。我到任院长后，要求研究同仁把取得专利权当做创新的指标之一，院里每个研究所所长及研究中心主任要设定年度获取专利权的目标。因此研究人员在发表研究论文或作公开演讲之前，必须先检视所要发表的主要内容，是否已经申请了专利，或者是否对申请中的某项专利，产生不良的影响。工研院对专利权的重视，和大学里看待科技论文是相类似的。

六年之后，工研院年度所得的专利数已超过360个，就是说每天都可得到一个专利。在2000年后全院对专利的产出，在世界同性质的研究院所里，已经是名列前茅。工研院对知识产权的关注，现在成为一个企业文化，对台湾产业的科技创新起了标杆的作用。

以世界级专利权为科研质量的提升标杆，对科研计划的执行，实有多方面的意义。我在检讨研究单位所提出的计划时，常常问世界上有哪些机构在做同样的工作，这个计划完成后所可产生的优势和利基（niche）在哪里？逐渐地同仁都知道，公开的科技论文只是世界状况的片面，必须对项目里国际性专利状况进行分析，才能算知彼知己，亦才能对未来的研究计划定下正确的方向及策略。专利分析及策略考虑，现在成为工研院规划研究计划中的常现运作程序。

欧美的一些先进国家，时常埋怨东亚地区产业的抄袭仿冒，不尊重知识产权。实在说，许多曲意抄袭、恶意破坏的案例的确是情不可愿，理不可恕，法不可容的，亟须政府去取缔。但这亦表示这个地区科技产业活络，创新的潜力在逐渐提升中。对于这些国际先进业者，我愿意劝告他们不要过度高估政府执法的效率，他们最好的是调整他们的发展策略，寻求产业间的合作，诱导正当创业者从事研发，这将会是全球化中技术产业成长的一种正道。

从整体来看，在科技创新的过程中，学习和模仿，是人类极为自然的行为；偶有不慎，许多从业者，都可能走在知识产权的边缘。在1980年代时，美国苹果计算机公司（Apple Computer）和微软公司（Microsoft）对全录公司（Xerox PARC）在人机图形接口技术（GUI）上应用所牵涉的法律及企业道德问题上，就是一个例子。

（参考：Walter Isaacson，“Steve Jobs”，Simon and Schuster，New York，2011）

我们必须以孔子为师：“己所不欲，勿施于人”。要别人尊重我在科技发展上的努力，必须先要尊重别人的；这是做人的正道，科技产业发展，亦是如此。

## 1.8 研究院在创新机制中的角色

1）功能

许多关于创新机制的论著，常讨论机制中成员的互动关系。有些集中在产、学，有些集中在产、政（官），有些集中在产、学、研，有些集中在产、政（官）、学。换言之，无论是分析双边关系或三边关系，对研究院的角色较少有详细的论述。

（参考文献：

1. Richard R. Nelson. National Innovation Systems: A Comparative Analysis. Oxford University Press, 1993;

2. B-A Lundvall. National Systems of Innovation: Toward a System of Innovation and International Learning. Pinter-London, 1992;

3. Henry Etzkowitz. Triple Helix: University, Industry and Government in Action. Routledge, London, 2008;

4. John A. Matthews and D-S Cho. Tiger Technologies: The Creation of Semiconductor Industry in East Asia. Cambridge University Press, 2008;

5. John A. Douglass, C. Judson King and Irwin Fuller. Globalization's Muse: Universities and Higher Education Systems in a Changing World. Berkeley Public Policy Press, 2009;

6. Dan Breznits. Innovation and the State. Yale University Press, 2010.）

我的主张是在创新机制中，产、政、学、研四者是不可或缺的。这四者各有不同的定位，它们在不同的时间和政治社会环境中扮演特定的角色，相对的重要性自会因环境因素有所变化。在创新的过程中，某一方可能成为舞台上的主角，但是其他三者，角色即使略为隐晦，彼此必须互相搭配及协调，才能达成科技研究产业化的目标。

本书把讨论的焦点放在“研”上，就是要阐述转化科学研究为工业技术的研究机构的地位及效能，希望可以略补文献的不足。在创新体系中，产、政、学、研四者的关系如图1-5及图1-6所示。我们现在可从创新过程的财务面来分析这四个成员的定位，如图1-13所示。

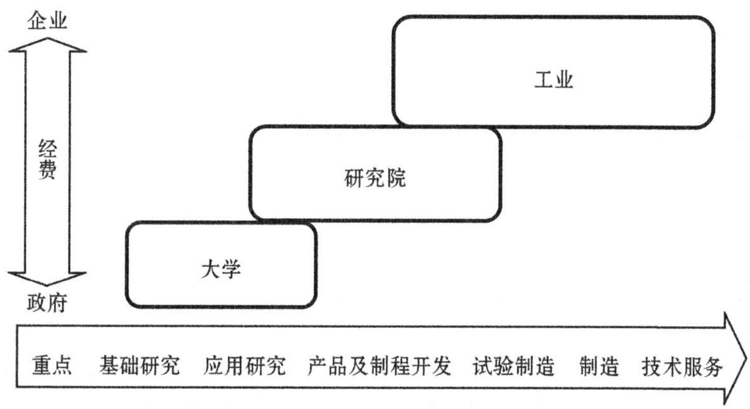


图1-13　创新机制：研究院之角色

从此角度检视产、学、研三者的关系，可以了解研究院在产学之间所扮演的桥梁角色。

一般来说，大学从事基础研究及应用研究，他的经费主要来自政府，包括中央及各层级地方政府，亦有部分来自学费、捐赠或产业界。事实上现时从财务的层面来看，大学已经很少是纯粹的私立或纯粹的公立，只是经费来源的比重问题。哈佛大学(Harvard University)是私立学校，但有约30%的预算，来自各级政府；密西根大学(University of Michigan)是州立大学，但亦有约30%来自政府以外。有关的资料，可由两校的网站数据分析。相似的状况，亦出现在现时台湾的大学，但经费来源的比例，可能较趋近两端。

企业从事产品或服务的设计、试制、制造、销售及售后服务。依照企业的规模及历史，在创新的过程中，许多企业往前端推展及于应用研究，甚至部分的基础研究。以科技为主的公司,更是如此。General Electric,DuPont 在各自的领域中,科学技术研究均有优异的成就。AT&T Bell Laboratories 的科学家,曾有五人获得物理学诺贝尔奖;IBM 亦有三位科学家,得此殊荣。

大学及企业间,在若干领域中,仍然存在着若干技术鸿沟。研究院的任务,就是把这个鸿沟填补。也可以说,研究院通过工业技术为桥梁,把大学和企业连接起来。这种需要,对于中小企业来说,特别殷切。这些效能的实践,自然亦反映在研究院财务营运的多元化。

在这个架构里,学、研、产的定位是很清晰的,它们之间的连接处自有弹性,可以说按时间、地点、技术领域、产业状况而调整。但是无论如何,彼此自有各自的任务、产出、评估绩效的标准,亦需要不同的资源,方能持续。

研究院可以提供人才训练,但授予学位是大学的事;研究院可以协助量产,但常规制造、销售、服务是企业的事。研究院的能力再强,如果不尊重这个定位,企图向两端发展,便会走入它所不擅长的领域而被边缘化;或者促使两端反向整合就把它压挤以至消失了。

所以研究院位于"名"与"利"中间,如果不能坚守它的定位,最后总会影响它的独特价值及可持续性。这些都会引起国家创新机制的失调,影响了整体的创新效率。

在这个架构里,政府的定位是什么?政府应该扮演什么角色?其实政府的定位是很明显的,它是创新机制的基础。政府孕育了创新机制中的各种条件,它就是科技产业树的根(图 1-3)。但它无所不在却不刻意地显形,它不像演员般可站在舞台上比手弄足,但应如以老子所说的"至大无形",或"上上不知有之"的形态出现在背景之中。

很多人到了 Silicon Valley,看不到雄伟的门框、高耸的围墙或耀眼的招牌。但是它自有宽畅的公路、葱绿的树林、蔚蓝的天空、清净的流水、优秀的大学、多元的文化、品位的商场、活跃的人气。那里的行政新速实简,商贸熙攘和睦,社会崇尚知识，族群相互尊重。这些是促进创新的要素，值得各级政府长时间的努力。

2）国家经验：美国

美国的科技发展、高等教育及创新力量，从20世纪以来，在全球中可称首屈一指。而国家以自由、平等、人权、法治、敬神、冒险为价值观，特别有助于个人创业家的成长。在最近20年中，美国每年对R&D的投入，其数额均为世界首位，在2010年时，约为美元4 015亿。全世界前50名大学中，约有一半在美国。

（参考资料：http://www.topuniversities.com/university-rankings/world-university-rankings/2011）

美国国家创新机制中成员的关系，简略地表示在图1-14中。

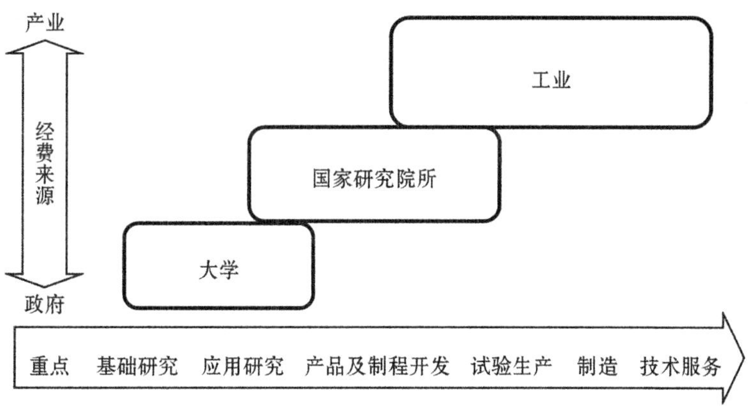


图1-14　美国的国家创新机制

美国的一流研究性大学，如Harvard，MIT，Stanford，Cal Tech，Princeton，Columbia，UC Berkeley，U Michigan，U Illinois，U Texas等等，其研究范畴涵盖基础研究及应用研究。一流的科技企业，如General Electric，Google，IBM，Intel，Johnson & Johnson，Microsoft，Du Pont，3M，Pfizer，United Technologies等，除从事产品及制程设计及制造销售外，均努力从事应用研究，甚至于基础研

究。这些公司每年在 R&D 的投入,常在 3%至 10%之间。所以在研究型大学与大型科技企业之间,在相似领域中,并无技术鸿沟存在;大学与企业之间,交流来往,亦极频仍。

美国能源部辖下的国家研究院的研究取向,除传统性核能发电、电厂安全技术外,大部分具前瞻性或未来性,而以提供能源、材料、环境及生态的可持续性为目标。它们同时亦希望能迅速地把科研成果,扩散到民间应用,以扶植高新科技产业的发展、增强美国的经济力量。现时主要的美国国家研究机构名称、地点、设立时间及 2012 年度科研预算、员工人数等概况如表 1-2 所示。

**表 1-2 美国政府主导之重要工业技术研究机构**

| 名 称 | 地 点 | 设立年份 | 2012 预算(亿美元) | 员工数(人) |
|---|---|---|---|---|
| Department of Energy-National Laboratory | | | | |
| Argornne | DuPage County, IL | 1946 | 5.96 | 3 200 |
| Brookhaven | Upton, NY | 1947 | 5.93 | 3 000 |
| Lawrence Berkeley | Berkeley, CA | 1931 | 5.76 | 4 000 |
| Lawrence Livermore | Livermore, CA | 1952 | 12.4 | 6 800 |
| Los Alamos | Los Alamos, NM | 1943 | 19.51 | 9 000 |
| Oak Ridge | Oak Ridge, TN | 1943 | 10.99 | 4 400 |
| Pacific Northwest | Richland, WA | 1965 | 5.36 | 4 650 |
| Sandia | Albuquerque, NM | 1948 | 14.51 | 8 700 |
| Department of Commerce | | | | |
| N. I. S. T. | Gaithersburg, MD | 1988 | 9.92<br>(2009) | 2 900 |

各国家研究院之经费主要来自国家预算,但亦尽量争取与企业界建立技术伙伴的关系。

鉴于世界经济的竞争态势不变,美国政府于 1988 年设立了国家应用科技院 National Institute of Science and Technology (NIST)。NIST 之前身为商业部国家标准局(National Bureau of Standards),成立于 1901 年,素以维持工业

量测标准，从事物理科学及材料科学研究闻名。改制后以促进美国之创新及工业竞争力，增强经济安全及生活质量为目标，并鼓励与企业界合作，协助中小企业之技术与创新。目前工业界经常性在NIST访问、参与研发的人员达1 800人。

然而美国的中小企业极多，所能从事的应用研究有限，此一广大族群期待政府之技术协助，甚为殷切。故美国政府期待重大投资之国家研究院/研究中心等，能为中小企业提供更多的技术合作及技术服务。NIST的成立，原因亦在此。现时多数的国家性研究院的研究主题，均围绕能源效率的提升及可再生能源的应用，新制造技术及可持续发展等。

美国的国防高级研究计划局（Defense Advanced Research Projects Agency）、海军研究局（Office of Naval Research）、国家卫生院（National Institute of Health）、太空总署（National Aerospace and Aeronautic Administration）、科学基金会（National Science Foundation）等为资助大学研究的重要机构，本身并非执行科技研发之实体，不在本书讨论范围之内。

在1960年代后，美国企业界有两个重要的研究机构，极负盛名。一为在新泽西州之AT & T Bell Labs，以研究半导体材料及微电子组件，驰名全球。在1960年代，若干主要科学家以诺贝尔奖得主William Shockley为首，离开Bell Labs实行创业，经再次移转后，导致此后美国半导体工业的蓬勃发展。一为在加州的Xerox Palo Alto研究中心（Xerox PARC），深入钻研计算机技术有成，但Xerox未能将之充分产业化；其主事之人员前后离去，主要技术遂转入苹果计算机及微软公司，均应用于今日的计算机中。两研究机构之母公司均未能善用其研究成果获利，然而从宏观角度来看，Bell Labs及Xerox PARC均成为美国创新体系之重要研究院，不可不称之为异数。

在美国民间研究机构中，Battelle Laboratories位于Ohio州的Columbus，以提升工业制造技术及工业管理驰名，其他如Arthur D. Little，Whitehead

Institute，Woods Hole Institute，均在各自领域之中，发挥研究院之功能。

3）国家经验：欧亚

经济领先的欧亚国家中，应用科技研究系统是创新体制中的重要成员，下面将介绍几个极负盛名的研究机构。

**德国**

德国的佛兰豪尔研究院（Fraunhofer Society for the Advancement of Applied Research，简称 FhG，下称“佛院”）创自 1949 年，总部在慕尼黑（Munich），以发展应用科技，鼓励企业与大学合作，促进经济创新为目的。它在德国与从事基本科学研究的普朗克研究院（Max Planck Institute）齐名。佛院的经费约 30%来自联邦及州政府拨款，70%来自企业合作及政府委托。在此财务模式下，佛院逐渐成长，在 1989 年时已拥有 37 个专业研究所，职工达 6 400人，年度预算为德币 7 亿马克。

民主德国并入联邦德国后，佛院亦接受重大的挑战，将原东德相类似的研究机构重整合并，所以现时已有 60 个研究院所，职工达18 000人，年预算为 16.5 亿欧元。

佛院之营运，与工研院（ITRI）极为相似。我在工材所所长任内，已访问了佛院在 Sarrbrucken 的“非破坏性检测研究所”（IZFT），并派研究员张寿彭率领一个小组，前往学习“声射检测技术”，其后此技术适用于电力公司发电厂热交换器管线及石油公司输配管线之测漏，发挥极大作用。1990 年间，我和院内研究主管访问佛院，与院长 Dr. Max Syrbe 会谈，并签订人才交流与技术合作协议。自此以后，双方在此伙伴联盟关系基础上，紧密合作。

佛院与德国多所大学设立联合研究中心，合聘专业人员，是其一大特色。

**荷兰**

荷兰的芮德兰应用科学研究院（Netherlands Organization for Applied Scientific Research，简称 TNO）于 1932 年依法成立，以支持企业及政府的创新

活动，总部位于 Deft，在各重要城市设有分支单位，职工约 5 400 人。TNO 除推动研究外，亦接受企业委托，验证产品质量，提供咨询顾问，参与科技企业投资等。近年来此等业务性质复杂，法律牵涉事件较多。

我在材料所所长任内，因开发碳纤维自行车计划与 TNO 有密切交流，在 1990 年时再度与工研院主管访问，与院长 Dr. M. Gerst 签订合作协议。随之工研院派遣数字电子与电讯专业方面的工程师，为 TNO 之访问学者，并经其安排，同时得在 University of Deft 攻读博士学位。其后两院亦有其他合作。

**新加坡**

新加坡政府于 1995 年设立科技研究局(The Agency for Science, Technology and Research，简称 ASTAR)以培育新加坡的科技研究及专业人才。ASTAR 与教育部及经济发展局(Economic Development Board)有紧密的合作。

ASTAR 研究范围涵盖极广，包括：基因组、生物信息、生医程序、生物医疗、生医工程、分子生物、神经科学、干细胞、临床科学、纳米技术、数据储藏、高效计算、微电子、材料科学、化学工程科学、制造工程技术等。新加坡为城市国家，人口约 500 万，方圆不到 1 000 平方公里，但对知识经济极具宏大规划，涉猎之层面极广。如能适当筛选，精拟策略，集中力量于较少数重点领域，以配合社会现实状况，则进展必将加速。

新加坡原设 Singapore Institute of Standards and Industrial Research (SISIR)，其性质与工研院相似，但自 ASTAR 成立后，其工业技术研究部分，并入 ASTAR。

**韩国**

韩国政府于 1966 年成立 Korea Institute of Science and Technology (KIST)，以促进国家经济发展及制造工程技术之现代化。在成立十年内，成功开发了韩国的第一部掌上计算器、彩色电视机、迷你计算机等。1981 年 KIST 与 KAIS 合并为 KAIST(Korea Advanced Institute of Science and Technology)，旋于 1989

年再行分出,专注于技术开发,并成为 Korea Research Council of Fundamental Sciences and Technology,KRCF,之一成员。近年来于机电合一、超级计算机及应用、生物医学技术、纳米技术、太阳能、新材料等领域内,在韩国具领导地位。现有专业职工约 1 800 人。

2000 年间亚洲经济泡沫破裂后,韩国许多大财团随之倒闭或重整,极多科技人员从大企业财团析出,无形中造就了一波重大的创业者,寻求新的生存及发展机会。政府对经济及教育的开放政策,更使韩国的创新潮流得到重大的鼓舞。以浦钢为基础的浦项科技大学,成绩斐然。三星,LG,现代等大企业,更向科技研发作出重大的投资。韩国在美国及欧洲各国,原存在大量的留学生,他们对全球化中科技企业的运作甚为熟悉,此时见国内情势丕变,纷纷回国寻找前程机缘。多种环境因素的相互激荡下,韩国在 21 新世纪初时,国家创新机制中产、政、学、研各成员的互动,已有重大的改进;故科技产业,已有大幅的成长。

**澳大利亚**

澳大利亚在 1926 年成立 Commonwealth Scientific and Industrial Research Organization(CSIRO),以协助工业发展,促进社会进步为宗旨。现时 CSIRO 有职工 6 600 人,在全国有 50 个分支单位,技术领域包括:天文,地质,能源,食品,土地,用水,植物,材料科学与工程,制造程序与工程等。过去在农药、纺织、高分子、物理器材、无线通信等应用,已有特殊发明。

4) 中国大陆

1949 年中华人民共和国成立后,毛泽东强调以工农无产阶级当政,以共产主义理念治理国家。因此知识分子不被重视,科技活动阻力重重。“文化大革命”中,除了“两弹一星”工作幸得保存外,对教育、文化、科技事业造成灾难性的破坏。直到 1976 年“四人帮”瓦解,实行改革开放政策后,中国的科技发展才走上一个崭新的阶段。

邓小平在 1978 年提出他对科技发展的论点:第一,科技是第一生产力;第二，知识分子和科技工作者同是工人阶级，应受尊重；第三，经济体制和科技体制的改革，可以解放生产力。从此以后，科技发展是国家改革开放政策中的一个重要成分。政府对于科技发展，通过多种渠道，做了重大而持续的投资。

改革开放后全国经济快速成长，科技活动亦有重大的进展。我在1993年承哥伦比亚大学教授、诺贝尔物理奖得主李政道先生的安排，访问北京中国科学院及属下若干研究院所，深深感觉中国科学院较工业技术研究院历史悠久、规模庞大，然而在宗旨任务等方面，两院实有许多相似之处，可以相互借鉴协助。1994年，中科院院长周光召率领学部委员（院士）及科研领导等25人回访，并作学术报告。此项高层次互访，开海峡两岸科技交流风气之先河；此后两岸科技产业人员交流频繁，互访成为常态。台湾的科技企业逐步加速到大陆设立生产基地，产品营销全球。两岸以科技促成了解，互惠互利，此为明证。

1995年后，台资、港资、外资大规模地进入大陆，这些投资同时带来了产品、制造、市场和营运的技术。在全球化的时代洪流中，国际贸易迅速扩展，近十年来中国大陆乃逐渐成为世界工业产品最大的制造基地，大陆的经济实力因之获得重大的进展。

从1990—2010的20年中，中国大陆的GDP以年均10%的速度增长。到2010年时，大陆的GDP总额已达美元58 780亿，占全世界总经济力的8.68%，并超越日本，成为全球的第二大经济体。表1-3是根据瑞士洛桑国际管理学院“全球竞争力年报—2011”资料整理而得。

同表亦显示，在2010年时，台湾的GDP为美元4 302亿元，占全球的0.68%；香港的GDP为美元2 250亿元，占全球的0.36%。

中国大陆在投入科技方面的资源，每年有大幅度（～18%）的增加率，到2010年已达美元1 004亿元，居世界第三位，仅次于美国、日本；研究人员总数超过250万人，居世界首位。在研究产出方面，以研究论文计，为世界之第二位，在WIPO专利申请量，亦居世界前三名。

**表 1-3 经济观:2010 年全球国家及地区国内生产总值(GDP)** 单位:10 亿美元

| 排名 | 国家或地区 | GDP | 占世界比例 |
|---|---|---|---|
| 1 | 美国 | 14 660. | 23.95% |
| 2 | 中国大陆 | 5 878. | 8.68% |
| 3 | 日本 | 5 460. | 8.53% |
| 4 | 德国 | 3 309. | 5.39% |
| 5 | 法国 | 2 588. | 4.32% |
| 6 | 英国 | 2 245. | 3.60% |
| 7 | 比利时 | 2 089. | 3.43% |
| 8 | 意大利 | 2 051. | 3.09% |
| 9 | 印度 | 1 587. | 2.53% |
| 10 | 加拿大 | 1 573. | 2.52% |
| 11 | 俄罗斯 | 1 464. | 2.44% |
| 12 | 西班牙 | 1 407. | 2.21% |
| 23 | 中国台湾 | 430.2 | 0.68% |
| 37 | 中国香港 | 225.0 | 0.36% |

然而中国大陆出口的成长,主要是由于劳动力的贡献和资本的累积。目前中国的制造技术,一般的层次仍然落后,能源及物料消耗甚高,对环境污染程度甚大。在 2007 以后,以二氧化碳的排放来说,人均排放量以美国为首,而排放总量,中国已超过美国。

中国希望从制造"大"国,变成制造"强"国,技术的提升是一个必要的条件。显然,现时科技研发产业化的效率,与国家对科研的投入的力度相比,不甚理想。科技成果所可贡献于国家经济建设的升级者,仍有极大的空间。所以近年来政府对"自主创新"的要求,甚为迫切。

中国科研创新的现况和革新,是 2008 年经合组织(OECD)和中国科技部合作的"中国创新政策研究报告"的主题。此报告对中国创新体系的特征、积效与不足,及未来政策面所应努力的方向,有极详尽的论述(参考:薛澜、梁正、柳卸林、穆荣平等:《中国创新政策研究报告》,2011)。

由于政治框架、经济体制、社会组织、文化理念及历史背景的影响,中国大陆的国家创新体系,非常复杂。概略而言,现时有五大系统在平行运行中,即:

* 中国科学院;
* 中央政府各部委所属科研机构;
* 地方政府所属科研机构;
* 各高等院校;
* 产业机构研发组织。

前四系统相互独立,互不相涉,但主要的经费来自政府,可以说兼具本章第1.6节所述第一模式(分离独立)及第二模式(集中整合)之若干特性;在一般状况下,存在诸多缺陷。

现行机制中最严重的缺点是每一系统,都有意从实验室推演到市场。所以科学院要从事研究,亦要营运产业。各高等院校要培育学生,亦要制造商品。政府机构制定政策,亦企图在市场一显身手。所以遍地皆工厂,个个要营商。

早期由于国家教育及科研经费的短缺,各科研机构除从事教育、基础研究、应用研究外,兼及制造销售及技术服务,自然难以避免,甚多相沿至今,理念难以改变。多种形式的国有企业、乡镇企业、中小型企业和合资企业也在进行多种类型的技术研发。20年来,各级政府建立了数以千计的技术产业开发区,或称科学园,或称高新区等,种类繁多,但实际上科技内涵亟须检讨。

这个涵盖产、政、学、研一贯作业的体制,庞大而复杂,动能极为巨大,然而无可讳言,它的运作潜存许多难题。若干瓶颈,如公有及私有财产权的分离、科研人员的任用及激励、技术的升级、企业的发展和竞争等,逐一浮显。

(参考资料:Dan Breznitz and Michael Murphree,"Run of the Red Queen: Government, Innovation, Globalization and Economic Growth in China," Yale University Press, 2011.)

现行繁复的创新机制运行的结果,除了在少数特定领域中可以保持竞争力外,长期来说,可能导致科学能力的延缓提升,生产技术的缺乏特色,市场营运的低廉竞逐,和政府功能的松懈腐败。学、研、产、政相互纠缠的结果,更可能引起资源浪费,效率低落,环境破坏等,这都是不可持续的创新。例如医学上的人类连体婴儿,时有所见,均为“生命共同体”,但极少能健康成长。

然而在20年的发展中,若干民营企业的产品研发,亦有优异的成绩。它们具备市场化导向、企业化经营、全球化竞争的理念,在科技创新上已创佳绩。目前在消费性机电、软件、通讯、网络上已能建立品牌,如阿里巴巴、百度、华为、方正、联想、中兴、海尔、腾讯等公司扬名国际,应是未来中国国家创新机制革新的重要范例。

无可置疑,中国大陆以政府的力量,促进科学、技术和教育的发展,积极鼓励高新企业的设立,并在实施中贯彻了这一政策,获得了相当可观的成果。然而要更上一层楼,冀求在科学研究、人才培育及技术创新上有更高的成就,只投入资源,不改革机制,是很难达成目标的。中国必须要能彻底检讨当前国家创新机制,把若干纠缠不清的产、政、学、研的“生命共同体”作适度的分离,赋予明确的定位,再投入资源,使能发挥各自的效能。若能如此,未来的研究院所、大学及企业才能各自成为具有国际地位的卓越组织,并对国家发挥综合的效益。

在创新机制运行模式中,“科学园”是结合产、政、学、研各方资源的典型环境,它的功能,例如加州硅谷的“斯坦福园”,伦敦剑桥的“剑桥科学园”和台湾新竹的“科学工业园区”等,对高新科技产业发挥了重要的触媒作用,因此逐渐为世界各地政府所重视。所以创设科学园,提供科技企业发展的优良环境,蔚成风气。

自1980年代起,中国大陆在科技部主导下,国家级的“高新技术产业开发区”陆续成立,到了1990年代,已有五十余所,分布全国各地。其中以北京的“中关村”,上海的“张江”两区,规模最大,发展迅速,最受瞩目。全国各地,由省、市政府所牵头成立的“高新区”、“开发区”、“科学园”、“孵化器”等，种类繁多，如雨后春笋。据非正式的统计，到了21世纪，全国可能有3000所此等组织，但成果不一。

此等组织必须有相当的科技成分，其企业必须有充分的研究发展的活动，区内应有高等院校或研究院所为支撑，以保障高新技术及人才之源头活水，否则必将沦落为“加工区”，或等而下之，成为地产开发项目。由此之故，多种园区以优惠之条件，吸引院校研究所参与。然而若干院所，因定位不清，角色混淆，未能作详细规划，在区内以挂出招牌为满足，或美其名为“虚拟校园”等等，科学园区的效用，自不能彰显。

我在1997年到香港科技大学后，除极力呼吁香港政府增加科研及教育经费、扶助高等院校外，亦透过国际论坛、产学合作会议等方式，主张成立“香港科技园”及“应用科技研究院”，以为创新创业之触媒。并与霍英东基金会及广州市政府合作，在穗港之间虎门区域之南沙成立“南沙资讯科技园”，以培养人才，开发技术，鼓励创新为重点，使之成为新世纪中珠三角创新机制发展的典范。其后霍英东去世，工作之进行，颇受影响；香港科大之参与，亦勉强维持。所幸广州市政府继续努力，扩大投入，现时南沙已成为广东省“十二五”计划之一亮点。由此可见创新机制中“产、政、学、研”定位连结，通力合作之重要。

# 第二部

## 运作——工业技术研究院的模式

## 2.1 宗旨与定位:明辨与笃行

在产、政、学、研的创新机制的运作中,一个重要的条件,是厘清体系中各成员的定位。有了清晰的定位,就会有明确的职责;成员之间,才能有确实的协调和配合,以达成共同的宗旨。就像一个交响乐团里的弦、琴、管、笛各部分,彼此要能协调配合,才能奏出美丽的舞曲。在优越和谐的创新机制下,创业家自可以创造宏大的事业。

研究院是创新机制中其他玩家(Player)的桥梁,它的定位尤有特殊的意义。它是产业和科学研究之间的必要连接;它提供技术指引,使政府的政策措施与世界发展同步。这在发展中的经济体里,当产、政、学三方仍未建立充分的技术能量时,特别重要。

然而在社会中,人各有分,研究院亦是一样。假如研究院的表现不好,功能不能发挥,大家自求多福,让研究院自生自灭,亦就罢了。但假如研究院接受外界的委托开发有成,而见猎心喜,企图保留最有利的技术成果、自行进行生产销售的工作,那研究院岂不变成了企业,成为现行企业的对手吗?这显然是利益冲突。或者如研究院因人才济济,设备充实,而打算开门授徒,颁授学位,那它岂不和大学竞抢学生吗,还有哪一所大学,会和它真心合作?

不论在何种情况下,研究院都变成上下游的对手,最后会受到各方的排斥,在创新机制中边缘化,甚至或是完全消失了。任何一种结果,都不是一个完善的创新机制内所应发生的。

工研院在1980年代中,就处在一种相对暧昧的困境中。因为半导体电路制造技术开发的成功,衍生了联华电子公司,成为台湾科技产业的明星,马上又将有另一衍生公司(台积电)的出现,社会上突然发现了工研院的创新成就,使有些机构感觉不安。定位认知不足的情况在报章杂志的传播下,社会对工研院发生质疑,增加在“立法院”中负面的声浪。这种情况,引起了“经济部”严密的关切。

我在1988年11月接任工研院院长时,针对这个问题,作了一个恳切的申述。我指出:

工业技术研究院过去的十年,可以说是一个小孩子从蹒跚学步到卓然成长的十年。这段时间内,工研院从工业技术的接受者,逐渐变成技术的供给者,从“十年寒窗无人问”的阶段,慢慢地已有“车水马龙,冠盖云集”的气象。

在这个成长过程中,工研院经历了不少的困扰;最广为社会所关切的是“定位”的问题。从工业界或社会来看工研院,常对他的定位发生疑问。譬如说:

• 工研院要从事尖端技术的开发,岂不是变成大学的对手?工研院是不是好高骛远了!

• 工研院讲求产品开发、制程改良、工业效益,岂不是变成企业机构的对手?工研院是不是与民争利!

• 工研院用政府的经费,开发好的技术移转到民间,成立新的公司,岂不是图利他人?

• 工研院的人才转业到工业界,受到工业界的欢迎和器重,这岂不是谋利自己?

这些问题,都有很深入的意义,值得我们好好地思考。事实上今天许多国际性科技会议上,常看到工研院的科技人员在高谈阔论;在许多工厂生产间里,亦看到工研院的工程师胼手胝足在控管制程。工研人似乎是无所不在,当然会引起震撼、困惑、期待。这些疑问,主要是不了解工研院成立的宗旨和定位。在工研院还没有显著成就的时候,倒是没有关系;十年后的今天,就不一样了。所以有这个问题的提出,表示了在今天的工业界和社会,已经深深感觉到“工业技术研究院”的存在了,同时,也期待他有更多的贡献!

定位的问题,在工研院的内部也引起了相当的困扰。譬如说:

• 在研究目标上:是否应该从事最先进的工业技术,使台湾的技术水准能与先进国家和地区并驾齐驱?或者

• 应针对今天工业界的水平,协助产品开发及制程改良,以提高工业的国际竞争力?

• 在研究经费上:是否应该扩大工业服务的范围与层次争取工业界收入,而减少政府经费支持的中长期研究开发?

• 在技术移转上:是否以最低廉甚至零价格,尽快把技术移转到民间工业以落实成果应用,或细算研究开发的成本,使能够对政府年度收支有实时的回馈?

• 在人员的出路上:是否应该在工研院紧守岗位,淡泊名利,从事开发技术,以达成政府赋予的目标,或者是该转业到大学教书以求名,或是投身于工业界以谋利?

这些问题很多是互相对立的,的确也引起了工研院同仁的困惑,这两种内外的因素,都可对此后工研院的发展,产生重大的影响。

在过去十年里,台湾的工业尤其是高科技工业有了良好的发展,工研院是一个重要的催生者。我个人深深地觉得,再下面十年台湾的经济成长,工研院将发挥更重大的功能!为什么我有这种信心,我们可以从工研院的优势来看:

• 工研院有正确的宗旨;

• 政府“经济部”有适度的经费支持;

• 工研人的高度使命感和耐力;

• 工研人的勤劳跟创新的精神;

• 工业界诚恳的期待和合作。

这些都是工研院的优势。因为这些优势,此后工研院应能对台湾发挥更大的效用。

其实开发高等技术,讲求工业效益、积极推动技术移转、培养工业人才,岂

**不是实行工研院成立宗旨所应做的吗?但是此后我们必须把工研院的任务、角色,很清楚地告诉社会,并检讨我们的做法,以免引起不必要的困惑及疑虑。下面这几年,将是工业技术研究院成长过程中一个重要的转折点。**

在“经济部”部长陈履安主持的典礼中,我从张忠谋手中接下工研院院长的担子,心情非常沉重。这一番话,经过新闻的报道,引起了许多预想不到的反应。“立法院”经济委员会的几位资深“立委”跟我说,老弟,你把大家所要质问的先列出表来了,我们还有什么好说的,好好去干吧。国民党新科“立委”的团体集思会的几位领导,约我见面茶叙建立感情。那时候的民进党委员一般都未成气候,只有朱高正、林正杰等的个人演出。朱、林两位,善于见“机”起舞,塑造形象;但好学深思,对重大课题很能实事求是。和我见面后,都表示将以友好审慎的态度看待工研院。最出乎意料的是交通银行董事长谢森中,他来电说我道出了许多公营机构专业人员的心声,约我见面谈谈未来工研院的做法,乐意从旁协助。谢是一位谆谆学者,对此后工研院的技术移转和效益评估,发挥了极大的推动作用。

的确,认识问题只是一个开始,我们必须以行动来表现定位以达成工研院设立的宗旨。我就任后,和院内外广泛的接触和咨询,寻求他们的想法,探讨如何彰显工研院的定位和贡献。两位副院长史钦泰和谷家恒,在政府、产业界、学术界都有很广的接触,在这个课题上,帮忙极大。大约半年后,我们提出了一个文件,叫“工业技术研究院之定位”,在工研院常务董事会报告讨论,并获通过(1989.4.19)。这个文件,此后简称为“定位说明”,应是工研院30年来一个很重要的文献。

“定位说明”的第一条说明了工业技术研究院是一个民间组织,是经过特别立法设置的财团法人;工研院以应用研究为重点;工研院从事工业技术之研究开发,旨在提高台湾整体的工业水平,并增进社会福祉。

其实工研院的宗旨和定位,在1973年1月31日“总统”所颁布的“工业技术研究院设置条例”的第一条及第二条，已言简意赅地下了定义：“为加速发展工业技术，特设工业技术研究院”，又“本院为财团法人”。设置条例的第三、四、五条，界定工研院与政府的关系、责任及义务。第六、七、八条厘定工研院之管理结构，制定董监事会成员及院长、副院长，均由“行政院”院长遴聘。定位说明采用通俗的文字，说明工研院的这种双重身份（Duality）：民间组织和公益性应用科技研究院。

所以很明确地：工研院成立的宗旨是为加速发展工业技术。然而，工研院不是企业，不从事商业化营利；不是大学，不颁授各级学位及单独从事基础研究；不是政府机构，不能施行公权力。工研院是独立在这三种机构以外的科技实体，它的任务，就是实行工业技术的研究开发并对工业界提供服务，以加速工业技术之发展。它的经费来源，是政府基金及资产的捐赠及公私机构的委托开发或服务。

这是工研院的特色，亦是它和国际上其他科技研究机构不同的重点。在本书第一部第八节中，针对欧、美、亚等地的研究院的情况，已有概述，在此不再重复。

现时中国大陆在高等院校之外的研究机构众多，然而大部分都有浓厚的政府角色，同时大部分亦从事商业行为。许多以“研究院”为名的机构，实际上均有年度盈利的目标，与企业无异；然而它的结构组织及运营模式，又沿袭政府官僚体系而与实际企业营运脱节。甚多科研机构深为模糊定位所苦。未来大陆如期待工业技术之持续升级，必须对国家创新机制先作检讨及革新；研究院所之重新定位，应为一项首要工作。

“定位说明”文件，是在工研院的宗旨下对定位做原则性的宣示，并从多种执行面来说明如何笃行工研院的定位。以下各章，将就工业技术研究院在1990年代中之组织架构、营运原则、技术政策、财务政策、人才政策、企业文化等执行面课题，在工研院的宗旨及定位的基础上，作进一步的说明。当然时代在改变,许多环境因素,自然亦已改变,多项营运面的措施,实际上已有所调整。然而我相信这些调整,均以工研院之任务与定位为前提,殊无疑义。

## 2.2 效益指标:以落实应用为导向

定位说明第二条说:

工研院之工作效果,必须落实于民间,故讲求工业效益与社会效益,而以下列为指标:

- 创立高科技新工业
- 提升工业产值与产品之附加价值
- 协助工业建立研究开发能力
- 增进生活与环境质量
- 建立工业技术领导地位

这五项指标之中,直接指出"工业"关系的有四项;其余一项,间接但密切和"工业"有关。所以工研院的效益藉工业而彰显,并寄托在"加速发展工业技术"上,这就是工研院成立的宗旨。

我必须指出另外三点涵义。第一,前面两项,指明创立新工业或新价值,这就是创新一词最简明的表述,这和创业有密切的关系。第二,这些效益,都要从工业实质成果上来衡量,不是工研院单方做了技术开发就算数。第三,基础性科学或前瞻性科学一类"高、精、尖"词汇,不在效益指标之中,并不表示它们不重要,而是指出必须通过对工业技术的升级,才能彰显它们在工业上的效益。

这些指标,是工研院过去 20 年来评估效益的原则,这就是它在国际科研技机构中的特色。

社会上许多人、许多组织常质问工研院及其他国家性应用研究机构的总体效益在哪里?我认为这个问题,可以由图 2-1 来分析,此图解释了公共研究机构的效益循环，它所表达的是政府投资在应用科技的经济性回馈。

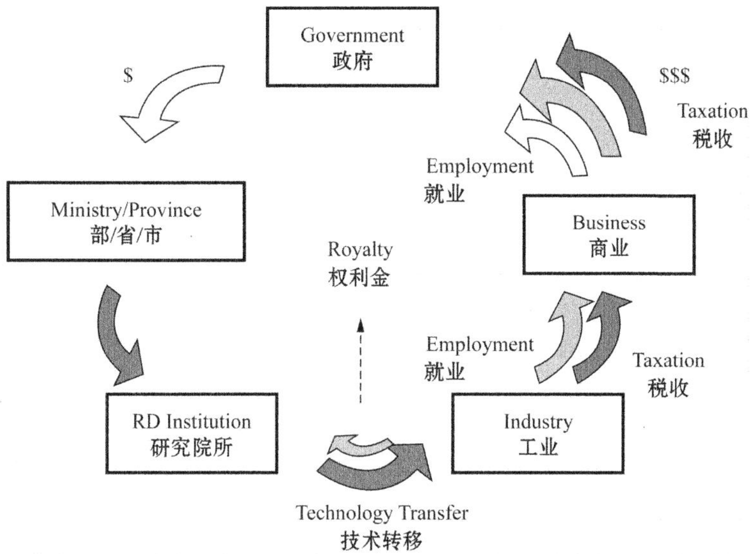


图 2-1　公共研究机械之效益循环

简单地说，政府总预算中的研发经费，分别由部、会、省、市等机关主管，各主管机关以委托或配合等方式，交由研究院/所执行。这些研究组织，在开发技术后，将成果扩散(如：技术转移)到工业界；工业界以之制造新产品或提升产业层级，再以多种方式作商业营运。最后的两项，就是创新创业的范畴。它们将从扩大营业额及就业机会，向政府提供丰裕的税收。这就是政府研发资金回笼的重要方式。我亦主张权利金从低，就是要鼓励企业界迅速采用新技术而升级，使这效益循环能迅速地运转。所以公共研究发展的投资，可视同如高速公路相似的基础建设；它的效益，是一种间接效益；但具多种经济加乘效应，是一种社会效益。

在技术移转时，工业界将以权利金的方式，回馈于研究院所。在 1990 年代时，研究院所获得的专利权及技转权利金必须如数交回政府所有，因为政府主计及审计部门主张这些权益应属于国家财产，科研单位没有权力分配。这是落伍的理念,我在工研院院长任内,极力鼓吹这些专利权及技转收入,应由科研机构保留及利用。这是一种奖励,亦是一种对未来科研的再投资。因为政府拥有专利权,一般只是存放在档案库或图书馆里,不会自动地产生效益,但如科研机构拥有专利权,它会积极地推广应用,创造新效益。至于权利金收入,在效益回收循环中相对来说数目甚小,对政府微不足道,但对执行研究的院/所的财务,有极大的冲击。当时并与“经济部”研商提出“工业技术发展法”,将知识财产权及收益之处理,赋以法源。这时“经济部”负责科技发展的次长施颜祥,了解这件事对台湾科技长期发展宏观思维的重要,非常支持这个构想。事实上此时已有美国 1986 年的联邦技术移转法(Federal Technology Transfer Act,或称 Bayh-Dole Act),可兹借鉴。

这个构想,经过历任工研院院长的持续努力,更得法律学者徐小波、刘江滨等的倡议,后来由“行政院”、“国科会”提出“科学技术基本法”到“立法院”,并于 1999 年经“立法院”通过后实施。此法之法意包含甚广,可惜在执行上未竟全功。依此法之精神,“其所获得之知识产权及成果,得将全部或一部归属于执行研究发展之单位所有或授权使用,不受财产法之限制”。因为有“或一部”的弹性,政府预、决算的主管仅同意拨出权利金收入之一半,交由研究机构所有。这可说是知之而未笃行,行善而不务滋,可见政府法制革新之困难。

(参考资料:《科学技术基本法》,1999 年 1 月 20 日施行;2011 年 12 月 14 日修正)

## 2.3 组织及权责划分:企业化营运

工研院以财团法人方式营运,主管机关为“经济部”。院设董事会制定工作方针,审议预算决算等重要决策,及督导业务之进行。董事会置董事 11 至 15 人,董事长一人,任期三年,期满得续聘一次,由“行政院”院长于政府部会主管、学术界、公民营企业界人士中遴聘。院置监事 3 人至 5 人,其中一人为常务监事,亦均由

“行政院”院长聘任。院置院长一人，副院长一人或二人，均由“行政院”院长聘任，院长受董事会之监督综理院务。所以财团法人工研院的营运，与企业相同，所不同的是它和政府关系密切；它的位阶较高，不同于其他的私营研究院。

工研院董事会在1973至1981年期间，为草创阶段。及第三届（1981年10月）开始，运作较为成熟。其时董事会之组成如下：

董 事 长：徐贤修

常务董事：张光世（“经济部”部长），方贤齐（兼工研院院长）

董　　事：赵耀东（“经建会”主委），阎振兴（“原能会”主委）

张明哲（“国科会”主委），唐君铂（中山科学院院长）

吴舜文（裕隆公司董事长），辜振甫（台泥公司董事长）

林挺生（大同公司董事长），李达海（中油公司董事长）

陈兰皋（台电公司董事长），毛高文（清华大学校长）

常务监事：汪　锟（“行政院”副主计长）

监　　事：虞德麟（“经济部”次长），王昭明（“财政部”次长）

徐国安（“工业局”局长）

以上成员均为当时台湾科技行政与产业界之俊彦。我在第四届董事会任期之中进入工研院为工业材料研究所所长，时常列席董监事会议。1988年11月我承聘为常务董事兼工研院院长，董事会旋即改组，第六届董事会（1990年10月）成立：

董 事 长：张忠谋（台积电董事长）

常务董事：萧万长（“经济部”部长），李国鼎（“政务委员”）

夏汉民（“国科会”主委），郭南宏（交通大学校长）

施振荣（宏碁公司董事长），林垂宙（兼工研院院长）

董　　事：谢森中（交通银行董事长），辜振甫（台泥公司董事长）

黄孝宗（中山科学院院长），许胜发（工业总会理事长）

简又新("环保署"署长),刘兆玄(清华大学校长)

陈耀生(中油公司董事长),张钟潜(台电公司董事长)

常务监事:于建民("行政院"副主计长)

监　　事:林志忠("经济部"会计长),李玉麟("经济部"局长)

以上都是科技界、产业界之翘楚。成立不久,萧万长改任"经建会"主委,江丙坤接任"经济部"部长,因"经济部"为主管机关,故江接萧为常务董事。

观察三届董事会的运作后,我逐渐感觉董事会中政府角色过浓,而新兴的民营企业代表性不足,故建议政府在第七届起邀请更多民营产业人士进入董事会,以增进社会对工研院之了解,加强工研院与产业界之合作。此建议为政府所接受,在此后十年中,新一代企业领袖如庄国钦(机械),黄茂雄(电机),徐旭东(化工),侯贞雄(钢铁),苗丰强(计算机),林信义(机械),何寿川(造纸),林百里(计算机)及严凯泰(汽车)等,陆续受邀为工研院董事。在2000年代中,台湾政坛动态激烈,对工研院之组织及运行,不无影响,但工研院在科技、产业、创新之传统,幸得保全,工研院在台湾创新机制的桥梁地位,得以维持不坠。

工研院院部和董事会的关系,与企业化机构,极为相似,可从表2-1工业技术研究院董事会院部权责划分表说明。

分析表2-1可知,工研院的营运可以说是董事会指导下的院长负责制,从1985年起,沿习至今。因此工研院的运行,能够独立于政府官僚体系之外,而以现代企业化管理方式,处理组织、规章、人事、聘免、财务、业务、法务等功能。并因通过董事会的审议及政府委托项目计划的推动,工研院与政府政策能保持多层面密切的联系(Arms Length Relationship)。

此权责区分机制,为第三届董事长徐贤修、院长方贤齐、副院长桂体刚所研拟,1985年3月11日第四届第一次常董会通过定案,实为徐、方、桂任内之一重要成就。此划分表应为工业技术研究院之一重要文献,其时行政处长(后升行政协理)温鼎勋的企划,贡献良多。

**表 2-1　工业技术研究院董事会院部权责划分表**

| 项　目 | “经济部” | 董事会 | 董事长 | 院长 |
|---|---|---|---|---|
| 组织规程 | 核定 | 拟定 | | 提议 |
| 研究单位之设立与变更 | 核定 | 审议 | | 提议 |
| 本院设置条例 | 报“行政院” | 建议 | | 提议 |
| 本院捐助章程之修订 | 核定 | 建议 | | |
| 职员管理/待遇办法 | 备案 | 核定 | | 提议 |
| 院长之聘任 | 转请“行政院长” | 推荐/建议 | | 提议 |
| 副院长之聘任 | 转请“行政院长” | 推荐/建议 | 审议 | 提议 |
| 所长/协理/高级顾问聘免 | | 核定 | 审议 | 提议 |
| 副所长之聘免 | | 备案 | | 核定 |
| 五年计划 | | 通过 | | 提议 |
| 年度工作计划 | 报“行政院” | 通过 | | 提议 |
| 重要计划评估 | | 通过 | | 提议 |
| 重要计划成果评估 | | 通过 | | 提议 |
| 签订国外重大合约 | | 通过 | | 提议 |
| 年度预算/决算 | 报“行政院” | 通过 | | 提报 |
| 土地/建筑/设备之让与抵押 | 核准 | 通过 | | 提报 |
| 超过半年之借款 | | 通过 | | 提议 |
| 有关业务之诉讼 | | | 授权 | 提出 |

在此框架内，工研院内各研究所/研究中心技术业务之运行，概由各所所长/中心主任负责，向授权之副院长报告。有关各管理功能业务，则分别由院部主管之功能协理（行政、财务）综合协调。各研究所/研究中心涉外之业务，除经特别授权外，概由院部以财团法人地位处理。

工研院院部以及各研究所/中心的组织运作数据及图表等，可见于有关的年报及网页，在此不另叙述。

（参考：http://www.itri.org.tw/）

## 2.4 财务政策:政府与民间经费的均衡

工研院在1973年立法成立时,由政府捐赠原隶属“经济部”的三个研究所(联合工业研究所、联合矿业研究所、金属工业研究所)的土地、建筑、设备外,并参照原列三所项下之同样额数经费,仍依预算程序捐赠。后者为新台币2.13亿元,在工研院的开始数年中,这笔经费是工研院财务的唯一收入。其后因三所对“经济部”业务单位提供若干研究及服务,开始有了捐赠款外的收入,总之经费的来源,绝大部分为政府。然而政府财务拮据,各所为求生存图发展,不得不转向民间企业寻找合作的机会,因此乃有从产业界来源的收入,这是政府研究机构民营化的必然期待与结果,是一种正面的结果。

在工研院的第一个十年中,除捐赠款为固定数目外,其他政府来源收入及民间企业收入,均稳定地成长。到1988年时,工研院总人数4 236人,约为成立时(451人)之9倍,总经费65.48亿元,约为成立时之27倍,其中来自民间企业的研发收入,仅约20%。随着“行政院”科技发展方案的推动,预期中工研院接受“经济部科技项目计划”的委托,在未来数年,将有大幅度的成长。这个趋势的延续,将使工研院的经费,更依赖于政府;工研院的规模更迅速地膨胀,这可能不合工研院企业化经营的精神。

张忠谋于1985年出任工研院院长之后,对这个趋势的发展非常关切。他认为财务管理是机构营运的重要手段,工研院在争取经费上,要关心经费多少,亦应关心经费来源。所以院/所的领导逐渐建立共识,把政府经费和企业经费的比例,当做一个营运的重要指标。经过一段相当长时间的讨论、考虑、沟通和沉淀,工研院在1993年9月15日第六届第十一次董监联席会中通过了院部所提出的“工研院之经营政策”,内中第四条:

本院与产业界关系的最佳指标之一,为来自企业界经费之比例。在

1997年度时,来自民营企业的经费,应为全院经费的25%以上。

目前本院经费来自政府科技项目及契约服务之比例为2:1,此项比例将逐年降低,务使于1997年度时达到1:1;即来自"经济部"项目经费,届时应不超过全院经费之50%。

实际上我在1988年接任院长后不久,已主张1:1的比例。在各单位设定年度目标时,已经要求对经费来源及比例作好分析及预测,这是各所长/中心主任年度绩效评估的一个主要项目,所以各单位都认可这个决心,数年来亦稳健地朝着目标进行。所以我知道尽管各单位情况有所差异,但是这个1:1的目标是可以达成的。问题是对全院来说,究竟何时可以实现。"经营政策"的发布,是院方向董事会作了一个确实的承诺:就在1997。

在沟通的过程中,并不是没有质疑和阻力的。首先我们要判别工研院经费的来源。"定位说明"的第三条指出:

工研院之经费来源主要有二:一为政府,一为工业界。工研院接受政府经费,以建立研究基础环境;执行应用研究项目计划;并辅导中小企业。工研院接受工业界之经费,以执行合作开发或项目委托。

其实政府的经费来源实有多种,"科技项目"大都是"经济部"委托的中、长期计划,是以建立特定工业技术能力为目的,工研院亦可决定时程。这种经费一经批准,工研院可以做主进行科研的工作,没有什么外部因素的干涉。然而许多政府单位亦时常委托工研院执行若干特定的技术服务,如焚火炉的规划、产品标准的设定等等,种类繁多,这些大都以契约规定各项细节,亦大都以比价或议价方式获得,与民营企业运作相同,所以归属于"契约服务"的范畴。所以这"经营政策"所规范的不是单纯的"经费来源",而是研究工作与服务工作的比例和人力的配置。

各单位的情况其实亦是不尽相同的。举例来说,在电子所、电通所方面,许多技术开发计划已经行之有年,工研院技术能力已经建立,而民间企业蓬勃兴起,所以要增加企业合作研发或技术服务的经费,问题不大,困难是在如何精选科技项目,以确保工研院在这领域中的相关领导地位,同时避免人力的过分成长。在能资所来说,它有相当额度的经费来自政府的能源基金,可供科技研发及服务,但民营企业尚未成气候,要如何以这些服务去培养民间公司的研发的兴趣,自然是一个挑战,所以必须精选服务的项目。其他各研究所/研究中心,都有各自特定的情况,对于各自达成1:1的策略和时间不尽相同,需要仔细斟酌。

从工研院整体来说,这科技项目里实际上包含共同性的基础建设,如中兴院区22亿元的建筑费用,都由科技项目编列,在降低比例的立场来说,当然是不利的,但我们如何能说不要科专经费做基础建设?所以我们对这个很有意义的指标,不应该只表面的看数字,要进一步去看它的内涵。

我对1比1的认知是很明确的。工研院需要科技项目的经费,以建立技术能力,这有利于长期发展;但亦需要企业的合作和契约,以彰显工研院的效益。两者都是必要的工作,需要均衡的发展。我对同仁说,任何单方面来源的经费太高了,我们对它都会过分倚赖,失去了独立行为的要件。在企业营运中,如果只有Sole source supply,你将丧失Bargaining power。这攸关工研院的持续发展的能力。当我们有说“No”的能力,人家就要尊重我们的意见。我想同仁们逐渐了解维持这个比例的意义,到1997年度,全院各单位都达成1:1的目标了。这个1比1的财务政策,成为工研院管理的一个特色。

## 2.5 技术政策:以标的时程及市场类型分类

在1989年4月所颁布的“工研院之定位”的第四条对于研究目标,有如下的叙述:

长、中期研究：工研院执行政府委托之应用研究，以包容性、前瞻性、尖端性之科技为重点。依据特定科技开发所需之时间与相关工业在台湾发展之程度，分为长期(5～10 年产生效益)及中期(3～5 年产生效益)计划。此项工作，由政府经费项目委托，研究成果之工业业移转，为非独占性。工研院对此等工作之投入，以不低于全院研究资源之百分之五十为原则。

短期研究：工研院执行短期(3 年以下)之研究开发，应配合工业界之需求，以改良制程及开发产品为主，并邀请工业界共同参与执行。研究成果之移转，可授予提供经费者适度之优惠条件。工研院对此等工作之投入，以不低于全院研究资源之百分之三十为原则。

其他：工研院内各单位长、中期研究之比重，可因科技性质与工业状况不同而调整。工研院配合政府措施，辅导中小企业，提高其技术层次以增强其在国际市场之竞争力。工研院参与公营企业研究发展工作，以发挥政府研究资源之总体效能。

经过三年的实行，我们觉得除了以效益时程为界定外，对于技术研发及服务工作的内容，与经费来源有密切的关系，应该有所解析。所以，在 1993 年“工研院经营政策”中把工研院的技术工作，分成 ABCD 四类：

A 类：以已建立之技术基础服务于产业界的工作。此为本院之一主要工作，应予全力推动。其经费之全部或大部分应来自服务对象。

B 类：研发台湾少数厂商已拥有，但多数厂商尚未具有之技术。此类工作以接受厂商委托为原则，其经费由参与之厂商(单独或联盟)负担。

C 类：研发国外厂商已拥有，而台湾产业界尚未具有之技术。此类工作应为本院近期内之主要工作。可由“经济部”科技项目之经费支持。但应鼓励产业界先期加入共同开发，以求加速落实。

D 类：研发国内外有尚未付诸实施之技术，此类工作多属前瞻性及创新性，应为本院长期的主要工作。FY86 的目标，为全院的 10%，所需经费来源,应为"经济部"科技项目。

任何分类都有盲点。在这里B和C是比较模糊的一群,这类项目是"经济部"科技项目所支持的,所以争议性比较大。为避免用政府经费培养了许多同一技术领域中的竞争者,形成市场窄小但竞争者聚多的困境,并造成对少数、先期投入厂商作不公平的竞争,B类计划的经费应由厂商自行负担。C类工作由科技项目经费支持,但应鼓励产业界先期参与。这项工作如能和"工业局"所推动的"关键性零组件"或"先导性新产业"等计划充分配合,很快就可以彰显工研院的效益。然而如何调整A,B,C,D四类工作以达成1∶1,这就要看各单位主管的经理能力和艺术了。

A类和D类同是未来工研院所要加强的两项工作。在1990—1991时工研院在前瞻性技术研发的经费投入比例约占5%,将来自然要增加此一比重,目标是在1997年度时达成10%。

这个政策的推行,是否会引起同仁对A或D的误解呢?

为此我花了许多精神,利用多种机会向同仁澄清一个观念。在工研院里A类与D类的工作两者无分高低,两者同等重要。就像在医疗领域里,基础研究和临床治疗,对维护身体健康是同等地重要。

D类工作就像基础医学的研究者,针对人类癌症、AIDS等疾病研究其生理、病理、药理,使能对人类为疾病遭受的痛苦,提出解决方案。从事D类工作的人,时常为追逐一些小小的线索,废寝忘食,在实验室里不眠不休。

A类工作就像临床医师,实时为人们解决病痛,提供日常生活中迫切需要的救援。担任此一工作,除了要有卓越的技术经验,更需要爱心、耐心、奉献的精神以及良好的沟通能力。从事A类的工作的,必须经常仆仆于道途之中,投入现场工作。许多辅助中小企业、传统产业升级的工作,就属于A类。

所以两者都要有牺牲奉献的精神。当然院里对此两类工作,将个别研拟奖励措施及前程规划等制度。

1993年初董事会邀请了一批国际知名的科技专家对工研院的工作做了一个评估，结论中指出前瞻性技术研发的重要，所以这个经营政策的颁布，可说是一种回应。在这原则下，院方采取了许多实际的措施。例如电子所加强“先进技术中心”(Advanced Technology Center，ATC)的运作，在国外敦聘若干高级人才参与，其中之一为加州大学贝克莱校区的徐爵民，其后他被擢升为工研院院长。化工所展开了Metallocene高级触媒研究，工材所高温超导体研究，电通所HDTV关键技术开发等，都是属于前瞻性的范畴。

影响技术工作目标的另一重要因素，是产业界的技术能力及对工研院的需求关系，随着时间而改变，所以工研院必须面对特定产业的状况，而调整它的“角色”。

角色和定位虽然相关，但却不同。我常以家庭为例来说明。每个人在家庭里都有一定的定位，但也要扮演多重的“角色”。以个人来说，我和儿子的“父子关系”的定位，是无论如何不会改变的，但是角色会随时间改变。当孩子还小时，我要喂他吃饭，穿衣服、系鞋带，牵手过马路，这个时候我是“保姆”的角色。等孩子长大些，茅塞初开时，我向他解释这世上的事物，并且回答问题，送他上学，这时候我扮演的是“教师”的角色。小孩慢慢长大了，有了专业知识，成为学者专家，已经可以来讨论切磋，我变成他的“朋友”了。等到有一天我年老退休，必须到儿女们家依亲生活的时候，必将转变成为“被保护者”。但是在家里的“角色”如何改变，我在家里的“定位”是不变的；我是太太的“丈夫”、父母的“儿子”、儿女的“父亲”。这多面性的“角色”，亦时常衍生出许多相当错综复杂的管理问题。当“丈夫”与“儿子”的角色交集于一时一地，身处婆媳之间，如何保持均衡，是颇费周章的，相信很多读者都能体会。

“工研院”和上述的“我”，是很相似的。与工研院有关系的，有不同类别的产业，每个产业里有不同大小的公司，各有不同的兴趣和背景。工研院亦有许多“长辈”，像“经济部”、“国科会”等，调和这些角色是复杂又困难的。不同的对象,有不同的要求;即使是同一个对象,在不同时候也会有不同的需求。

这是工研院永续性经营的挑战,就是要站好定位,认清环境,检讨角色,并机动调整财务和技术的目标,使能有效地达成任务。

## 2.6 管理措施:以尊重和激励为基础的服务

在我接任工研院院长(1988 年 11 月)的时段里,工研院面临一个相当困扰的问题,就是人才的流失,各主要单位之净离职率(以%计算)略如下:

| 年度 | 院部 | 化工所 | 电子所 | 机械所 | 材料所 | 能资所 | 光电所 |
|---|---|---|---|---|---|---|---|
| 1988 | 16.2 | 11 | 25.2 | 14.7 | 11.7 | 14.5 | 14.6 |
| 1989 | 20.5 | 15.9 | 36.3 | 25.3 | 21.3 | 13.3 | 20.8 |

在台湾科技企业正常的运作上来说,10%的离职率是可以理解和接受的,但是当它高达 15%时,就对企业的营运产生压力,单是新进人员的职业在线培训,就应接不暇,不要说要保特营运的安定性、生产力及产出的质量了。马上我们就听到许多批评,例如:工研院留不住人才,工研院技术流散,工研院无能力执行计划!

一个困扰,看来很快可能升级为危机。

高离职率的原因有外在和内在。外在的原因是景气问题,产业景气好了,外界企业纷纷到工研院来"挖角",当然可以解释电子所的异常高度离职率。然而其他各所亦面临同样的问题,各相对行业的景气似乎并不特别得好。所以在工研院内部一定有若干特殊的原因,促使同仁心存犹疑,以至不惜求去。

我就任院长后,知道应立即正视内部的管理问题,进行深入的分析,随后采取全面的措施,建立以激励为基础的服务。在这个过程中,我敦促各所领导的参与,并尽量向第一线的同仁解说。这些全面的努力和沟通,逐渐就产生了效果。

我的基本理念是，一个组织不论有多么崇高的宗旨和目标，多么周延的政策和计划，都要靠人的执行去达成。在科研工作中，事物的变化，大都不会按原定的剧本(Script)发生。所以科研组织里的每一个成员的知识、技能、观察力、判断力和激励价值观，是这个组织能否成功的最重要因素。

工研院不是一个能求名能获利的组织，如何营造一个适当的环境和气氛，使各成员在自己岗位上，专心努力，发挥潜能?

在我的认知里，任何管理措施，必须回归到"人"的层面上来考虑，才能落实。在所接触的管理理论中，我认为最容易实行的是马斯洛(Abraham Maslow)的理念，就是要了解人的激励(Motivation)和需求(Needs)的相互关系。他把人的需求，分成五类。我们可用一金字塔表示，如图 2-2。

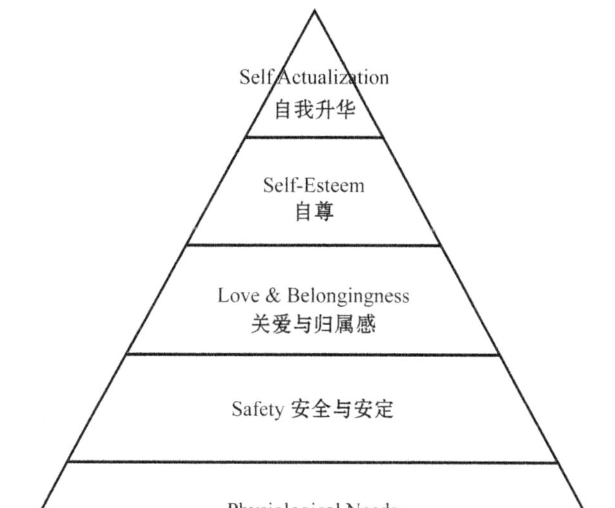


图 2-2　马斯洛的需求层次

马斯洛认为每一个人都有这五种需求，只是比例多寡，各有不同。

(参考文献：Abraham Maslow, "Motivation and Personality", Harper and Low, New York, 1970; William D Hitt, Management in Action, 1985)

我在院里举行策略规划会议数次,邀请院部各所/中心及高层主管参加,研商在工研院的宗旨和定位下,如何针对工研人的需要,在院里培养一个激励性的环境。这些措施摘要如下:

第一层:生理需求(Physiological Needs):就像阳光、空气、水,这是每一个人最基本的需求。我们甚多的管理实务是针对它而实施的,包括:合理的年度调薪,弹性的绩效奖励,对单身同仁提供宿舍,建设实验大楼,改善院区的生活景观及服务环境等。我接任后首先督促竹东院区十层单身宿舍的建筑,1989年时又向"经济部"提出"工研院基础实验室与设施建造计划",在中兴院区建造实验场所约150 000平方米,增加当时院区使用面积之一倍,是最显明的措施。

第二层:安全与安定(Security Needs)。工研院提供家庭医疗保险,改良退休制度(下详),并积极争取中/长期的项目研发计划。这些措施使同仁认可在工研院服务,他的家庭医疗有保障,亦有适度稳定的工作及充满弹性的职业生涯规划。经各所/中心的共同努力,全院中/长期科技项目研发计划经费,得到可观的成长。包括次微米及实验室计划在内,在1990,1991,1992,1993等四年中,分别为3 994,5 901,7 940,8 785百万元。这些是工研院受到政府的支持,将可安定发展的明证。

第三层:关爱与归属(Love and Belongingness Needs):要培养同仁对工研院的归属感,院方必须关心同仁工作的表现、团队精神及未来前程规划。所以个人及团队的特殊成就,不论是科技研究,工业服务、技术推广或行政支持,都是年度奖赏的项目。院方亦必须为同仁提供未来发展的准备,实施个人培训或任务调动,以增加他的训练及发展机会。

第四层:培养个人与团体相互尊重的情操,所以要建立绩效评估的制度(下详),彰显同仁工作的效果及贡献。同时鼓励同仁参与院外的学术性或专业性的活动,协助他建立专业领域中的地位及荣誉,亦协助他作前程规划。

第五层是人类需求的最高层次,这是要求自我发挥,人性的升华。在这个方面，我们倡导工研院的定位、任务、远景及工研人的企业文化。在三年内，工研院营运的重要文件“定位说明”及“管理政策”经多层次的讨论后定案，这对人员激励有相当重要的影响。

工研人文化：创新、团队、尊重、敬业、奉献、卓越（简称“工研院第一”或“ITRI D E”）于此时订定。十年后工研人文化简化为：创新、诚信、分享。此为工研院同仁的核心价值与行为的规范。基本上工研院的管理措施，是建立在工研人的“需求”金字塔基础上的，如图 2-3 所示。

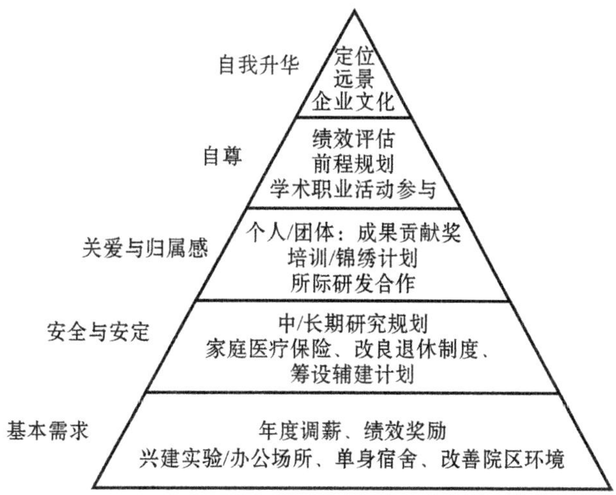


图 2-3　工业技术研究院之管理实务：以需求激励为基础

在这些管理措施成形后，我和两位副院长及各单位主管，尽量争取机会，在多种场合到各单位和同仁沟通，说明这些措施推行的实务。这些措施虽然细节上不无调整，今天大都仍在实行中。所以工研院是一个有能力执行时代性挑战的机构。

在这个过程中，院部的行政协理刘荣隆、财务协理陈民瞻、人力处长周吉人、企划处长李立中、傅兆章等的规划、协调、倡导、执行，对这些制度的建立，贡献极多。

工研院人员的离职率，在此后的二十余年中，都维持在 10%左右。

## 2.7 人力政策 1:商拟目标评估绩效

在工研院的管理政策中,绩效评估具有关键性的地位。绩效评估是尊重个人成就,实现个人志趣,发扬团队精神,达成定位任务的一项重要措施。所以绩效评估,在许多方面对工研人个人及工研院整体,都有重要的影响。

1986 年张忠谋就任工研院院长不久,为了要提高营运效率,决定要淘汰冗员及绩效不良的人员,要求各单位在年度里裁减人员百分之三。这个要求,引起院内很大的反对声浪。其实这种裁减,对美国的企业来说,可说是司空见惯,3%的幅度亦不算很大,为什么回响这么激烈呢?他免不了感到纳闷。我和他说,这一方面是两地企业文化的差异,另一方面是院内各单位对于绩效没有一致的认知和制度,所以院方要“一刀切”(Across the Board Reduction),无怪乎人心惶惶,是不太可行的。所以我建议,必须先在工研院内建立绩效评估的制度,定下绩效的标准和评估的规范。他同意了,在院内成立一个项目小组(Task Force),由当时五个研究所里各派一位资深的人员组成,并指定由我当召集人。

这个小组先检查院里各单位的现况。我们发现院里各所的历史不同,做法和标准都不相同,甚至在同一个所里,不同部门也常以业务特殊,各有一套做法。显而易见地,如果院里对同仁的辛劳成果有许多不同的评估方式,就很可能会产生不公平的待遇,同样重要的问题是:同仁如果对工作绩效的评估缺乏信心,自然对院缺乏向心力,那么团队合作、所际整合,都谈不上了,工研院的整体效益,亦就难以发挥。工研院的优点,就因为它有多种科技的人才,可以互相协助,但是我们的管理体系,必须要能配合。接着我们进一步分析国外 IBM、Du Pont,Battelle Columbus-Lab,Lawrence Berkeley National Lab 等组织,以及台湾几个重要机构的制度,发现这些机构的做法都各有异同,各有特点,但没有一个可称完全适用于工研院的。

我们认为工研院的评估制度，必须符合几个特点：目标导向、相互尊重、弹性调整、全院一致。我在接任院长以后，项目小组所建议的绩效评估办法就在院里全面实施。这个办法的工作文件，因它独特的颜色，同仁称之为“蓝表”，从副院长起，所长/主任、协理，每一位同仁，都有一份蓝表。

工研院的绩效评估制度，代表一种同仁与院方沟通的程序，它包括有三个部分：

(1) 目标设定(Goal Setting)：年度开始前，主管与同仁商定年度工作的目标。

(2) 工作晤谈(Working Discussion)：年度之中，双方随时讨论沟通，检讨工作执行的情形并解决困难。

(3) 绩效晤谈(Discussion of Performance)：年度终了，双方做一个面对面的综合讨论，核定目标达成的程度和未来展望。

我认为如果绩效评估这一项工作如不能落实，那技术开发的工作做得再好，长远来说只是昙花一现，对整个机构的发展，不会有深刻的影响。换句话说，我认为技术开发(Technology Development)必须以组织改善(Organization Improvement)为后盾，两者互相结合，才能产生可持续的效果。工研院的人力发展作业，是以绩效评估为基本的考虑因素。

为了这个制度的落实，所有负有管理责任的同仁都必须有充分的训练及支持。所以在1989年开始我在院里成立人力资源处，绩效评估的训练、推动和落实，就是它的第一项重大的目标。

绩效评估制度是建立在共同目标(Objectives)上，所以目标设定(Goal-Setting)，是一个先决的条件。首先就是由单位主管决定今年要达成的目标，再按他辖下的分组的特征和功能来设定他们各自的年度目标，以这个次序推展，到了最基层就是每一个同仁。部门主管和同仁设定年度工作目标时，必须考虑

以下的要素:

* 双向参与(Participative):同仁与主管共同情商,不是单方面命令;
* 具体(Specific):有人、事、时、地、物各要件,切忌天马行空;
* 可鉴定的(Verifiable):有客观、能评鉴的标准,不会各说各话;
* 能支持的(Supports):有合理的人力、环境、资源的支持;
* 效果导向(Result Oriented):清晰列明,最忌只有动作,不见效果;
* 过程检讨(Timing & Check Point):明订时程及查核点。

工研院里有许多不同的工作在进行:研究、服务、行政等等,要每样工作都定下目标,乍看不无困难。但如从工研院的效益指标去琢磨,就比较容易掌握了。

绩效评估的第二步是工作晤谈,这应该是经常举行的,不拘形式或时间长短,随时提出讨论,随时了解部属工作上的情况,并要提供协助、解决困难。这些都是一个好的经理人员的责任,最坏的主管是给属下一条绳子,看他自行发展,最后可能不免上吊!

第三个工作是绩效晤谈,这是必须慎重准备的。须要先约定时间地点,并请同仁先作准备。平时的各种接触,谈的是问题、是解决方案;而绩效晤谈,则是检讨整体目标是否达成?如果没达成,原因何在?如何拟定改善的计划?如何设定下一阶段的目标?在晤谈之前,每位经理人必须先和上一级主管做简要的报告观察与决定(称之One over One),因为上一级主管可能有不同层面的观察,而任何决定及后续行动都必须有上一级主管的支持,才能达成。

绩效评估是工研院人力资源管理的基础,如调薪、奖金、升迁、培训、调任、奖赏、惩罚、裁减等,都应和绩效连接,这样才能建立一个公平、和谐、积极、有创造力的机构。

我在2012年年底访问工研院,和人力处长何大安、组长吴素静见面,讨论绩效管理制度推行的结果。他们认为这个制度在下列已有明显的效益:

* 强化工研院的组织能力，特别是在组织转型(Transformation)时刻。

* 正面影响主管的领导方式及员工行为模式。

何大安说：主管有 Leadership，员工有 Ownership。可谓一言中的。

* 改变及落实本院价值与创新文化的塑造。

* 为各项激励、辅导改善、升迁推荐制度的主要参考依据。

实施 25 年到现在，过程中曾对业绩排名的等第进行分类，改善绩效的辅导制度等细节，作过部分调整，但上述的原则架构维持不变。“蓝表”亦曾改为“绿表”，评估作业已经全部计算机化，不分蓝绿了！

## 2.8 人力政策 2：弹性退休创造三赢

在 1988/1989 年工研院离职率高峰期，我们分析离职资料，发现有两点值得特别注意。一是 83%离职的同仁平均年资在 5 年以下；二是 92%的离职人员未到 40 岁。很显然，许多同仁进了工研院，学了一点本事，就急着向外发展，在 40 岁前就想出去了。很少人把工研院当做建立长远职业生涯的所在。

这种状况我认为是“三输”。对同仁的新企业雇主来说，这位新进在工研院的宝山里涉猎未深，即有所得，不过皮毛，对他的新工作帮助，必不如预期之大。对同仁来说，新东主对他的期待落差，可能转为工作压力，不久可能被迫另跳新槽。对工研院来说，异动频繁，增加院里技术经验累积的困难，也使得组织气氛不稳定。所以，我觉得要鼓励同仁，尤其是已累积相当经验的同仁留在院里多服务几年，这是院人力策略中相当重要的工作，然而我们必须超越现行年满 65 岁届龄退休、或服务满 25 年申请退休的硬性规定。

现行的两项退休规定，对现时代的工研院同仁来说，是太遥远了。所以一逮到机会，许多人便弃工研院而去。所以我们必须有新的概念来处理这件事。

我的设想里可把新进成员分成两大类来看。一类是大学毕业不久，服完兵役后来院,年龄约在25岁上下。这样的人才,如果能在工研院里工作20年,必会参与四五个重要的科技研究计划,他将有研发、制造、市场、及营运的经历,他很可能已被擢升为经理或组长或更高的职务。这时他正好是45岁,如日方中。如离院高就,必定是新公司的副总或老总,必能带领新公司至另一境地。

另一类是年龄在45岁上下,在国外获得博士学位,已有若干年的高级实务经验,在专业领域中卓有贡献。如能来院工作10年,对工研院贡献必极大。十年后他正是55岁光景,而环境熟悉,人脉畅通,正是进入第二春或第三春的好时光。

这两种scenario都是“三赢”的局面。两种scenario之中,同仁之年龄(X)及在院年资(Y)之总和均为65。我们人才策略的一部分,是鼓励同仁在院长期服务,最少到可以提前申请退休的年龄,届时工研院将付给他应得退休金的全额,不作任何删减。最后这一点,应是一个重要的诱因。

我把这个改变退休制度的计划向董事长报告,最初建议采取以“XY60”进行。张忠谋对这个构思表示赞同,但认为60岁过于优厚,对工研院的财务负担太大,他主张“XY70”。

我要财务协理马上评估财务负担,他的报告是退休金另有基金,不会对年度预算产生冲击,而院的退休基金储备充分,如果所有符合资格的人员都申请退休,以当时基金管理的情况来预测,30年内亦会是收支平衡。张对这个分析表示满意,但觉得工研院的这个制度会给企业界太多压力。我叙述工研院目前的整体薪资奖励,和科学园区的企业距离甚为可观,我们必须有前瞻性的创意,来激发士气,双方讨论了许久。我记得是在一个星期日的早上,在他敦化南路的寓所里,终于达成一个折中的决定,以“XY65”提报董事会。

这个修订退休制度,终获第五届第十一次常务董事会通过,并追溯自1991年3月1日实施。其大要如下:

符合下列情形之一者,可申请提前退休:

* 连续工作5年以上，年满60岁者；
* 连续工作10年以上，年满55岁者；
* 连续工作15年以上，年满50岁者；
* 连续工作20年以上，年满45岁者；
* 连续工作25年以上者。

只要同仁符合上述规则之一申请退休，即可领到依章发放的退休金全额。这个富有弹性的退休制度，在工研院内，通称为“XY 65”。

这个方案并不是鼓励提前退休，而是希望同仁在考虑早期离职的同时，能因这项富有弹性的退休方案而愿意多留在工研院服务，进而增加工研院组织的稳定性，提高院里的专业能力。对同仁而言，则多了一项在盛年退休、开创事业第二春的机会，丰厚的退休金将可为子女教育做后盾，使能无后顾之忧地经营另一事业前程。企业界亦可获得经本院长期培养的高级人才，提升其技术与营运层次。

这是工研院人才策略的一个方案，希望留住工研人的心，使他安心在院里奉献与成长，培养更深厚的专业能力，至少到可以提前退休的情况下，才考虑另谋前程，可以说是三尽其美。

我于2012年末在竹东与工研院人力处主管组长张和坚晤面，回顾过去20年中XY65执行的状况。他说，到2012年底，工研院共有1 268人退休，其中届龄退休的175人，占总数14%；申请退休的1 093人，占总数86%。可见申请退休，即采取XY 65，已是大多数同仁的优先选项。此外他又指出数点：

* 提早退休人员(平均52.6岁)可发展第二春事业；
* 畅通内部升迁管道与机会；
* 空出员额以聘用新计划所需人才(平均每年约50人)；
* 减缓本院年龄老化、促进组织年轻化与活力。

他说，若无此制度，本院平均年龄将由41岁增加为44～45岁。

很显然,他的陈述令我十分快慰。回想当时建立退休制度的经过,我不禁要感谢工研院权责划分制度的远见。在这框架之下,院长和董事长之间,可以相互切磋,但合作无间。张忠谋在董事长的立场,瞻顾高远,对事物的看法,自有独到之处;我是他的后任后辈,自不能事事达到他的期望。然而彼此以诚相待,在这件对工研院前程发展极有意义的措施上,彼此各有坚持,亦互相尊重。最后达成了一致的方案,使我十分感念。

在撰写此段的同时,台湾执政党与在野党正在为公教人员退休金改革一事,争持未已,议论盈庭。据报朝野两方对未来应采取"90 制"或"85 制"的退休制度,争辩不止,可能还要诉之街头。我听后顿觉时间错乱,未免啼笑皆非。很庆幸在 20 年前,已经在工研院的小个体中,实行了"65 制",并达成预期的效益。

## 2.9 技术开发:多元化的规划及评审

工研院的技术开发,是一个相当漫长的过程。它的前期是规划,其次是筹备,再次是执行,再次是评估,最后是成果扩散。

技术规划,主要考虑的是环境及需求,必须对国际科技市场发展及国内的情况及需求,有充分的了解。在这方面,工研院可以说得到了台湾的创新机制中的可贵而来自政、产、学多层面的资源。

从台湾最高层面来说,在 1979 年间,"行政院"院长孙运璇成立了"行政院"科技顾问组,邀请了十位左右的外国专家组成科技顾问团(Science and Technology Advisory Group,简称 STAG),每年到台湾来开会,商讨国际科技产业环境的大趋势,评估台湾科技发展,使能与国际同步。这些成员们都是具有科技背景的资深人士,担任过部长、大学校长、跨国公司总裁、副总裁等职务,当时都已退休,所以没有利益冲突。他们的参与,主要是在荣誉感和服务使命感的推动下，受到孙院长及小组召集人李国鼎（“政务委员”）的诚恳及决心所激励。这时正是美国和台湾终止正式外交关系的时刻，这班科技界重量级的大员们毅然来台指导，可说是雪中送炭，政府上下及有关的部会组织，对他们尊重有加；对他们的建议，亦能及时实施，并在下次会议中作出追踪报告。

顾问团的成员，多年中亦有所更动，我所接触的如下列：

* Prof. Fredrick Seitz，美国，国家科学院院长，洛克菲勒大学校长；
* Prof. Pierre Aigrain，法国，科技部长；
* Prof. Norman Hackerman，美国，莱斯大学校长，德州大学校长；
* Dr. Umberto Colombo，意大利，能源部长；
* Dr. Patrick Haggerty，美国，德州仪器公司总裁；
* Dr. Ian Ross，美国，贝尔研究院院长；
* Dr. Edward McKay，美国，西方电讯公司副总裁；
* Mr. Bob Evans，美国，IBM 公司副总裁；
* Prof. Ivan L Bennett, Jr. 美国，纽约大学副校长。

在这个过程中，提供背景资料、安排访谈、整理结论等技术性事务，很多是工研院有关的研究所/研究中心担任。STAG 顾问都是位高望重的客卿，学有专精而经历丰富，他们亦没有本土利益的纠缠，见解高远，建议适中。工研院主管对国际科技发展现况及趋势、台湾经济产业的需要等，受到很多的启发，对于台湾发展的远景蓝图，自然成竹在胸。

除了科技顾问会议之外，科技会议陆续召开，工研院各研究单位的主管，经常被邀请以成员身份参加，或作主题报告。他们亦大都是台湾各专业学会，各产业公会、协会的理、监事，担任领导的角色。所以工研院对台湾各产业微观方面的意见，大都有充分的体会。因为这些活动，各单位陆续建立了充沛的人脉关系及产业信息，对于技术开发的规划，都有重要的帮助。

工研院自从 1976 年发展半导体电路制程技术开始，就和美国的华裔科学家群建立了良好的关系，成立了技术咨询委员会（Technical Advisory Committee，简称 TAC），相约在遵守知识产权的原则下，彼此交流讨论，如各专业领域中的年会或讲习会一般。其后此 TAC 的组织，亦扩及其他领域。因为关心台湾的经济进步及社会发展，许多资深科技专家时常在前瞻预测、人才培训方面，对工研院提供指导，对各所的技术规划，贡献良多。这些先进专家，有几位已经作古，大部分都已退休，包括：潘文渊（RCA），罗无念（Princeton），吴贤铭（Michigan），厉鼎毅（Bell Labs），桂体刚（New York Polytechnic，原工研院副院长），卓以和（Bell Labs），虞华年（IBM），李振民（Rochester），王国金（Cornell），李天培（Bell Labs），蔡维仑（Stanford），郑国宾（ABC），余瑞楚（USC），杜经宁（UCLA），李杰（Cincinnati），孔祥重（Harvard）等对工研院及我个人的指导，到现在仍然历历在目，深以为感。

中国工程师学会与美洲中国工程师学会，在此时段内在台湾召开“现代工程技术研讨会”，邀请国外专家，就各专门领域科技的发展对台湾可能之冲击为题，和台湾各相关企业及学术单位，进行交流讨论。工研院各研究单位内主管及专家，亦时常应邀为筹备单位或主讲者。会中的信息及结论，对工研院之技术开发与政府、产业、大学各阶层的沟通，亦有很大的帮助。

因为这种多层面的互动关系，技术规划逐渐建立成为工研院管理的强项。经过这些规划及沉淀，各研究单位草拟计划构想，经所长核可后报院向“经济部”提出草案。凡是跨年度重大的案件，都会向院长详细报告。一般来说，我从在工材所长任内开始，就要求各计划主持人就下列各点商讨：

• 目标是否具体（Specificity）：一般大而化之如“提高产品设计能力”的话，我认为是虚字。它必须定义何类产品、何种功能、对哪个市场、在什么时程、到什么层次等。

• 能否提供利基（Niche Advantage）：达成目标后它能提供何种竞争优势——功能、价格、整合、市场区隔？

• 经济可行性(Economic Feasibility):商业化新需资金规模、到市场时间(Time to Market),投资报酬率等。

• 专利分析(Patent Analysis):谁拥有类似专利、什么地方仍有运作的空间、谁是潜在竞争者?

• 技术移转(Technology Transfer):谁可能最早将技术成果商业化?如何促使产业对这技术发生兴趣?以何种形式移转为适宜?

• 研发经费来源(Sources of Fund):能否邀请产业界参与投入研发、或说动政府以科技项目经费支持?

• 领军人物(Championship):主持人的专业能力、器识、沟通、领导力。如何培养产业化阶段的领军人选?

对这商讨程序中有几点需要说明。第一,我们所聚焦的不是科技本身的“高、精、尖”,而是产品或服务在市场上的竞争优势。第二,我们所关心的不是科技论文的多寡而是知识产权的范围及归属。第三,我们把技术移转的考虑放在技术开发的前段而非后段,以确保科技研究之落实。这些都是工研院“定位说明”原则下的实践,所以过去20年中,工研院甚少发生研发结果闲置的问题。

经商讨后,属于B或C类的计划,各单位都尽量邀请企业提供若干经费,先期参与开发,如有多位企业有兴趣,亦可组成以科技产业联盟,共同开发。属于D类之计划,即具前瞻性者,当由工研院向“经济部”科技计划项目下申请全部之经费。

工研院计划送达“经济部”后,由部主持、聘请产、政、学三方面专家评审。如获通过,即由部汇报“行政院”,经“行政院”最后审查后,可编列入政府年度预算内,再依法律规定,转报“立法院”。其程序及数据,均在公共范围之内,可参考政府主计处资料。过去30年中工研院所承办的科技项目计划详细状况,亦可参考“工业技术研究院20年纪要”(1993)、“工研院30年大事记”(2003),及“工研院40年大事记”(2013)。

我在工研院服务的期间中(1983—1994),正是"行政院""科学技术方案"全力推展的时候,政府的远景及政策甚为清晰,科技经费相对充分,工研院所提出的技术开发项目,经院方的规划和商讨后提出后,大都获得"经济部"科技项目的支持。

2005年台湾《人文及社会科学集刊》第十七卷第三期(94/9):"政府资助的产业创新活动:以工研院科专计划为例",作者台湾大学郑秀玲及黄国纲对全台湾总研发经费,政府(公、私部门研发经费总和)及"经济部"主管科专、工研院经费等项,有翔实的分析,兹摘录其要点如表2-2。

**表2-2 1991—2001年台湾研发经费一览** 单位:百万美元

| 年度 | 全经济总研发 | 政府 | "经济部"科专 | 占政府比例(%) | 工研院 | 占科专比例(%) |
|---|---|---|---|---|---|---|
| 1991 | 3 049.9 | 1 588.0 | 296.52 | 18.67 | 204.37 | 68.9 |
| 1992 | 3 768.5 | 1 967.5 | 430.88 | 21.9 | 275.69 | 64.0 |
| 1993 | 3 927.6 | 1 923.0 | 430.53 | 22.4 | 301.38 | 70 |
| 1994 | 4 335.0 | 2 089.1 | 408.51 | 19.55 | 298.62 | 73.1 |
| 1995 | 4 722.4 | 2 108.6 | 439.87 | 20.8 | 280.632 | 63.8 |
| 1996 | 5 024.2 | 2 144.1 | 452.11 | 21.1 | 261.49 | 57.8 |
| 1997 | 5 453.9 | 2 224.4 | 442.71 | 19.9 | 249.81 | 56.4 |
| 1998 | 5 293.9 | 2 074.5 | 409.60 | 19.7 | 219.47 | 53.6 |
| 1999 | 5 904.7 | 2 235.4 | 453.23 | 20.3 | 234.43 | 51.7 |
| 2000 | 6 329.2 | 2 375.2 | 466.57** | 19.6 | 245.35** | 52.6 |
| 2001 | 6 065.037 | 2 244.064 | 444.0 | 19.8 | 232.22 | 52.3 |

注:(1) 全台湾总研发经费包括公、私部门的研发经费总和,单位为百万美元;
(2) 政府研发经费皆不包含国防经费;
(3) 依**2000年度政府会计年度改变调整,科专实际运行时间为1.5年;
(4) 数据来源:台湾科学技术统计要览及"经济部"技术处网页。

由表中可见,"经济部"科专经费在此阶段中约为政府总研发经费的20%左右,工研院之科专经费在1990年代初期约为"经济部"科专的70%左右,其后数额略降,后期约为科专的53%。然而在2001年时工研院仍有2.32亿美元的科专经费，为全台湾各研究组织之冠。

因为政府通过“经济部”科技项目的支持，所以各新兴科技领域，包括：电子、计算机、通讯、光电、材料、能源、自动化、精密机械、特殊化学、高级人纤、污染防治、工业安全、量测质量、航空太空等，都能在工研院中逐渐茁壮，逐步对台湾工业的技术升级做出贡献，以下数章有关工研院的技术扩散及效益各章中，将有较详细的阐述。

## 2.10 技术扩散：多层面的创新与创业

技术扩散比技术开发更为困难，除了考虑“物”、“地”的因素外，还要考虑“人”、“时”；因此它的未知数(Uncertainties)特别多。为什么世界上擅长技术开发的研究机构很多，但能做好技术扩散的屈指可数，恐怕和这些因素有关。毕竟科学家们的传统训练，是针对分子电子。离开实验室到了市场去，他们会遇到很复杂的人。这些人是企业者及最终的顾客和消费者，他们的需求自然不同，而且常依时间改变。

工研院技术开发的重点是把科学现象转化为可以制造的技术，提供产品的雏形(Prototype)，定义制程中的主要条件，以减少接受者的风险。接受技术的企业必须投入充分的人力、财力，依其特定之产品功能及制造规模，将制程优化，成为有市场价值的产品，并提供顾客服务，以谋求利润。

所以科技成果产业化的工作是很漫长的，前段可在工研院，但中段及后段必须在企业，由企业界主导。譬如长途接力赛跑，科学发明是第一棒，技术开发是第二、第三，技术扩散是第四、第五，最后还有五棒是要企业者或企业家自己接下去，努力跑到终点。

一般人常眩于技术的使用效能，低估了技术扩散的困难度。所以工研院把技术扩散的思考，放在于技术开发之前，特别是先注意未来技术使用时的可能状况,尽量减少实验室和市场的差异性。因此对接受方来说,他时常会迫不及待,期望技术的到来,以争取市场上的先机。但即使有很高的意愿,企业家仍然应具备充分的物理条件和意志,即硬实力和软实力,去接受技术产业化过程中的挑战。

**工研院技术扩散原则:**

1) 程序的公开、公正、公平

事先公告技术发表会的时间、地点、内容概要,并在多处举行,以广业界及媒体之参与。

2) 非独占性移转

工研院研究开发计划所得的专利权,归属工研院,但技术成果之移转及使用,依经费来源而异。由科专计划经费支持之技术成果之移转,为非独占性,即可一案多转。但由企业提供部分经费之合作开发,则依"经济部"规定,企业可拥有若干优先使用权,如年限、地区等。由企业全部出资之委托开发,依契约规定。

3) 非竞争性移转

工研院在移转某项技术后,如非技术承受方要求,工研院将不再从事同样技术之研究开发,以免与承受方产生不公平之竞争。但从技术长远发展之需求,工研院亦可能转向作更前瞻性研究,以维护未来产业发展之竞争力。

4) 量产及策略性退出

工研院可循契约规定,协助业界作试验生产(Pilot Production),但在达成若干预定指标后,即行退出;此后工研院亦即退出在此技术之延续开发,以避免与企业界发生竞争。

5) 技术人员之移转

业界得要求若干技术人员及专家,随技术移转至企业。工研院乐观其成,在不影响其他研发计划成果下,将予以协助。但此为个人行为,应由双方协议以契约为之。

6）人员之奖赏

工研院如因技术扩散而获权利金或其他收益，于弥补费用后，其盈余将与有功之同仁共享，以为同仁之激励，亦积成为长期研发基金。

为贯彻工研院的定位及创立的宗旨，协助工业的发展及创新，引导科技产业链的发展，推进产业升级是工研院的中心任务。

**工研院技术扩散方式**

1）技术移转

技术移转就是将工研院已开发的技术，授权给企业使用。企业原已熟悉产品的制造过程，并建立了市场通路，得到新的技术，可谓如虎添翼。它们因此可以建立新的品牌，进入新的领域。台湾的巨大机械公司因碳纤维环氧树脂复合材料技术而开发“捷安特”高档自行车，三芳化工公司藉超细纤维而成为高级人工皮革业的领导者，是最好的两个例子，本书的第三部有较深入的分析。现时工研院每年有数百个技术移转的案件，在2012年时，技术移转达619厂家次，签约金额台币10.44亿元。

为了保障企业界使用移转的技术，专利权是重要的手段。我在1988年担任院长时，全院专利累积数不及100，因之督促各研究单位在技术规划中注意专利布局，并极力向目标市场国家申请专利。各单位之技术计划管理中并设定年度目标，列入绩效评估。此后工研院的知识产权成长飞速，以非线性成长。1992年单年已获专利184项，现时全院专利累积数达18 000。更重要的是，工研院注重知识产权成为产业界的模范，所以台湾产业界亦很积极地申请专利。现时外国人士机构组织在美国获得专利权的，台湾已排名在前十名中，如以人均计算，应是全球的前三名。因此尊重知识产权，自然成为台湾产业界的共同规范。

早期（1990年代前）台湾的信息产业界技术能力正在萌芽中，和美国技术公司之间发生纠纷,时有所闻。以 AT&T 为例,此公司认为台湾企业小而甚烦、对其知识产权尊重不足,而业界认为 AT&T 力大气霸、授权费用极不合理。彼此之间,存着甚大压力。我认为工研院与双方关系良好,应可发挥协调之作用,故在 1992 年间请法务室主任林行及电通所所长郑瑞雨两位,与 AT&T(代表林宏六)研商知识产权合作,经年余之谈判,达成协议。订定双方相互授权、使用彼此专利外,并许可工研院之合作厂商群,以优惠之折减,使用 AT&T 之专利。长时之纠纷,因之舒解;其后 AT&T 转为 Lucent 公司,此合作案仍然继续有效,此为合作互利之一明证。现时此合作厂商群,多已建立各自之专利能力,并能针对需要,可个别与 Lucent 等谈判矣。

2) 衍生公司

当技术的目标市场尚未成熟,企业界多采观望之时,由工研院的人员带领,去创业、成立新公司,实行研究成果产业化,这就是衍生公司式的技术扩散。30 年工研院已协助成立了 80 家公司,大部分是在集成电路、光电、计算机及外围、精密机械、生化技术及先进材料等。除了基本的技术移转,公司的营运亦由工研院的专业人员为主体领导。80 家公司中有一半是完全新创公司,是名副其实的工研院 Spin-Off;另一半是企业界中成立新部门,可称 Spin-In。

Spin-Off 公司的成长过程大部分是极为坎坷的,但它们经过坚韧不拔的奋斗,已成为今日台湾高新产业的标杆。台湾集成电路公司及联华电子公司可说是家喻户晓,本书第三部中,以荣刚材料、鼎元科技、盟立自动化、世界先进、欣铨科技等为案例,对它们的创新及创业家精神,作更一步的阐述。读者可以由此了解国家创新机制的建立,是创业家成功的重要支撑。工研院的衍生公司,一方面创造需求,又提供了投资机会,从而带动新兴产业的发展。

3) 技术服务

当企业在运营发展中,遇到问题或困难,工研院可以契约服务的方式,派遣适当的专家人员给予帮助以解决困难。这些问题的性质及范围可能极为复杂,可以是技术研发、产品质量、商业咨询、经营管理等。现时工研院所执行技术服务数，在2012年，数达14228家次，金额达台币66.88亿元，可见中小企业对工研院需求的殷切。

4）开发联盟

是由工研院带头，结合多位业界的人才及资金，组成团队，以开发新产品，改良制造程序，寻求新的工业标准等。最成功的一个案例，是1990年所组织的笔记本电脑开发联盟，由当时工研院电通所（所长郑瑞雨）主导，结合46家厂商及台湾电子电机制造同业公会（TEEMA），在一年之内，成功开发台湾的笔记本电脑的案例，举世瞩目，建立了此后台湾在笔记本电脑的龙头地位，在2011年时，台湾的笔记本电脑生产，为全球市场的90%。

此案的成功原因有三。电通所能掌握先期信息，完成市场分析与预估，并有优秀能力提供技术，提出具潜力产品之规划开发工作。TEEMA能协调参与业者，维护良性的产销秩序，提供行政支持。参与的业者能提供专业技能，确立产品标准规格，降低制造成本，并能进行联合采购，追求产品的量产与营销。最后的效益，是带动台湾计算机产业全面发展。这个案例，将在本书第三部中阐述。

5）产业孵化

利用工研院的技术环境及创新文化，提供场所及支撑的措施，协助创业者，培育其新创事业。工研院的中兴院区创新实验大楼完工后，在其中设立新创事业"育成中心"，以及提供既有企业研发合作的"开放实验室"。这个产业育成中心是台湾的第一个孵化器，成立以来，在国际间的评比相当杰出，并获得多项奖项，包括："经济部"中小企业处"育成中心特别奖"、亚洲育成协会（AABI）的"2005年度最佳育成中心"、美国NBIA的"2006年度最佳育成中心"。

从具体经济效益来说，在过去15年中，据工研院2011年的报告、育成中心促成了174家新创公司，近650亿元的新投资，协助创造了1.7万多个优质的工作机会。本书第三部中创业家宋智达和他的沛锦公司的故事,是工研院通过孵化的方法协助创业、创新的一个说明。

6) 训练

工研院为了帮助产业界提高核心竞争力,每隔一个阶段把新的创新技术和咨询信息,包括IC设计、产品设计、材料使用、污染防治、工业安全、节能方法等等,以训练的方式进行传送和扩散。训练课程会针对不同的领域,在不同的城市举行,同时也会根据企业特别的需求而组织训练。

7) 论著

随着外部环境的不断变化,工研院会把创新技术、资讯信息以论文、论著的形式对外界发表。其目的是有利于产业界、学术界的学习和创新发展,并建立工研院及工研院科学家在专门领域中的学术地位。但显然,在工研院的机制里,申请专利比发表论文更为优先。在同仁对外发表论著之前,他必先考虑是否应先申请专利。

## 2.11 效益:台湾经济发展和社会结构的转型

综观工研院对台湾40年发展的效益,应该说它引导台湾转向以技术为主的经济形态;并在人才、知识方面塑造条件,使台湾迈向知识经济社会发展。工研院的技术扩散和创新模式,促进了中小企业及中产阶级的兴盛,成为今天台湾社会的中坚和安定力量。

### 建立创新型科技产业

台湾高新科技产业的奠基应追溯到1974年工研院自美国RCA引进CMOS集成电路制程技术(7um,3吋晶圆),随之在1977年建立首座集成电路示范工厂。1980年"联华电子公司"(UMC)自工研院电子所(所长胡定华)转移技术,成为台湾第一家专业4吋晶圆(3.5um)制造公司,开创研究机构整体技术及人员移转，建立民营新企业之先河，此为工研院以衍生公司为技术扩散之首次。1987 年工研院电子所(所长史钦泰)再度衍生“台湾集成电路制造公司”(TSMC)，从事 6 吋晶圆(2um CMOS)之制造。TSMC(董事长张忠谋)开创晶圆代工制造之营运模式，带领公司成为世界最大的 IC 制造商，其全球市场占有率达 45%。两公司产品在全球市场占有率总和，近十年来已超过 60%。

台湾的半导体产业在此之后蓬勃发展，由 IC 的制造(Fab)、延伸以及为制造服务的各种专业如设计、测试、封装等，通称 Fab-less。Fab 与 Fab-less 于科学园区内外群聚(Cluster)支撑，成为台湾 IC 产业之特色及竞争力。台湾集成电路产业的发展概要如图 2-4。

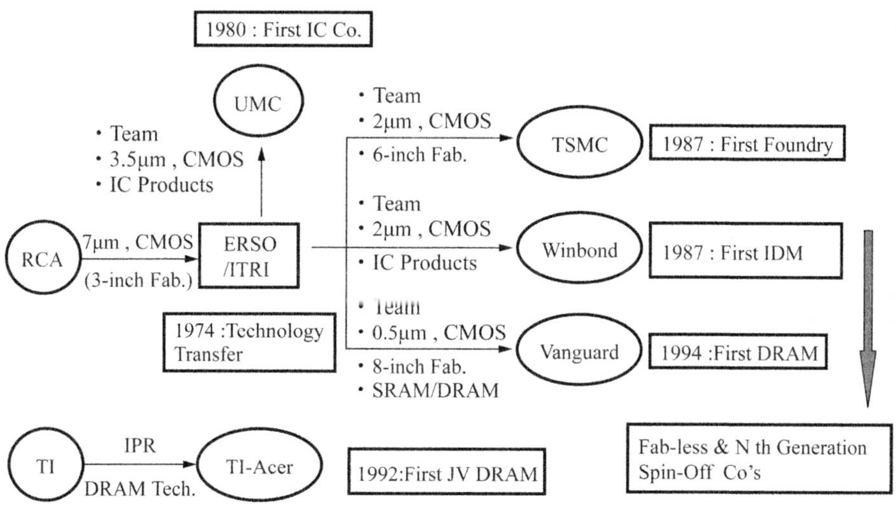


图 2-4　台湾半导体公司发展史

(参考文献：曾繁城在香港科技大学“香港之未来”论坛上的报告，2002 年)

**衍生公司**

继 UMC 及 TSMC 之后，工研院继续各种技术扩散的工作，以衍生公司方式进行的，到 2012 年 12 月 31 日共 80 案。即共已成立了 80 件新创公司，其中由工研院 spin-off 为新公司者 45 家，spin-in 为既有公司新事业部者 35 家。

衍生公司在其行业中具领导性的包含:

* 半导体业:台积电、联电、世界先进;
* IC 设计业:旺玖科技;
* 光电业:晶元光电(LED)、兆远(LED);
* 机械业:盟立自动化、华擎机械(汽车引擎)、瑞智机械(压缩机);
* 材料业:荣刚(超合金)、钰邦(固态电容)、硕禾(太阳板导电胶)。

以上行业均在高新技术产业范围之内,其所在地遍及新竹、中部及南部科学工业园区。

这些新创案已上市/上柜之家数计 18 家,资本额总计约台币 5 400 亿元,2012 年底之总营业额计约台币 1.08 兆元。2012 年全台湾之国民生产总值约为台币 14.04 兆元。故此 18 家已上市/上柜的工研院衍生公司之总产值,在 2012 年已为全台湾 GDP 之 7.7%。我个人粗估,全部工研院衍生公司对全台湾 GDP 之贡献,约为 10%到 12%之间。这些贡献当然是由于公司的投资人、员工及所有关系人的努力,然而没有工研院的培育,这些公司是不可能存在的。

**研发策略联盟**

由工研院各研究所/中心带头组成之研发策略联盟,在过去二十年中,约三十余案,涵盖笔记本电脑、次微米制程、X Terminal、芯片整合平台、汽车共同引擎、奈米技术、燃料电池、光通讯、光储存、锂电池、物联网、照明光源、全温层保鲜服务、软电触控面板、零耗能建筑、线型工具机、电动车营运、电子系统封装、微创手术器械、自动光学检测、照护辅助系统等等,都属于高新科技产业范畴。工研院之科技与管理,遍及台湾各企业中。其经济效益之量化,较难确定,但其贡献极受肯定。

**研发策略联盟例 1:笔记本电脑**

以笔记本电脑而言,在 1990 年研发策略联盟成立之始,全球销售量仅约 300 万部,台湾厂商正在试制试销之萌芽阶段。工研院电通所(所长郑瑞雨)倡议组织研发联盟，46 家厂商踊跃参加（工研院团队主持人罗达贤、朱绍鸿、王锡成等）。一年后产品雏形问世后，引起台湾各产业界极大之兴趣，从事制造、零组件、产品设计、市场销售者风起云涌。经十年之开发、并购、重整、市场竞争、国际合作等，台湾的笔电产业，俨然成为全球化经营之先锋，塑造“全球化华人企业”（Global Chinese Inc）之营业模式，即：台湾设计，大陆制造，世界市场。全球 2011 年笔记本电脑之总出产量 199 百万台，台湾制造产品者即 175 百万台，占 90%（见本书第三部第六章）。台湾成为全球笔记本电脑之盟主，殆无疑义。

**研发策略联盟例 2：通用汽车引擎**

以汽车引擎而言，溯自 1980 年初期，“经济部长”赵耀东即以机械工业为工业之母，最能充分扮演带头角色者首推汽车工业，然而当时台湾最大汽车公司裕隆公司，只能扮演组装厂的角色，因为汽车心脏的引擎技术一直掌握在日本厂商手中。1990 年工研院机械所（所长刘中鸿）联合车辆工会（理事长林信义）提出开发汽车引擎之建议，获“工业局”（局长杨世缄）之支持，因于 1991 年开始执行为期五年 13 亿经费的“汽车共享引擎开发”科专计划。1993 年工研院结合台湾主要汽车业者中华、裕隆、三阳等公司，与英国 Lotus Engineering 公司合作，开发 1.2L 四行程汽车共享引擎，工研院团队（主持人苏评挥、王汉英、王宗道）赴英国实地接受设计及制造训练。两年后研发成功，主要投资人组织华擎机械公司，成为台湾首家专业汽车引擎制造商。此引擎于 1998 年为中华威利商用车所采用，运行良好，1991 年在台湾市场同级车占有率高达 74%。此后华擎又完成第三款自制引擎的开发，并销往中国大陆，创下台湾自制引擎首次外销纪录。现时已进入新世代产品拓展中。

**技术移转**

通过工研院技术移转获得授权使用的公司及产品，年度中仍然有效执行者，近十年来每年近 1 000 案。但此等产品营业额之确数，因属各公司机密资料，不得而知。若以签约金额估测，约为 GDP 之 0.3%至 0.5%之谱。

在前所引述2005年台湾《人文及社会科学集刊》第十七卷第三期(94/9)郑秀玲及黄国纲论文中,对若干年度工研院所获“经济部”科技项目经费及当年度技术移转促成投资,有所论述,兹引用其数据,计算促成投资与科专经费之倍数,约为6.6倍(见表2-3)。

**表2-3　工研院科技专案之效益:促进投资与产业创新**

| 年　度 | 工研院科专经费(A)(美金百万元) | 促进投资金额(B)(美金百万元) | 倍数(B/A) |
|---|---|---|---|
| 1997 | 249 808 | 1 785 559 | 7.14 |
| 1998 | 219 465 | 2 552 743 | 11.62 |
| 1999 | 234 426 | 1 779 000 | 7.56 |
| 2000 | 245 354 | 928 825 | 3.78 |
| 2001 | 232 218 | 748 269 | 3.22 |
| 平均值 | | | 6.66 |

资料来源:郑秀玲、黄国纲,《人文及社会科学专刊》第十七卷第三期(94/9),2005

需注意,年度投资生产金额实为以前科技项目研究之结果,与当年度之科专经费,应无实际之关联,故其平均值当较有指标性意义。根据上述分析,可知政府以科技项目对工研院之投资,纪录表示可以促成3～12倍,平均6.6倍的民间投资。其次,投资生产额在1998年达成高峰后下降,此或与台湾本土营业环境之恶化有关;在此期间,许多民间投资纷纷西进大陆。

**技术移转:软性电路板的自主**

除科技终端产品之外,价值链中之甚多关键性零组件,台湾的产业界,原仰赖于外国进口。以软性电路板为例,在1990年代初期,全台湾需求约为台币20亿元左右。工研院材料所自1985年即开始由科技项目的方式,研究可挠性电路及软性电路材料的基本技术(所长林垂宙、吴秉天),其后并作三次的技术转移(所长李立中、刘仲明)。由于各合作厂商共同努力,故能逐渐取代进口,提升国产自制率。在2010年时,相关材料自制率已提升到100%,可以完全取代进口。因此,台湾之软板材料技术从无到有,促成产业完整结合,成为全球最大之软板材料供应地。此技术并为无线通信移动手机及显示器产品提供关键保证，提升通信及电子产业国际市场之竞争力。现时全台湾对软性电路材料的需求经已增加十倍，约为新台币 200 亿元之谱。工研院对软性电路材料技术发展及扩散策略如图 2-5。

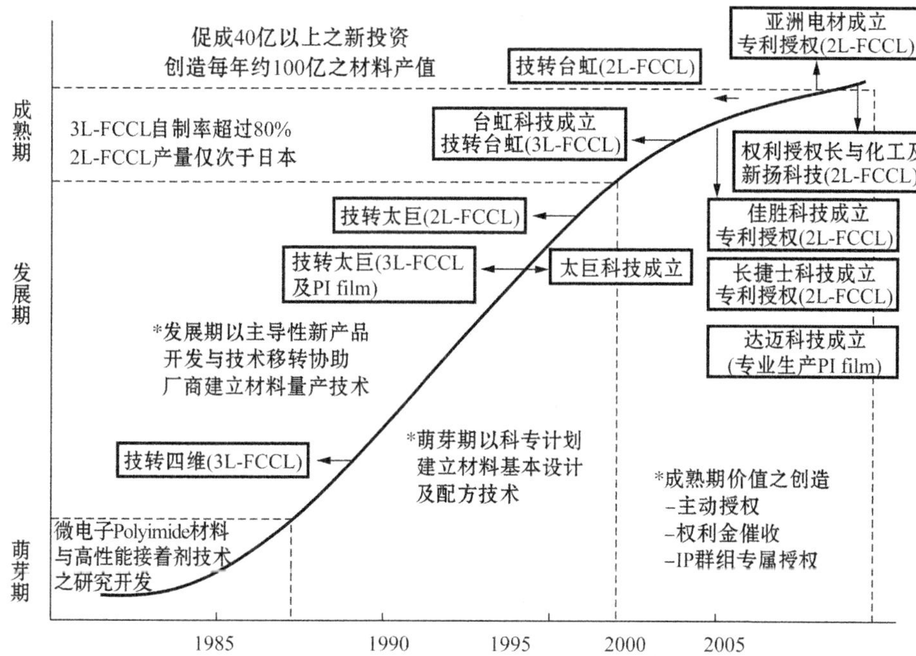


图 2-5　创造新价值——软板材料技术移转与专利授权

工研院材料所从事征电子高分子及软板电路材料研究开发之研究同仁，其后大都离院创业，或投入企业，现时已成台湾软板材料界之中坚领导，包括：

- 吴声昌：先为德奎公司总经理，后创立达电路材料公司为总经理；
- 曾美龄：与吴声昌共创达励公司，为副总经理；
- 李建珲：台弘电路板公司总经理；
- 金进兴：在工研院退休后，任亚洲电子材料公司副总经理；
- 许明松：臻鼎电路(鸿海集团)副总经理。

### 高新产业的建立

总而言之,工研院通过国外引进、自行开发、策略联盟等方式建立工业技术后,以技术转移或衍生公司等方式等将技术扩散至业界,以达成创新及创业之目的,在过去30年中,为台湾建立了新一波的高新技术产业,如图2-6所示。

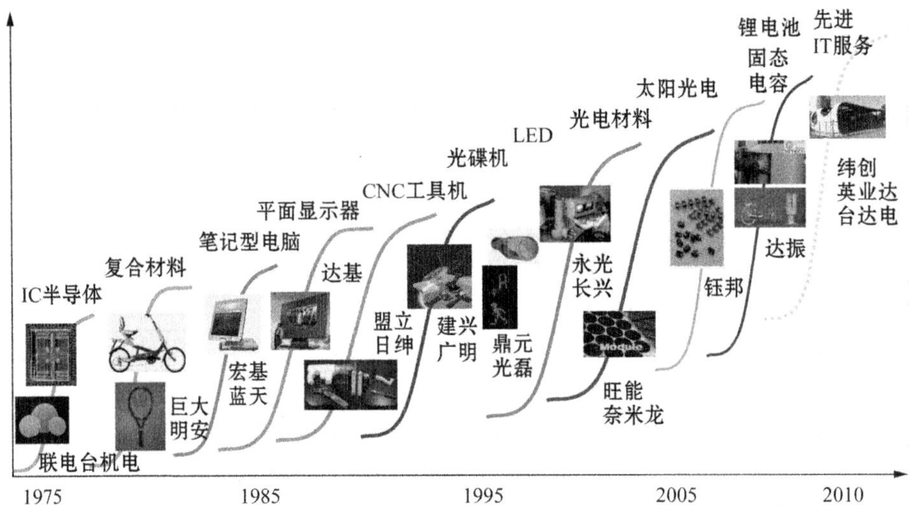


图2-6 工研院与台湾技术产业之建立:例1

### 高价值的传统产业

1980、1990年代台湾制造业以中小型、轻工业为主流,包括机械、化工、电子、电机、材料、纺织、日用品、食品加工等,技术内涵及资本投入均低,其竞争优势为低廉劳工及政府之政策支持。此等工业,面临重大环境变迁之挑战,如工业污染、职业灾害、劳工纠纷、成本攀升、汇率变动等。在国际市场上,它们多处身于欧美精致品及亚洲廉价品之间,背腹受敌,随时有被淘汰的危机,一时"夕阳工业"之名,不胫而走,成为台湾传统企业之别号。

我深以为传统制造业的健全与否关系到广大的就业人口和社会的安定,工研院固然要带领产业界接受高新技术、进入未来的信息社会,亦应协助它们解除燃眉之急,走出当前营运的困境。我认为制造业不论形态及规模,均可由改良三个要素而改善其产品竞争力，即：设计、材料、制程，通称为产品的基本技术。我呼吁各所从这些基础上去发掘机会，协助传统产业升级。

这一类型的工作，产生了极大的经济效益。在本书的第三章中较详细地描述了两个案例，一是材料所协助巨大机械公司开发捷安特碳纤维自行车（所长林垂宙，计划主持人刘荣宪），一是化工所（所长胡德、李钟熙）协助三芳化工开发超细织纤维人工皮革（计划主持人白志中、彭镜县）。由于企业的努力，终于高新的材料或制程技术注入了传统产品，成功地创造了新品牌，开拓了企业的新天地。今天捷安特及三芳已成为各自领域中全球企业的典范，如旭日东升，这对于台湾科技创新机制的运作，应有重要的启发。

### 产业科技领袖人才的培育

40 年来先后离开工研院他就的员工，据工研院院友会秘书长张世平透露，概略估计，约 21 000 人。离院员工的去向主要有以下各类：海外留学，台湾进修，大专院校任教，任职政府，自行创业，任职企业等。任职高等院校的有副教授、教授、系主任、学院院长副院长、大学校长副校长等各级，任职政府者上至“部长、副部长”，县市级主管等。但绝大部分院友，约 90%均在企业服务，职位数目最多的应为董事长、总经理、副总经理、总监、协理等领导阶层。据科学工业园区同业公会秘书长张致远说，工研院之技术规划、专利布局、市场分析、研究开发、计划执行、质量管理、经营理念、绩效评估、人力政策、信息管理、全球网络等思维及方法，已广在企业界实行，对台湾技术经济之形成，自有一定的作用。

### 中小企业成为经济创新的主流

1972 年政府成立工研院的本意，是要通过它去协助工业的升级，而当时的主流产业是中小企业。在工研院的“定位说明”及“经营政策”里，充满了扶助中小企业升级的精神。

举例来说，技术扩散的首要原则，是公开、公正、公平。公开是信息的公开，公正是事事以法律为规范,公平是人人在法律下一律平等。这是对弱小族群最有效的保障。

又如非独占性移转的原则,确保进入高新技术的门户,永远敞开。其实在多年执行技术移转的过程中,这"非独占性"的理念是颇受质疑的。特别是若干得到了技术的受益者,时常有"独占"或垄断的意图,批评这原则的不合"商业规范"。然而我认为如果技术开发经费来源为政府,则研发结果与民共享应符"公义规范"。其实部分批评者亦是健忘者,曾几何时,他们亦因此原则而幸入科技产业的门奥。

在前章讨论公共研究的绩效循环时(见图 2-1),我指出工研院对权利金的要求从低的原则,以促进循环的效率。低权利金,就是要鼓励中小企业的参与,降低中小企业升级的障碍。实际上技术一被实用,便可创造就业机会及充实国家税基,更有利营商环境。

实际上参与工研院技术开发、技术移转、策略联盟、讲习训练的,极大部分都是中小企业。所以相对来说,工研院更是很多中小企业的伙伴。

表 2-4 的数据,源自"行政院"《工商业统计:1954—1996》。

这些数据所涵盖的时程,约略是从工研院成立到我在院服务的时间。观察企业家数和受雇人数,从 1971 到 1996 年的 25 年间,中小企业(1～99 人)的部分,不减反增。乍看之下,政府及工研院努力于协助中小企业升级,但是这个产业群没有缩小,反而增加,25 年后过半的受雇人口,都在中小企业里。这岂不和原来政策目的相反了吗? 仔细再端详,就可发现从附加价值来看,中小企业在这段时间里,它的经济价值加倍,已是台湾制造业经济的主流。这亦是台湾社会的中坚和政治安定的源泉。

所以工研院的技术扩散模式,自有减小贫富不均、增进社会正义的作用,这对今天台湾民主政治的建立,自有贡献,这可能是 1972 年政府成立工研院意料所未及吧。

表 2-4　台湾制造业的结构:1971—1996　　单位:%

| 企业规模(人)<br>企业家数 | 1～99 人 | 100～499 人 | >500 人 |
|---|---|---|---|
| 1971 | 95.43 | 3.82 | 0.75 |
| 1976 | 95.26 | 4.10 | 0.64 |
| 1981 | 95.93 | 3.54 | 0.53 |
| 1986 | 96.03 | 3.54 | 0.43 |
| 1991 | 97.58 | 2.12 | 0.30 |
| 1996 | 98.07 | 1.67 | 0.26 |
| 受雇人数 | | | |
| 1971 | 35.62 | 28.25 | 36.13 |
| 1976 | 38.55 | 30.20 | 31.25 |
| 1981 | 41.66 | 28.80 | 29.54 |
| 1986 | 47.86 | 28.09 | 24.05 |
| 1991 | 56.48 | 21.30 | 22.22 |
| 1996 | 57.94 | 19.21 | 22.85 |
| 附加价值 | | | |
| 1971 | 21.59 | 20.52 | 57.89 |
| 1976 | 28.25 | 27.85 | 43.91 |
| 1981 | 30.87 | 26.40 | 42.73 |
| 1986 | 35.01 | 26.73 | 38.26 |
| 1991 | 40.94 | 21.79 | 37.28 |
| 1996 | 41.35 | 19.63 | 39.02 |

## 2.12 展望:全球化导向及竞争力的建立

工研院成立到现在,正好 40 周年。为了窥测未来发展的趋势,我们且回顾几个课题如下。

**是否达成设立的宗旨?**

“财团法人工业技术研究院捐助章程”的第二条对院的宗旨,比“设置条例”说得更为清楚:本院以为工业界提供工业技术研究的服务、加速工业技术之发展为宗旨。在 1992 年 11 月 16 日第六届第七次常务董事会议中,我做了“工业技术研究院策略规划”为题的报告,提出“公元 1997 年远景”如图 2-7。

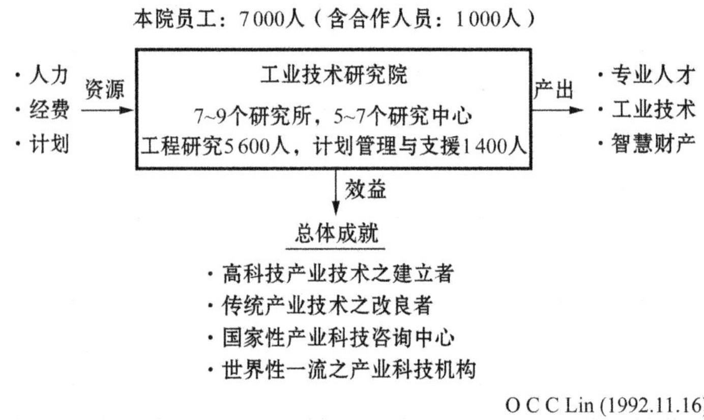


图 2-7　工研院公元 1997 年之远景(工研院 25 周年)

其中对于资源(Inputs)、产出(Outputs)及总体成就(效益)均订有量化目标。现在又经过 15 年,当时所提出的数字只可作为背景参考,图上所罗列的项目,应具有参考的价值。

根据上面技术开发及技术扩散两章的叙述,设置工研院的宗旨,应该是达成了。工研院技术移转、服务及衍生公司的累积经济效益,估计应不低于台湾 GDP 的 10%,这是非常可喜的成果,这是近三任院长史钦泰、李钟熙、徐爵民所领导执行,全院同仁努力的结果。

在国际网络方面,工研院和国际上相类似国家层次研发机构,一直都保持联系,在本书第一部第八章中,已有若干叙述。1993 年 7 月工研院 20 周年院庆时,来台参加“国际工业技术开发及移转研讨会”的嘉宾,包括:

* Dr. Max Sybre, President, Fraunhofer-Gesellschaft (FhG), Germany;

* Dr. J. B Clark, President, Council for Science and Industrial Research (CSIR), South Africa;

* Prof. Hans G Forsberg, President, Royal Swedish Academy of Science (IVA);

* Dr. F. E. Mathijsen Gerst, President, Netherlands Organization for Applied Scientific Research (TNO), The Netherlands;

* Dr. Alan Schriesheim, Director and CEO, Argonne National Laboratory, USA;

* Prof. George Bugliarello, President, Polytechnic University, USA;

* Dr. Kozo Iizuka, Former Director General, Agency of Industrial Science and Technology (AIST), Japan;

* Dr. John S Mayo, President AT & T Bell Laboratories, USA;

* Dr. John Stocker, Chief Executive, The Commonwealth Scientific and Industrial Research Organization (CSIRO), Australia;

* Mr. Khoo Lee Meng, Chief Executive, Singapore Institute of Standards and Industrial Research (SISIR), Singapore。

各自对其机构之宗旨及期待,作出报告,相互讨论,彼此自有若干共识。

(参考:Lin, O. C. C., C. T. Shih, R. C. Yang, "Development and Transfer of Industrial Technology", Elsevier, 1995)

然而评估各国的研发机构,自然是一件非常困难的事,根据一些共同关心的课题及公开资料,我们可以做出一些比较,如表 2-5 所列。

从财务经营能力来看,德国的佛兰豪尔研究院(Fraunhofer Gessellschaft, FhG),荷兰的 TNO,以及工研院,三者名列前茅,都已有近 25%来自民间的收入,表示民间企业对它们的信任和参与。从创新能力,特别是与专利有关的指标来看,工研院居于第一位,遥遥领先。

**表 2-5　国际同类型公共研发机构之比较(2010 年)**

| 机构 | 总人数(人) | 财务能力 | | | 创新能力 | | |
|---|---|---|---|---|---|---|---|
| | | 总经费(美金百万元) | 民间收入(美金百万元) | 比例(%) | 美国专利数(项) | 列名前 20%专利数(项) | 专利生产力(%) |
| (德)FhG | 18 130 | 2 199 | 613 | 27.9 | 101 | 79 | 4.6 |
| (澳)CSIRO | 6 680 | 1 068 | 109 | 10.2 | 33 | 25 | 3.1 |
| (台)ITRI | 5 823 | 618 | 151 | 24.5 | 479 | 283 | 77.5 |
| (加)NRC | 4 280 | 1 002 | 72.5 | 7.2 | 40 | 25 | 4.0 |
| (荷)TNO | 3 571 | 652 | 164 | 25.2 | 23 | 9 | 3.5 |
| (日)AIST | 3 032 | 1 105 | 40.7 | 3.7 | 105 | 54 | 9.5 |
| (美)SRI | 2 100 | 495 | 39.6 | 8.0 | 66 | 104 | 13.2 |

附注:资料来源——各机构资料、网页、美国专利局报告;由工业技术研究院整理。
　　a. 列前 20%引证率之专利数(2001—2006),b. 专利生产力:每亿元总经费产生之美国专利数。

2011 年 6 月美国“总统科学技术顾问委员会”报告中,指出美国制造业面临之困境,不止在低技术层次之产品或只是因为海外的低薪资。美国在高科技产品制造方面已逐渐失去优势,因为美国的发明与创新及与制造有关的研究发展没有进展。报告中指出台湾的工业技术研究院(ITRI)和德国的佛兰豪尔研究院(Fh G)在各自技术经济发展中的领导角色。可见工研院已被确认是国际的重点科研机构。

(参考:The President's Council of Advisors on Science and Technology: Ensuring American Leadership in Advanced Manufacturing. June, 2011. http://www.whitehouse.gov/ostp/pcast)

### 环境改变的冲击

过去的 15 年间,全球性政治、社会、经济、技术、人文产生了巨大的变化,对台湾的未来将造成冲击。有一些环境因素是历史所遗留,另一些因我们的成就所造成,但都会影响未来的发展。在这种环境下,创新机制应如何调整以保持活力,并能继续成为经济社会进步的动力,自会是未来亟须面对的课题。

台湾创新机制中成员的情况,已经和 30 年前、甚或 15 年前大不相同,从工研院立场来看必须考虑者，如：

产业

若干大型科技企业已经形成，亦已建立研发能量，若干企业公司，在领域内之技术优势，已超越工研院。然而企业将如何以研发寻求可持续性创新，以避免上世纪末欧美大型科技企业的覆辙？今日的中小企业多知研究发展，如何以最小力量发挥最大的效果？在两者之中，工研院必须调整它的角色，冀能和这些企业建立新的合作模式，更提升台湾的总体产业技术能力。

大学、研究院

许多大学在科技领域中已经茁壮，建立声誉。但现时颇多大学以谋求列入全球百大排名为首要，重研究而轻教育，尚名誉而少实质。“中央研究院”对其在国家创新机制中之定位，可能未获共识，故现时除科学研究外，亦汲汲于商业化，可谓弃其所长，用其所短。工研院亟应与之协调合作，促使大学能培育企业界可用的人才，中研院能致力于基础科学的研究。

政府

民主政治程序已经建立，但台湾远景转趋模糊。政策措施摇摆，政府效能转弱。更可忧者为意识形态纷争未息，社会缺乏祥和积极的风气。而司法界仍多败类，法律尊严未能确立。工研院科专经费竞争者众多，十年来实质增加甚少。长此以往，政府何异自毁长城。工研院除努力作实事外，需加强社会的倡导及沟通，可能别无解答。

两岸

大陆经济发展迅速，但创新机制功效未能发挥。两岸虽已建立互惠模式，但尚未能深化。由于两岸政治气氛的影响，工研院至今未能在大陆设立分支机构，以协助台商发展。本人对此只有希望，没有解答。

国际

美国年度预算赤字高企，欧元区财经危机仍在，以巴世仇除死方休之心 70

年未改,日本军国主义论者虽死而不僵。东亚海域纷争此起彼落,是否转型为另一巴尔干火药库?今天之国际情势,实不比60年前乐观。展望未来,不胜惆怅。

**任重道远**

从科技老兵的立场看台湾30年的产业科技发展,对未来走向,谨提出几点感想和建议。

在2011年6月美国"总统科学技术顾问委员会"向奥巴马总统提出的报告《确保美国在先进制造的领导力》(Report to the President on Ensuring American Leadership in Advance Manufacturing)中指出,制造技术与技术创新有密深的关联,但现时美国总体经济及就业人口中,制造业的比例已日益减少。美国面临之困境,不止在于低技术层次之产品、或因为海外的低薪资而失去竞争力,更因在高科技产品制造方面已逐渐失去优势,此与美国的发明、创新及与制造的研究发展进展迟滞有关。

所以顾问委员会向奥巴马总统建议,为了振兴美国的制造业,应该成立"先进制造计划",制定"创新政策"而非"工业政策",以促进科技研究的企业化及协助个人创业。建议案的主要部分为:开发制造技术,培育营业环境,塑造环境因素协助科技产业之发展。此建议可称与台湾过去30年所推行之产、政、学、研定位连结之创新机制,颇多吻合之处。

由此可见,台湾所推行的创新机制中,采取产、政、学、研的定位链接模式,是现时世界上一个先进有效的机制,有利于科技研究的企业化及经济创新。从台湾本身发展的轨迹来看,过去30年幸而因高新技术产业的建立和传统工业的升级,社会经济形态由轻工业进入技术性工业,确定了今天的经济地位和在世界上的竞争力。所以这个创新机制,应予确认并持续发展。

工研院在这个创新机制中,发挥了桥梁、转化、孵化的功能。对台湾的整体效益,包括:高科技产业的建立,传统产业的科技化,中小企业的升级,企业技术领袖人才的培育，全球化的发展等，都有具体的贡献。政府应该确认这些成就，并持续予以支持，使这个具有中华特色的创新机制，能够发扬光大。

工研院与大学之间之研究合作及人才交流，已有深厚的基础，应可持续努力。工研院与产业界之关系，甚为复杂；主宾易位，亦未可知。应依产业领域深入商讨，使角色明朗，并能相为呼应。在工研院技术工作D类中，更有合作之机会。

工研院的科技企业孵化角色，应予持续加强，以提供个人创业者更多之辅导及服务，并于适当时间，加速其产业化，扩大其效果。此可列入工研院技术工作之A类与B类处理。

工研院与“中央研究院”，近十年中均大力推动生物与医疗科技，此为正确之方向。双方应商讨计划重叠及可合作之机会，研订新目标以发挥总体效益，使台湾在全球生医领域中，共同塑造科学研究、技术开发、企业发展的价值链中的竞争优势。

中国大陆为未来全球产品之重要市场，人力资源丰富，创新意愿极高，而位居产业价值链之两端，极富可塑性，为全球化企业之重要资源。大陆土地辽阔，文化多元，各区域各省市各有所长，需求亦不尽相同。工研院在国际上同类机构中之地位，甚为特殊；故宜以地区为主体对象，积极研拟在大陆合作的目标，以利长期的共同发展。

由于知识经济社会的来临，人类的生活习惯、思维方式、价值观和社会关系，都有重大的改变。工研院亦宜考虑调整发展策略与组织方式，必能适切利用环境因素，以达永续发展的目的。

# 第三部

## 人才——创业家团队

## 3.1 刘金标:捷安特碳纤维自行车

### ——以卓越质量、建崭新品牌

2010 年夏天的一个下午,我在台北逛花市,路经信义路与建国南路口时,突然被闪闪发光的捷安特招牌吸引住了,在好奇心驱使下,我决定进去一探究竟。店里的空调舒适柔和,与外面蒸笼似的湿热相比,简直是世外桃源。地面和墙架上放满了各种尺寸、类型和颜色的自行车,真正是琳琅满目;店员在忙着招呼客人,指手画脚的,好不热闹。我注意到从天花板垂吊而下、悬挂着一台别致的车子,颇有“本日特展”的架势。看到标价新台币 350 000 元,我不禁倒抽了一口冷气,惊呼这可不相当于美金 11 000 元吗?这价钱足够在上海买一台国产小轿车了!我忍不住拍拍店员的肩膀,请他确认价格。店员转过身来,笑容满面地看着我说,“没错,先生,这是我们最近推出的、最新型的碳纤维自行车,所标的价格是正确的。如果您有兴趣,我可以帮您登记在等候名单上,预计两个月,就可交车。”

回想起 25 年前,巨大机械公司董事长刘金标说,碳纤维自行车的目标售价会是 2 000 美元。我当时反驳说,谁会花那么多钱去买一辆自行车呀?他很礼貌地回答:“林所长,看来我不能把您列在我的第一批顾客名单中。”往事历历在目,在这光景,我倒真想问问刘董,为什么他的产品对我来说,是越来越高不可及了。

#### 以材料技术建立新品牌

年届 76 岁的刘金标穿着制服,看来格外帅气。在暌违将近 25 年后,我们热烈地握手,庆贺故地重聚。巨大机械工业股份有限公司位于大甲总部的会客室,简朴大方如故,很显著不同的是现在墙上挂满了许多奖章奖牌。其中最为醒目的,是自 1990 年代起陆续因碳纤维复合材料自行车颁发的台湾产品形象金银质奖。许多相关得奖的产品都是台湾第一,甚至亦是全球首创的。

我称赞他能够保持运动员的体态,不像是一般亿万富豪或呼风唤雨的大老板,一点也看不出数十年来酒肴应酬累积的痕迹。他显然颇为得意,高兴地说,这得归功于他据以成名的优秀工具——也是玩具——碳纤维自行车。骑自行车上班是他正规的日常运动,此外他多年来屡次参加环岛或其他长距离的自行车运动。最长的一次,是 2009 年他参加两岸自行车手从北京到上海的骑车旅程,全程超过 1 668 公里;他应是队伍中最年长亦最知名的团员。

在许多方面,他跟我在 25 年前认识的那个刘金标一样:谦和有礼,坦直率真,我脑海里仿佛重现 1984 年我们首次会面的那一幕。在一场以"发展产业技术加强产业竞争力"为主题的会议中,他为台湾中小企业的困境大声疾呼。他说在美国市场,标准自行车的平均售价,已经压低到 100 美元以下,台湾产品夹在精美高价的日本车与简陋廉价的印度车之间,腹背受敌,竞争惨烈,但是政府和工研院对协助台湾产业的作为却十分有限。

我当时出任刚成立的工研院工业材料研究所所长,自觉要对台湾的中小企业、特别是传统性工业,要作较深入的了解,所以在 1980 年代中期,常常到全省各地和实业家见面。在这个时候,工研院以开发电子技术闻名,为台湾产业开辟了新的机会,成效已经非常明显了。然而大部分的传统性工业,觉得政府只看着新产业,忽略了他们。所以我认为工材所应该多照顾些传统工业,协助他们从事技术升级。我当时亦正在策划工材所未来的方向,使能为台湾整体的企业提供有效的服务。

在多种场合中,我常常宣扬通过三个工业产品的基本元素去加强竞争力,那就是设计、材料和制造。我称它们为工业产品的三大切身技术(Relevant Technology),就像中国古鼎的三个脚一样。这三项对任何产品,无论技术性高低,传统或新式,都具有根本的重要性。

在这次运动产品的产业会议中,巨大公司的刘董事长不想放过我,要求我说个明白。

我说那就让我们将这三种元素放到自行车上来思考吧。自行车设计不外乎是一个车架加两个轮子，一时看来好像没什么发挥的空间，对吧？在制造过程方面，各位比我更了解，此外，任何用机械取代人工的建议显然得增加设备投资。那么材料呢？各位能不能考虑采用新的制造材料？市场能不能接受同样大小但更新颖轻巧的自行车？

听到最后一个问题，刘金标的眼睛里亮起光芒。他已听说工材所在开发玻璃纤维网球拍，市场上很受欢迎。这种球拍易于操控，球员非常爱用；拜轻量球拍之赐，许多球员甚至能发挥新的技巧！但玻璃纤维的强度足够吗？骑自行车在公路上有很多安全的顾虑。

对于这点，我说，强度不成问题，可以改用碳纤维。我们已经有实例证明，碳纤维复合材料的强度和合金钢材一样，而且已经成功地运用在高功能的机械上，例如直升机螺旋桨叶片。一般来说，在同样的体积和性能下，它的重量只有金属制品五分之一。此外，就像塑料、碳纤维复合材料能耐腐蚀；众所周知，腐蚀是金属材料的先大缺陷。我建议我们可以一起研究开发，说不定可以创造一个新品牌。

我想刘金标当时就定下迈向技术创新之路的决心，当时巨大公司的制造主要是代工，最终产品大都是贴上别人的名字如 Schwinn 等等，自己只拿到微薄的加工费用，说穿了，到头来都是“为他人作嫁衣裳”。刘是一个很有抱负的企业家，他希望有自己的品牌，能在国际市场上扬眉吐气。所以这碳纤维复合材料，说不定会给他一个崭新的机会。

基本上这就是台湾碳纤维自行车发展的开端，实际的过程当然并不如看起来那么简单。

### 产学研合作

1985 年夏季，巨大机械公司与工材所签订合作计划，共同开发以碳纤维及环氧树脂聚合物为基材的自行车架。材研所负责研究材料配方、迭层设计、基本制造方法,以及设计物性和效能测试。而巨大公司则负责厂内制造、质量保证、现场试验与市场推广等。工材所原在“经济部”支持的工业材料研究计划项下,对于复合材料力学、聚合物制备及材料处理等已具有经验,和清华大学、台湾大学等校亦有许多合作研究在进行,清大的马振基教授就是常来工材所指导的一位。所以与巨大公司的合作案便由复合材料小组执行,订明和此项目相关的支出如物料、仪器、工时、人事等成本则由巨大公司负担。双方并同意研发产生的专利权属工研院工材所拥有,但巨大公司可在支付授权金后,优先取得商业使用的技术授权,工材所并有提供技术辅导的责任。刘金标和他的总经理罗祥安,亲自督导公司内的项目。特别值得一提的是,刘金标和罗祥安的合作领导非常优越,是30年来台湾企业领导协作管理的典范。

工材所团队由项目经理刘荣宪领军,包含大约十名成员,包括刘荣隆、刘文亮、陈中屏、姜达铭、吴宗麟等。这些人员,基本上是清华大学、台湾大学及成功大学的毕业生。其中有几位对高分子及涂料产业具有实务经验,并且熟悉环氧树脂和玻璃纤维预浸渍体(Pre-preg),但没有人对碳纤维有研究。因为当时碳纤维具有战略重要性,受到美国多边出口管制委员会(CoCOM)的严密管控,在台湾属于罕见材料。多年之前我曾在美国杜邦公司(Du Pont)使用过高强度Kevlar聚酰亚胺纤维,这是应用在许多高功能机电器材的复合系统的重要成分。过去的经验告诉我,这是一项棘手的挑战,我们需要专家的协助。

**全球化技术**

幸好我的朋友蔡维仑博士因为公务要来台湾,他是国际上复合材料力学的知名学者,从前是美国空军莱特斯毕德逊基地(Wright-Patterson Air Force Base)研究所首席研究员,此时已从空军退休,在斯坦福大学担任研究教授。他精通复合材料力学、产品设计及物性关系,因此我请他到工材所给年轻科学家和工程师上课,讲授一套有关碳纤维设计及加工理论的速成课程。

工材所的年轻学员得此机会由大师教导，深受启发，认真地投入学习。蔡博士也受到他们孜孜不倦和求知若渴的学习精神所感动，他表示过去很少看到如此充满学习热诚的学生。在很短的时间内，工材所小组成员对碳纤维环氧化物的制程设计及管理、结构性质与功能之间的关系等，已经有很好的概念；至少他们已经学会如何独立执行技术工作和评估测试的结果。

经过一年多的努力，及反复的试验探索，我们终于能向巨大公司，提供一系列的碳纤维环氧化物自行车架的制造方案的选项；这些选项都通过了我们在实验室中的测试。

刘金标看完这些资料后，静静地说："我们如何确定这种材料在自行车上真正可用并可以耐久？"

他提出这个问题，可以说是理所当然。合金钢材特别是铝合金在自行车上普遍使用，已数十年。民众熟悉这些材料，能放心使用，但碳纤维环氧化树脂是什么东西？这就像新来的陌生人一样，在小区里格格不入，没有人认识他，更别说相信他了。

针对巨大公司的疑虑，我们马上研究碳纤维环氧树脂自行车在实际使用环境下的耐久性。很明显地我们需要建立特殊测试设备和方法，但若要从头做起，在时间和经费上都会是极大的负担。就在我们转而向外寻找协助的时候，荷兰 TNO 很快引起了我们的注意。多年来，我们一直与全球重要的科研机构保持良好的关系，现在可以派上用场了。

骑自行车在荷兰是很受欢迎的运动，据说荷兰的自行车数量几乎是人口数的两倍，在城市与乡村间，沿着公路都设置了自行车专用道，因此荷兰人自然十分关心自行车的安全问题。与工研院性质相似的"荷兰应用技术研究院"（TNO），已建立了完善的自行车专用测试实验室。这个实验室能赋以自行车多类型的负荷、骑车模式和姿势，在不同地面及天候环境下测试它的性能。得知这个消息后，我亲自去访问 TNO，评估他们的测试方法和设备，回台湾后立即安排,送我们的车架原型去作全面的测试。

我们再根据测试结果,调整配方及迭层配置,改良车子的性能,在反复进行试验和调整后,找出具备最高耐久性的最佳参数组合。事实上,我们的测试是持续到许多金属零件断裂或损坏,但复合材料车架仍是完好为止。

看到这些数据后,刘金标很高兴,他满意了,便决定投入生产,他计划于1987年间正式将产品以捷安特品牌推上市场。捷安特是“巨大GIANT”英文名称的音译,表示快捷、安全、独特,非常响亮而翔实。这个品牌问世后,甚为轰动,广受好评,巨大公司并于1991年荣获台湾产品形象金质奖。

**品质至上**

在我回忆这个历程时,会议室中洋溢着愉快的气氛。我不觉得带着一点邀功的意味问刘金标,对他而言,恐怕这是一段美好的时光吧。

没料到他说:“不,这带给我很大的烦恼。”我惊愕之余,一时语塞。好不容易吸了一口气,恢复镇定,准备接受更多意料之外的批评。

他慢慢地说:“美好时光,那是以后的事。”他微笑着说明:“这应是很自然的。你的工作是完成了,我的工作才刚开始。当时我们实在还没能掌握这项技术,每天要跟生产线上此起彼落的技术问题相搏斗。”

我虽然没有直接参与工厂作业,但也可以想象制造是最繁重的挑战。事实上,处理碳纤维预浸渍体对巨大公司而言,是一个完全陌生的领域。工材所的材料系统配方,需要特定纤维设计迭层的贴合,经过精确的热处理,才能获得所需的物理性能。此外由科研人员在实验室里做小量试验是一回事,但放大到工厂规模由生手处理,那就全然不同了。任何在成分、程序、时间、压力和温度的变化,都可能导致最终产品的差异,影响到成品质量和制造成本。这是技术性很高的制造程序,需要有相当训练的技术人员、一步一步地笃行,绝不是以前只要将金属管来料锯开组合的简单操作可比。

**面对挑战　扭转危机**

显然,双方都预见了制造上可能的挑战,但却也都低估了挑战的困难度。

材质的问题没有表现在车架的本体上，而显示在车架上的金属接合点。不同材质的接合一向是工业产品的难题，需要针对特定材料系统在特定应用环境下作深入的探索和磨合。工材所项目小组对于接合点只作原则性考虑，所设计的安全系数显然是不足的。虽然所有原型样品的测试都没出现接合或黏着问题，但在工厂里因配方及制程条件等变动的加乘作用，任何系统缺陷都可能被放大。巨大公司的质量管理甚为周密，一旦发现问题就立刻去追踪解决。

当一切技术工作仍在进行中，部分新型自行车制品已经推向经销通路中。刘金标得知这些接合点缺陷，未来可能在使用时浮现，所以他主动下令召回产品。这是一项非常正确但所费不赀的决定，但这杜绝了一切可能发生在新产品上的故障、损伤或意外，保障了品牌的信誉，但自然亦有代价。

总计巨大公司召回了近千台的碳纤维自行车，全部被埋进新工厂实验室大楼的地基里。套用刘金标自己的说法："这是一项痛苦的决定。"听他诉说这一段经历时，我非常沉重，丝毫没有因为事隔 25 年而减轻心中的难受。

虽然工材所技术人员常常访问巨大公司，但只是在应他们的要求，提供咨询和协助，不容易知道较机密的管理数据。很遗憾地，我在 1988 年担任工研院院长后，个人对这项项目的追踪亦不像以前仔细。

回想起来，我当时若得知巨大公司所经历的接合问题的程度，肯定会立刻寻找解决的方案，并可能寻求外援。但若消息走漏，当可能会造成市场的疑虑。因此先保持机密，由公司先独力承受此项挑战，或许是刘金标权衡下的抉择。最后由于这种努力，巨大公司建立了更好的技术团队，获得了重要的实务技术(Knowhow)，使它在碳纤维自行车制造上巩固了领导者的地位，打造了捷安特的响亮品牌。"塞翁失马，焉知非福"，以技术达成创新莫过于此，这个案例应是科学研究付诸商业化的极好教材。

**培养独立技术能力**

在 1992 年左右，我注意到巨大公司在以自有的"一体式"制程，在碳纤维自行车新产品在线有了重大进展。我很高兴看到工研院的技术伙伴,能持续从事技术升级以加强本身竞争力。捷安特的这项成就,在 1994 年又获得国家产品形象金质奖。

对我来说,巨大公司现在已被广称为捷安特公司,是工研院的模范技术伙伴。因为它能积极开发自有的技术知识,在国际市场上力争一席之地。加上它的全球营销经验、经销网络与对质量的坚持,捷安特自行车能享誉全球,并非意外。此后他屡获国际奖项与认证,对捷安特的全球经营,可说是如虎添翼。在此后的二十年中,巨大公司由中小型制造商成长为全球化企业,营收提高将近十倍。捷安特碳纤维自行车获得“台湾精品”的认证,它亦成为台湾产品的一个国际品牌。

自行车是一个传统性的产品,但经过新材料和新制程的应用,它已转变为科技性的产品,得到了新的生命和竞争力,如图 3-1 所示。

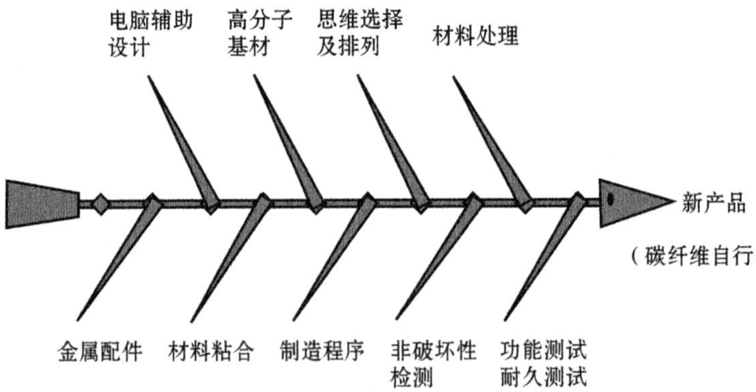


图 3-1 碳纤维复合材料技术

后来我注意到巨大公司为了改善制造能力,建立了许多质量工程计划,包括六个标准偏差(Six sigma)和精实技术(Lean Technology),这些是它们在建立技术上努力的结果。现时代的碳纤维自行车,是一个传统性外表、科技性内涵的制品。

**企业的社会责任**

听了刘金标说明他如何决定召回市面上可能有问题的产品，我深受他对顾客和社会的责任感所感动。这充分反映了企业价值，也是商业道德的一课。

我认为企业是对顾客，不论是个人或团体，提供产品或服务的平台，这些产品或服务，在整体上必须对顾客和社会具有价值。不论公司的性质为何，它必须言而有信，销售如所承诺的质量、价格和交递。这样的企业，才能赢得顾客的信赖，并成为它所服务的社会中能负责任的公民，捷安特的作为就是这个原则的具体实践。

无怪乎它的产品广受全球顾客欢迎，捷安特公司的销售额在 2010 年已成长超过 6 亿美元。碳纤维自行车产品线目前约占总销售车数的 2%，但它的营收比例则高达近 20%。所以，质量至上、顾客导向和社会责任绝不仅只是优良管理实务而已，这些企业价值是多样化经营与全球化发展的基础，这是刘金标三十年成功故事的启示。

**创新是企业家的平常心**

我问刘金标，如果在 1985 年当时他完全知道过程上可能遭遇的困难，还会不会决定研发碳纤维自行车。针对这个问题，他的回答是："会，一定会。"

他接着说明，企业要能在全球化竞争，就得持续创新，必须勇于面对挑战。"要成功，企业必须面对消费者，了解他们随时代变化的不同需求。世界在变，我们不能站着不动，自满于现状。"

刘金标在 1990 年代初因推出碳纤维产品，在全球市场取得遥遥领先的地位，但时至今日，许多台湾与中国大陆业者也纷纷投入这个领域，所以他的企业必须维持在技术与创新的前沿。近年来他也开始投入电动自行车等领域，当然，整体自行车的轻量化要求仍是焦点所在，他认为材料与能源技术创新将是未来的重要需求。

刘金标从不隐瞒对自行车的热爱，他相信骑乘自行车是最佳的运动方式，零污染又能让人增进健康,享受自然,是每个人在生活中都做得到的简单活动。他希望世界上更多人走出户外享受骑自行车之乐。根据报道,全球仅有 15% 人口骑自行车,他愿以传教士的热忱去打动那遗失的 85%,他相信"自行车文化"可以造就绿色环境与和谐社会。他致力推广骑乘自行车的生活方式,不是为了推销特定产品。由于他年事已高,但仍然尽可能每天骑车,这种积极的作风已引起广大的社会注意。

我们热切地握手告别,互道珍重。步出捷安特工厂时,我看到职工们忙着处理许多带有捷安特商标的碳纤维自行车,工作虽然忙碌,但似乎都享受这家享有技术和市场领导地位的龙头企业中的环境,他们的工作成果已以不同的面貌奔驰在世界各地。

## 3.2 胡定华:科技企业创业投资

——培养团队、尊重人才、掌握先机

台湾的半导体工业应该说以 1976 年为起点,当时"经济部"部长孙运璇授权工研院院长方贤齐,派遣了一个三十多人的技术团队,到美国 RCA 公司去接受训练,把它将要淘汰的 7micron CMOS 生产线,移转到台湾来。这个计划,经过当时在 RCA 服务的美籍华人潘文渊博士的正式安排与协助,计划的负责人就是工研院电子技术中心主任胡定华。

胡定华在 1963 年从台湾大学毕业,在美国密苏里大学攻读博士学位后回台,当时在交通大学任教。他知道了工研院的计划,觉得这是台湾经济发展重要的时刻,亦是个人职业生涯中难逢的机会,所以自告奋勇参加这个计划。胡的抱负和能力,得到方、潘两位的赞赏,从此他便挑起这个工作的大旗。

团队把 RCA 的生产线在工研院设立后,胡定华带领同仁,不眠不休地学习、消化、商讨、改良、改进,台湾对集成电路的制造,从此打下扎实的基础。其后工研院电子工业研究所成立，胡定华出任所长。他在电子所的主要团队，包括曹兴诚、曾繁城、史钦泰、杨丁元、蔡明介、宣明智、章青驹、邢智田、陈碧湾、戴宝通、谢锦铭等人，在此后的30年中，都成为台湾与电子工业有关的产、学、研各界的龙头巨子。所以胡定华的名字，和台湾半导体产业的成长是密不可分的。

电子集成电路计划远景的描绘，策略的选择，经费的提供，来自一个有为的政府。它的执行，由工研院主导。这个故事，成为创新四重奏："产、政、学、研"的一个经典乐章。在这舞曲中，胡定华在不同的时刻扮演着不同的角色，而且成绩辉煌。

**更换跑道　进退有节**

1980年工研院作技术转移，成立了第一个衍生公司：联华电子公司(UMC)。从此台湾以自主技术进入微电子元组件产业，在国际市场显露身手，工研院则积极进行大规模集成电路技术的研究开发，希望为台湾电子业的未来，奠定更好的基础。

我在1983年春到工研院任工业材料所所长时，胡已任电子所所长多年，名满全台。我和他几次来往，觉得他英挺刚毅，言必有中，印象极为深刻。

1984年春，胡升任工研院副院长，并筹备成立第二个集成电路公司，即后来的台积电(TSMC)。1985年，美国通用仪器公司总裁张忠谋应聘出任工研院院长，此为张初次到台湾工作，环境尚未熟习，推动院方改革，阻力颇多。胡周旋折中，克尽辅助之力。1988年春，胡宣布离开工研院，各界深为惋惜。其后知道他转入科技创新投资行业，在相关的大领域中另辟一方天地，无不拭目以待。二十五年来，他主导投资的科技公司很多，并以擅长营运早期科技公司闻名，如：旺宏电子、合勤科技等，都是令人津津乐道的范例。

胡定华说，1988年至今，他投资过二三十家公司，大部分是早期就参与了，实际上他只专注在3C领域，他熟悉这些技术，亦了解这些市场。除了以投资人身份成为董事会成员外，他亦常受邀加入许多公司的董监事会或咨询委员会等，提供指导，图 3-2 为这些活动一览。

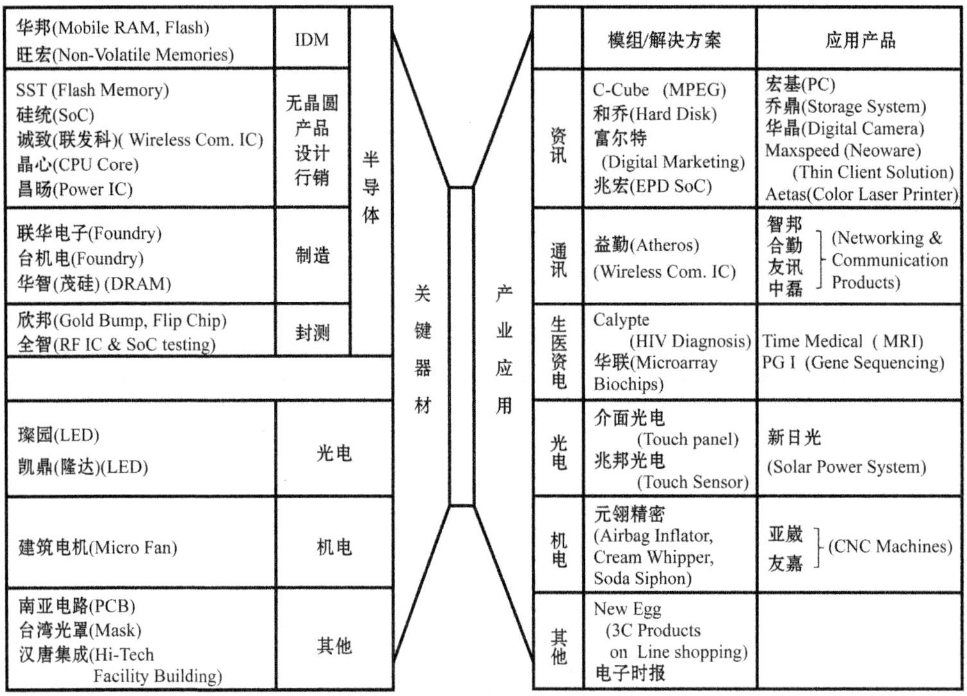


图 3-2 胡定华对台湾高科技产业之贡献：投资、指道、咨询

我相信在台湾，对科技产业参与如此之广之深的，恐怕没有第二个人。

### 从创投界协助创业

台湾的创投业，开始于李国鼎、徐立德于 1984、1985 年间所倡导，并由中华开发公司设立创投公司，成为台湾的第一家，随之在 1985、1986 年间宏碁计算机亦成立一家创投公司。然而像美国创投系统运作的公司，则以 1987 年由徐大麟所创立的 Hambrecht and Quist-Taiwan 为首。胡定华在 1988 年春离开工研院，受聘为 H&Q-Taiwan 总经理。

在创投业，他成为科技新创业家的"伯乐"，其间也介入一些新创公司的经营，指导新创业者的营运。在 2012 年 7 月的一个会面里，我问这位阔别多时的老友:“从事创投业这些年中,最值得回味的是什么案子?”

“刚到 H&Q 的几个案子都很有趣。我可以这么说,从 1960 年开始,台湾的产业其实大都是一个 OEM 的模式,都是在供应链上求发展,对于市场需求端不是很清楚的。完全是别人开规格、给样本,我们只是制造和封装。”胡定华表示:“OEM 模式的企业长得都差不多,谈的就是成本、质量、效率和弹性。我说的弹性,不只是打样快、扩张快,甚至亦是收手快。看谁和美国的买主关系好,早一点知道样品的规格,抢先做出来!”

他在 H&Q 的第一个案子是宏碁。当时施振荣想将宏碁变成一个国际公司,提出了一个营运计划,邀请花旗银行和 H&Q 去投资,一股只要 15.75 元。后来宏碁成长得很好,就投资人来说,这是成功的投资,也是他在 H&Q 的第一个案子。

目前胡定华投入并协助经营的是全智科技,这是一家做 RFIC Testing 的公司。“这家公司实际上是由 2000 年成立的两个公司合并而成:一个是智森,做 GigaSolution,另外一家叫全天时科技,是从 SanDiego 回来的技术人才。胡定华说:“我们分别投资了这两家公司,他们各有所长,在同一领域做了几年,都没有太好的进展。我们评估之后,觉得供应链的经营,建立 Critical Mass 很重要,因此鼓励他们合并,经过了四五年才谈得拢,并改名为全智科技,现在经营的状况好多了。做创投有趣的事,是在管理过程,而不全在结果。”

**寻找双赢的营业模式**

胡定华谈起 1980 年代后半到 1990 年代上半段时间,那是台湾股票市场的黄金时期,“美国的订单往外送,可以说,投什么都赚。创投当时很好做,也可以挑到很有趣的案子。”H&Q 创办人之一 BillHembrecht 曾说:“做创业投资,主要是在很早期的时候,能发现一个可以改变未来的技术,你投入和他一起成长。”胡定华爽朗地说:“这是创投者的理想,但是,一生能有一两个这样的案子就很棒了。我曾经碰到过一个,就是合勤科技。”

"合勤科技的创办人是朱顺一，他是我在交大电子工程1976年级的学生，电子学很厉害，我有一天想到他，想知道他在做什么事。原来他去了美国念书，又在AT&T Bell Labs工作了些时候，那时已回到台湾，在龙潭和伙伴两个人在研究调制解调器(modem)的核心技术data pump。我一听，就觉得是好东西，因为在1989年modem是网络的重要科技。我问他要不要投资，刚开始他很迟疑，并不想要别人参与。因为他对未来有很高的期许，对股权比例怕谈不拢。"

胡定华对技术十分熟稔，也相信朱顺一的能力，但亦了解评估技术的价值的确是有很多未知数，对双方都有风险，让那一方吃亏了都不理想。后来他想了一个方案：投资者出资金2000万，技术方不出资但占1000万的价值。若两三年内公司能做到上亿的营业额，股权比例就转换过来：即出资者占1/3，技术方占2/3。这是对技术方的鼓励，亦是对投资方的保障，自应是一种公允的方案。

朱顺一同意了。他的技术是很特别的，国际上通讯的运作是要按通讯协议(protocol)运行的，每过一段时间就会有新的协议，常常由大户们像Rockwell International主导。每有新的协议出来，大家都得忙着改，随着更新。合勤是一家小公司，他的产品是software based，因此用户可以通过网站直接下载更新的软件，这对使用者当然方便多了，这就是它的竞争优势。

1989年6月合勤科技公司成立，早期产品一年就赚回好几个资本额！1997年股票上柜公开买卖，1999年转为上市买卖。如1989年投资台币10元，并在1999年以上市行情价格卖出，价值为1257元，回收倍数超过125倍，内部报酬率(IRR)达63.3%。

"如果在合勤全盛期卖掉股份，它的回收，约是600倍！"胡定华谈起这段往事，兴趣很高，所以他下了一个结论：创新真的是能创造财富的！

我也可以下个补充结论：技术要好，时间要巧，经营模式要妙！

**以研发培养利基**

胡定华早期所协助创立的一个公司是旺宏电子，专业设计并制造非挥发性

（Non Volatile）只读存储器（Read Only Memory，ROM）。旺宏公司以吴敏求为首，带领二十八位在美国卓有经验的专业人员组成，于 1989 年在新竹科学园区成立，这是当时令人瞩目的一宗盛事。因为胡在电子业界的经历及声誉，团队邀请胡出任公司董事长。胡深知技术对电子产业前途的重要，所以督促公司竭力从事研究发展，以增加产品的竞争优势，提升生产制造能力，并提供客户高质量的服务。

从创立到现在，旺宏公司投资于研发的费用，约为年营业额之 10% 至 14%，所获取的专利，十年来超过 4 650 项，为台湾电子企业之首。根据 2011 年美国专利委员会针对全球 240 家半导体领导厂商进行专利评比，旺宏电子在专利实力（Technology Strength）评比列名全球第 18 名，在台湾企业部分则为第一名。科学实力（Science Strength）方面排名全球第 11 名。

胡于 2004 年辞去董事长，职务由总经理吴敏求兼任，2007 年间卢志远出任总经理，以技术及创新为竞争力之策略不变。目前旺宏是全球少数能提供从 512K 至 256Mbit 完整的 Serial Flash 系列产品的公司，并拥有极小尺寸的 Flash 产品，可充分满足可携式电子产品的需求。在 ROM 只读存储器部分，已开始量产 65 奈米 Xtra ROM 产品。旺宏电子也提供良裸晶粒（Known Good Die，KGD）产品，以供系统级封装（System In Package，SIP）的需求。旺宏现时是全球最大及最先进的 ROM 公司。

**培养人脉资源**

胡定华说，其实一般的创投业者营运的逻辑都是很类似的：通过你的关系去寻找目标，然后促其实现！1989 年间，全友计算机总经理王渤渤为了评估一个光电组件的投资，找胡定华一起去美国，这个案子没做成，但在路过 Los Angels 住在家中的空挡，王渤渤和在美国的一位创业家孙燕生有约，胡定华建议一起去见面，一件新的投资案因此上路。

孙燕生是浮点运算（Floating point processer）IC 的发明人，公司也成功上市了;于是他开始着手做第二家公司,即是 MPEG 的技术,那是现在所有数字照相机得以发展的载具。他成立的公司叫 C Cube Microsystems,当时国际上正在制定 MPEG1、MPEG2 的标准,他雇用了几个主要的技术专家进公司,因此有充分的技术能力,与国际标准的制定同步。先前他已募资了 3 000 万美金,还需要 600 万美金,这一次的碰面之后,全友投资了 300 万美金,H&Q 投资 100 万,华邦电子 200 万;华邦的投资是着眼在未来芯片的机会。

“这个案子在先前的股东中有日本的 JVC,他们在投资的时候,谈妥了一个条件,要求可以把技术专用到他们未来一个特定产品上,他们选择了卡拉 OK。所以我们也要求可专用在另一个产品上,当时我选择了 Digital Still Frame Camera。”

**成亦市场,败亦市场**

胡定华说:“这个 600 万美金的投资是相当成功的,主要由于 IC 赚钱;但是在选产品上我们却赔了。分析起来,Digital Camera 在 1990 年时机仍未成熟,市场还要再过十年才能发展起来。”

胡定华侃侃而谈这些投资例子,兴味十足地分享他学到的教训:“做这一行得很专心,任何风吹草动,都要想到有没有新的机会?没有人际关系,是否需要及早投入,培养团队。当然太早、太贪、太快了,亦是一种无知,当时做 digital still camera 是早了些。”他自己的回想这么说。

“风险基金业者到了不熟悉的领域,只能坐上尾班车(Late Stage),实际上还是有风险的,因为不能掌握市场。”他亦举了一个例子说:“1991 年时,我们碰到一个人,他可用几样非常简易、日常看到的原料,调配出环境友好的清洁剂,在清洗蔬果、碗盘,去除农药方面,实验效果特好,他也有专利保障。我们认为社会有这个需求,所以去集资本、做广告、找通路,后来也在统一超市上架,但是一亿多的投资,三个月就赔光了。”胡定华分析:“这个产品失败的原因是:它必须比一般以界面剂为主的清洁剂多用 15%到 20%的量,才能洗得干净。”换句话说，技术虽然容易实现，但不合顾客使用的习惯，影响了实际市场应用。因为消费者的习惯不易改变，人们用平常的量洗不干净，就会抱怨不好用。也就是说，产品需要深入了解市场，甚至要投入做市场教育(marketing education)。

我回想早年我在美国杜邦公司时，参加研发团队开发一些新颖的消费性商品，如高浓度的漂白剂，手柄弯曲的牙刷，不滴溜的家用涂料等，但都因轻视了消费者的使用惯性，即使技术目标达成了，亦达不成预期的市场效果。所以消费性产品看来稀松平凡，要成功却不简单。

**创新投资的环境因素**

胡定华表示，台湾做创投与美国很不一样，举例来说，美国有适当的 LLP (Limited Liability Partnership)的法律，这对促进创新产业投资很有影响。在美国，与创新有关的人，可以就自己拥有的技术、知识产权、资金部分参与进来，各自转换成价值和股份，公司则交给主持合伙人(General Partner)去操作，然后可以在任何时刻要求分配出局。因此，投资的进入和退出都较方便，比较容易说服其他企业投资人，参与一些未来性的题目。现行台湾的"股份有限公司"制，不是这样，每个股东可说都是"有限股份，无限责任"。任何法律课题发生了，所有主要成员都有责任。"如此一来，对于能投资的大股东，其实是很有疑虑的。因为许多人只是投资者，并不是经营者。"胡定华曾和理律律师事务所徐小波律师一起参与推动"有限责任合伙制"的立法，可惜这个案子目前仍躺在"立法院"。他认为，改善法律和制度，对未来台湾的创业和创新非常重要，这是外在的环境因素。

我问他如何评价台湾的创投产业生态。他说，台湾创投业的主持人，多半只知道财务操作；美国的创投主持人，则多半是创办人、创业家。在美国，创投业者对项目要做多方面的评估，如技术、市场、销售等方面，台湾则主要还是从财务的角度去发挥。这些无疑是创投界所必须强化的内在因素。

他认为目前工研院创新公司运作得不错，除了工研院的衍生公司外，也能和风险基金及国外的创投公司合作。操作的领域包括:绿能、生物,做 Early Stage 甚至 Seed Stage 的投资。胡定华说:“因为工研院有人才可以了解和支撑这些投资。”在他的心目中,工研院的效能应可发挥在创新创业的整体过程中。

很明显,一个创新企业的投资者,必然关心他所投资的企业能否在社会中获得适当的技术能力,以持续推动科技产业的发展。

**台湾科技产业的未来**

我对台湾过去 20 年科技产业成长的观察,常用一个“Global Chinese Inc”即“全球化华人企业”的模式来表示,就是“台湾设计、大陆制造、全球市场”。这个模式,对两岸互惠互利,亦促成了 20 年中台湾和大陆科技产业的全球化。然而两岸经济发展的结果,这个模式似乎必须调整,他的看法如何?

胡定华认为,这个模式的确很能描述过去 20 年的发展,但是目前已开始有了变化,主要原因有二:“第一,中国大陆开始将经济成长的驱动力从出口转向为内需。这是很麻烦的事,因为中国人的需求显然与欧美人士不同,台商必须更大胆西进,接近消费者,了解市场真正的需要。第二,大陆的山寨版猖狂,至少占据大陆四分之一到三分之一的市场。实际上有些山寨亦具有原创设计的能力,不能轻视。他们在工程快速之外,有些组件设计的比原厂还要好。所以想要 Design in Taiwan,必须真正了解消费者。台湾产业不西进不行,要去大陆才能做得好。”他认为,即使鸿海公司亦并没有做苹果计算机的设计,现时所有的设计和材料供应,都是苹果公司指定的。所以台商并不尽然真的稳居设计;除非能开始拿到些设计订单,Design in Taiwan 才可能延续。

“台湾要从供应链式的制造业,进展到提供 total solution 的服务业,一定得响应市场的需要。工研院也是一样,在技术、组件上越做越好,仍是不够的。未来台湾需要的创新,不能只是组件。此外,大陆的制造质量一直也有问题,要能协助他们提升质量,真正做到互助互惠,大家才有前途。”

当然,营销全球是终极目标。台湾的经济体太小,台商未来必须更深耕大陆。工研院要能被授权，才能直接帮忙在大陆的台商。必须要能在大陆高新区设点服务，否则台商一定斗不过山寨版。“复印机目前全球有50%的市场都在大陆，山寨版至少占了四分之一到三分之一。”胡定华深感台商要能利用大陆的资源，才能活下来。“我认为工研院的技术越做越好了，但是未来若绑手绑脚，也会很困难；应该在北京、上海、广东办起服务处，产学研合作也要一半到大陆做。”

总结来说，世界在变，情势在变。“全球化华人企业”是过去20年实验而得的创新模式，有利于海峡两岸的科技产业。但在未来20年中，它必会以一种新的形态出现，那将是两岸价值的最佳结合。对于这一点，我们两人看法完全一致。

胡定华说，再过两年，他这个老兵将淡出科技界了。对于这点，我甚表怀疑。麦克阿瑟元帅曾说：“老兵不死，只是凋零。”在老兵心中，上帝既然赋予我智慧和才能，又给我机会和健康，必将竭尽所能，以报效社会；鞠躬尽瘁，如此而已。胡定华早年英气逼人，铿锵执着；经过岁月的淬炼，现在已是团团和气，圆熟融通。他的产、学、研人脉深厚，备受各界尊重，这样的老兵，举目台湾并没有几个。未来台湾的科技创新，他可贡献的，还多得很呢。

## 3.3 陈兴时：荣刚科技与超合金

——忍耐逆境、重整组织、改变策略

我在1983年回台湾出任工研院材料所所长的时候，陈兴时已经是材料所副所长。当时主持筹备材料所的副院长桂体刚博士，把他从成功大学敦请到材料所来，筹备期间材料所许多具体的工作，就是他在领导执行的。

陈兴时先前在德国念博士，专业是机械工程和金属材料；工材所的另一位副所长林敏雄，专业是电子工程及光电材料，在日本得的博士；我的专业是化学工程及高分子材料,在美国得的博士。所以材料所当时的三位负责人,和台湾的三个主流工业各有关系,科技网络互补,专业配合非常恰当,因此新成立的材料所,很迅速地能和广大的工业界沟通,建立合作的桥梁,这在当时台湾的众多研究机构里,是相当特殊的。

陈兴时很明显具有企业家的特质:兴趣广,活力强,社会关系多,个性很四海,亦很有领导能力。当时我们认为台湾工业要升级,必须建立广博的技术基础,特殊合金钢技术是一个自然的切入点。他所领导的团队在特殊钢方面的研究做得非常好,他又有创业的兴趣和意愿,由他出去领导创业,应该亦很合适。说不定将来会跟联华电子一样,成为一方的龙头。

他很高兴掌握着这个机会,又说动了长荣海运公司的张荣发总裁成为领衔投资人,我们帮着把投资组合组成,长荣超合金公司就成立了,陈兴时自然成为公司的总经理。

作为台湾材料业的先驱,要在世界市场立足,其中的甘苦自是难以想象的。从 1987 年底他带着团队出去创业至今,我一直没能和他好好聚聚,所以 2012 年夏天我在台湾有较长的逗留,便安排和他见面,好听听他创业过程中的艰辛与突破困难的智慧。

**现代化的材料产业**

南台湾的五月,艳阳高照,穷目所及,尽是蓝天白云,令人心旷神怡。我们来到台南拜访荣刚科技,受到公司张总经理的热情接待,参观工厂后,再和董事长陈兴时晤谈。

这是我第一次来荣刚公司参观,发现荣刚工厂的生态和传统机械厂截然不同。它的流线清晰,秩序井然;环境整洁,空气清新。一看就是一个有国际水平,亦具未来性以技术为主的工厂。厂里员工很有礼貌,应对得体,又能做专业的解说。可以想见当国际客户来参观或洽商的时候,会对这个企业的管理及产品的质量产生信心。

我称赞陈兴时对工厂的规划很有欧洲金属材料公司的架势，很明显地，他在德国的训练心得已经发挥出来了。陈兴时说他的确花了不少心血在这个工厂的规划上。他指出这个厂的第一部分是精炼区，具有台湾最大的真空感应熔炼炉（VIM），年生产量可达 720 万吨，此外并有若干不同规模的冶炼设备。第二部分是钢品处理区，包括独特的大型 GFM RF-70 四面精锻机，这是为满足高阶产品对超细晶粒材料微结构的需求，在 2011 年所建置的。此外还有一个持续扩厂计划，包括 50 吨级的熔炼炉，也在进行中。

**技术驱动式的创新**

谈起公司的成立，大家真有不少感慨，回想起来，长荣超合金公司是工研院材料所第一个衍生公司。在 1987 年时，我们知道台湾的工业界很需要特殊钢，亦深深感觉工研院的重要研发成果应该尽快在工业界发挥，以带动相关的产业。所以工研院正式以技术移转，授权陈兴时使用他所领导开发的 ESR（Electro Slag Remelting，电渣重熔法）技术，同时让他把训练多时的五人专业领导团队包括谢文坤、陈政祥、许泽东、吴正棕等带出去。其后陆续加入的还有林群新、李秋贯、林永锦、刘慧昌等多名高手。在各方的配合下，投资组合亦很快组成。从创业的立场看，这已占着地利人和的重要因素。

然而我们没有真正了解台湾当时的科技工业方在萌芽阶段，产业界对于基础合金钢材料的需求仍未成熟，在这样的环境下由民间投资上游的新材料，风险自然不小。

有道是，初生之犊不怕虎，嚼碎银牙和血吞。长荣超合金三年后改组为长荣重工，1993 年又以荣刚重工方式从长荣集团独立出来，1999 年再改组并更名为荣刚材料科技公司，这个过程颇为曲折，从外面看来，未免有些眼花缭乱呢。

今天荣刚公司已经是很成功的企业，是台湾唯一专业生产特殊合金工具钢（Alloy Tool Steel）的公司。它整个集团产品市场已国际化，拥有 1 700 名员工，年营业额超过新台币 170 亿元。它在台湾的特殊钢产业已扮演重要的领导角色,近年来推动的 TAS(精密产业联盟供应炼),将整个供应链的众多业者串连起来,增强了台湾产业在国际市场的竞争力。

**创业家的前期塑造**

经过二十多年的创业奋斗,陈兴时比起当年在工研院时那意气风发、锋芒毕露的材料工程师,更多了一份练达和稳健的企业家风格。谈到往事,他说:"我们那一代的人都是这样的,看到该做的事,不管外在环境有多困难,就咬牙去做。"他说:"我从高中起,就隐约有创业的想法。我的父母希望我学医,我却把医科填到最后一个志愿。后来,我在德国念博士时,指导我硕士论文的教授夏汉民老师到德国访问,和我见面,他问我未来的生涯规划,当时我就说,我想我终究会到企业界去发展。"

读完博士学位后回国,陈兴时在 29 岁时,就当上了成功大学机械工程研究所所长,在这段任教期间,成功大学成立了庆龄制造技术中心,希望发展基础技术,协助台湾工业需要升级,陈积极地参与庆龄中心的工作。后来政府要加强工研院的功能,他说:"当时桂体刚副院长找我去担任金属组的召集人,就这样加入工研院,那时我才三十几岁。"担任副所长之外,他亲自带领合金钢前瞻技术——电渣重熔精炼技术(ESR)的研究开发,此后的衍生公司就在这个基础上成立。

**张荣发的远见促成投资案**

长荣公司在台湾以远洋海运发迹,这时亦规划进入航空运输。我和张总裁素昧平生,对他为什么要进入超合金工业,是相当好奇的,所以我首先提出这个问题来谈。

陈兴时娓娓道来:"张荣发总裁十年前的部署就是要建立一个海、陆、空,加上时间的四度空间的运输集团,他需要筹建能支撑这些运输产业的技术工业,准备未来可以制造轮船、飞机、汽车。因此他认为手中必须拥有关键材料技术。"陈兴时说:"张总裁决定投资与否,关键不是在工研院的技术的内容。他是一个看愿景、看方向的人。他和我谈了半小时，就决定要投资。"陈兴时表示，在长荣超合金规划案之前，他亦并不认识他："他后来是我非常重要的 mentor，是他把我带入企业。他有很好的愿景，包括对全球的规划，25 年前没有人可以了解；至今，我也没有见过比他更有长期观瞻的企业家。"

当时日本人告诉他，台湾要建立材料工业，需要十年。"也有人告诉我，十年内你要胃溃疡十次、胃出血十次，撑得过来，就有可能成功。这个十年的预测，基本上是正确的。"陈兴时一派轻松，爽朗地说着往事。"这时有人向张介绍我及我的构想，他只看了几个主要的课题，就决定了。一开始要投资 12 亿，后来增资到 18 亿。"陈兴时说："张总裁这个愿景，一直到前几年才放弃，实在是规模太大了，很不容易。"

张总裁的愿景规划，从长荣超合金公司买地的过程可见一斑。当年，陈兴时根据公司发展需要，提出在新营工业区购买厂房的计划，建议了一块地。张看一看，就在纸上划了一个方格，说："把这个范围的地全部买下来。"当时那块地比他提出的需求大了三倍，而且里面已有八家公司，其中更有三家已经开始运转生产了！当时张的女婿郑深池总经理转请工业区的管理中心去谈，邀请这八家厂商提出条件。"这些企业恐怕从来都没有碰到这样的情形，并且要他们自己开条件。在我看来，一般的做法就是在精算之后，乘上十倍。没有一家开出来的价格是合理的。"

陈兴时说："我告诉郑总经理我会去议价"。他却说："不要议价了，今天晚上带支票和合约书，就照他们开的价钱成交。"当天，当场八家公司的卖地案一次敲定，从这件事可以看到长荣集团的魄力。"我们一共买了近九万坪的土地，也就是现在荣刚重工在新营的基地。"对一个刚成立的公司而言，这个厂房采购实在是财务的重大压力。但是，却是为荣刚准备好发展至今的基地。

**第一次经营危机与重整**

身为长荣超合金的董事长兼总经理，陈兴时其实是受雇的专业经理人。三年后,公司营运和预估的距离扩大,所以总公司开始进行评估绩效。实际上这时长荣超合金刚刚以 20 个月完成建厂工作,公司运作方在起步,总公司原来的期望极高,不免有些失落感。结果长荣将旗下四个公司合并成立长荣重工,仍由陈兴时担任总经理。但是,陈个人则从南部调到台北总公司工作。

这段期间约有半年到八个月,陈兴时不在工厂里,而是在总公司里坐台。他在办公室里不断看数据,不断做检讨。思考原先的市场预测或经营策略,究竟在哪里出了什么问题。

同一时间内,张总裁亦找了日本 Marubeni 公司(丸江株式会社)的专业人才来商讨长荣超合金的营运,长荣公司事业本部也有一组人在做整个案子的商讨。

半年后,日本团队和事业本部的报告都出炉了。长荣集团郑总经理找陈去谈,他说:“专家评估的结论是:没有市场、技术有缺失、软件不完整。”郑说:“技术可以引进,软件也可以添购,但是,没市场就没办法做下去了。”他问:“你认为我们还有机会吗?”陈兴时说:“我认为有。”他就说:“那你要不要继续干?”陈回答:“我干。”这个会面谈了五分钟就结束。

陈兴时说,他自己重新写了一个营运计划(Business Plan)。他亦试算:假如这时把工厂关掉,会亏损多少,结果是:除了原来投入的 18 亿外,还要再亏 11 亿。隔了三天,郑清池找他再去谈,结论是:“长荣再投入 8 亿营运资金,重新成立新公司(即后来的荣刚重工),所有目前的资产都归原长荣重工,由新公司向长荣重工租赁土地与设备。”可以说,荣刚重工将自长荣集团独立出来,由陈负全部经营责任,和长荣的关系到此为止。陈兴时了解到:这是长荣集团用 8 亿把长荣超合金除名,换了一个公司名字,即使将来要倒闭,亦不在长荣名义下。这是长荣集团的经营策略:用金钱换取时间及维持商誉。这是 1993 年的事。

荣刚公司成立后的第二年,郑深池要求荣刚重工先减资 4 亿,然后再重新增资,以吸引新投资者的加入。新加入的股东清一色都是金融机构,包括花旗银行、富邦银行等。自此股东变多了，创始的股东包括长荣、交通银行、工研院的股份都降到10%以下，然而陈兴时对公司的经营管理，相对来说，责任比较大，但授权亦更为集中了。

长荣集团总部对长荣超合金的投资是不乐观的。从公司决策转变的过程，我可以想见陈兴时面临的压力与挑战是很重大的。失去了长荣集团的承诺，面对“没有市场”的困境，陈兴时如何带领荣刚浴火重生？

**复位市场策略与产品组合**

陈兴时回想当年调到台北总公司的时候，他埋进了钢铁公会及其他机构所提供的市场数据里，自己重新分析公司的目标、定位以及当年的营运规划。

他说：“仔细分析后，我很清楚地看出来原先规划的缺点在哪里，就是产品和市场的失调。我得重新思考产品组合。这个过程，却从来没有人问过我。”陈兴时很有感慨地说，这一段刻骨铭心的历程，以前并没有对外面沟通过。“郑总经理找我去谈的时候并没有问我什么。在某种程度来说，事情的结局已经很清楚了，不需多说了。大家可能都想到，日本丸江株式会社是义务帮忙做的评估研究，他们的看法是很客观的：台湾的市场太小，我们的投资相对于市场，实在太大了；这也和内部企划部门的研究结论一致。所以当我说：有机会，对老板而言，不过是硬嘴皮。”

陈兴时知道，关键就在市场！重新检讨四年前做的营运规划书之后，他发现主要的差别在于当时这些内外的评估，着眼的都是台湾市场，没有把美国、日本等国际市场算进来，陈兴时了解真正应该定焦在全球的市场。早期写营运计划，往往是就眼前看到的先下一个目标，再做分项目分析，然后再去写总体计划，见树不见林，自然难免。

**国际质量与国际市场**

这一次彻底检讨后，陈兴时决定可以在相同的生产线的基础上，重新做产品组合，而以国际高端应用市场为对象。当然要执行这个路线，必须从技术和质量落手。所有预期市场中能接受的产品,必须通过各种质量认证,这质量认证可以说是国际市场的 Entry Barrier。然而这对一个材料研究科班出身的陈兴时和他从工研院带来的核心团队来说,自应不是难事,其实是用其所长。因为产品质量的提升及国际认证机构的鉴定,倒是他的拿手好戏呢。许多荣刚产品先后攻下欧、美、日的市场,图 3-3 所示是一些实例。

| | 已获认证客户群 | 已获认证钢种 |
|---|---|---|
| 航太产业 | Boeing<br>Boeing Aviation(Douglas)<br>Bombardier<br>Moog<br>Hamilton sundstrand(PW)<br>Westland(UK)<br>Agusta Westland(Italy)<br>Techspace Aero (SafranGroup)<br>Messier-Bugatti-Dowty(Safran Group)<br>PFW (Air Bus)<br>GKN Aerospace<br>GE Aviation<br>COMAC (China) C-919<br>EMBRAER<br>MHI-MRJ | 630、15-5PH (ESR)、15-5PH (VAR)、<br>4330M (VAR)、4340(VAR)、4340M(VAR)<br>440C(VAR)、9310 (VAR)、300M(VAR)<br>431<br>Steel alloy<br>Titanium |
| 能源产业 | GE Energy<br>GE Oil & Gas<br>Hitachi<br>Mitsubishi<br>Toshiba (incl. Nuclear)<br>MES<br>Conuar<br>Ansaldo<br>BHEL | 422、304L、403Cb(ESR)、403Cb(ESR)QT<br>403Cbplus(ESR)、403Cbplus(ESR)QT<br>GTD450(ESR)、GTD450(ESR)H1075<br>M152(ESR)QT、630(ESR)H580C、B16QT<br>630(ESR)H600C、X20Cr13QT、17-4PH(ESR)<br>410/403(ESR)QT、410/403QT、422(ESR)QT<br>17-4PH(ESR)、410、304(ESR)<br>410/403(ESR)、403Cb modified、422QT、<br>FV520(ESR) |

图 3-3 荣刚材料于航太及能源产业论证实绩

陈兴时说:"我在担任工材所副所长的时候,负责金属材料的研究,每个星期我会花两三天检查每一个研究计划;每一个研究人员都必须亲自向我报告,从学术文献研究开始。这经过整整三年的历练,因此,我对金属材料工业的功能和质量需求早就有一个全面的认识。"当然,找对了门当户对的客户,是成功的要素。在 1998 年后的营运中,荣刚逐步进入坦途,2007 年营业额已超过新台币 100 亿大关,毛利率达 22%,2008 年的国际金融海啸有个短暂的冲击,但亦迅速恢复。表 3-1 摘要叙述过去 13 年的财务概况。

表 3-1　荣刚财务概况

单位:EPS 为新台币元,其余为新台币千元

| 年度 | 营收净额 | 毛利额 | 毛利率 | 税前净利 | 税后净利 | EPS(税后) |
|---|---|---|---|---|---|---|
| 1998 | 2 398 207 | 534 336 | 22% | 18 799 | 18 772 | 0.08 |
| 1999 | 2 418 398 | 394 971 | 16% | (149 333) | (149 333) | −0.65 |
| 2000 | 2 690 450 | 524 492 | 19% | 31 584 | 12 705 | 0.06 |
| 2001 | 2 728 058 | 550 932 | 20% | 79 079 | 31 890 | 0.14 |
| 2002 | 3 075 735 | 679 956 | 22% | 200 782 | 143 463 | 0.68 |
| 2003 | 3 318 757 | 607 259 | 18% | 220 596 | 169 195 | 0.8 |
| 2004 | 5 248 429 | 1 231 743 | 23% | 772 741 | 618 706 | 2.82 |
| 2005 | 6 712 012 | 1 853 744 | 28% | 1 221 771 | 930 921 | 3.63 |
| 2006 | 7 187 645 | 1 563 558 | 22% | 1 231 516 | 948 398 | 3.32 |
| 2007 | 10 336 120 | 2 033 637 | 20% | 1 549 218 | 1 284 876 | 4.33 |
| 2008 | 10 152 781 | 1 547 240 | 15% | 415 080 | 304 380 | 1.02 |
| 2009 | 4 167 498 | 14 357 | 0% | (450 330) | (360 136) | −1.14 |
| 2010 | 7 269 534 | 763 889 | 11% | 283 208 | 246 985 | 0.79 |
| 2011 | 11 100 043 | 1 593 111 | 14% | 1 033 198 | 949 215 | 2.62 |

回顾 20 年来的创业历程,陈兴时说:"长荣超合金从工研院 spin off 的时候,台湾根本没有基本材料的工业,所有需要都是 100%倚赖进口,在材料应用上也没有基本常识(common sense)。不论产、官、学、研,都是这样的情况。所以我们干实务的,自然是十分辛苦。"

**政府对新创产业的支持**

他的困难,并不是完全出乎我意料!操作实验室和营运工厂,是有重大分别的,经济规模可说是有天渊之别。

"荣刚的成功,是因为先打美国市场,一并打欧洲市场,成功之后,才打亚洲市场,最后才进入台湾的市场;这是完全不同的市场策略。"陈兴时说,这个阶段,政府对我的帮助很大。当时荣刚打入美国市场所需的关键"高速钢粉末冶

金材料技术”,就是在“经济部”科技项目的支持下开发出来的。粉末高速钢在当年是工业界的先进技术,只有美国和德国的厂商能制造,荣刚是全球第三个进入市场的。

“那时候,公司的研究团队实力不是很强,公司的财务也岌岌可危。政府也很犹豫该不该给我们做这个计划,因为担心公司可能会倒闭。我想,好在因为我做过工研院副所长,毕竟有一些正面的影响吧?我记得当时有十几个评审委员,包括财务、市场、技术方面的专家。评审的问题都是集中在营运问题:你有资金吗?你公司不是一直在亏损吗?你有没有办法支撑到计划结束?”陈兴时清清楚楚记得他当时的回答:“我一定可以做出来,而且台湾一定会是全球第三个进入这个市场的国家。将来高技术产业的发展,一定用得到。只要我在荣刚一天,一定会做到完成,除非我被解雇!”

第一期计划的结果做得很好,我们很顺利地打入美国市场,因为粉末高速钢是当时工具钢中最难的一项!荣刚在特殊功能性不锈钢的品牌成功打出去了,国外有公司直接代理他们的产品。第二期科技项目的支持也接着顺利到位。荣刚站稳了重要的一步!

**第二波经营挑战**

1998 年 10 月,荣刚重工走出困境,正式上柜,距离陈兴时离开工研院,果然是十年!没想到,下一个意外而严苛的挑战立即到来。

“我们刚刚开始赚钱,财务还很紧,却收到长荣总公司财务长打电话来问,可不可以把土地和设备购买回去?”当年荣刚的财务主管非常着急,希望陈兴时找郑总经理再谈一谈,“我不是不知道对荣刚而言,这个财务负担太大了,但是,我相信长荣应该是在财务上真的需要这笔钱。因此,二话不说,我将厂房和土地,以当年买入的三倍价格买了下来;再辛苦,自己亦要咬牙撑下来。”

**工研院在产业化的角色与限制**

陈兴时说:“我们在工研院发展、移转的炉渣重熔技术,没有直接上场;荣刚现在商业化运作的 VAR 技术，是经过十年后的修正磨合，由公司里的团队重新建立的。”

当年从工研院发展、移转出去的技术，陈兴时现在的评价，在产业化的过程仍是不足；然而，就荣刚的发展来看，它又是重要的关键起点，目前仍是荣刚经认证的利基项目。

工研院移转的技术对这个新事业的效益如何？陈兴时说：“工研院技术授权的技术，在实用上是有距离的，基本的缺点在数据库(data base)。我们要把实验室知识和真正工厂制程结合时，才发现许多资料严重不足，这些资料是做特殊合金设计时的重要依据。后来，我们又花了 1.5 亿向奥地利购买再多的技术，才达到能够工业量产的规模。”

我认为工研院在产业化方面的技术发展，只是企业界起步所需，而不是企业界所能赖以持续经营的。工研院不可能提供所有产业化必需的信息或窍门，以超合金来说，材料昂贵，熔融一炉钢材需要花费很多的资金，如需重复验证，这成本不是工研院所能担负。所以要提供可赖以量产的 Data base，需要大量的试验，必然是一个企业在量产的过程中，按本身的设备和条件去推敲，这也就是建立自己的知识产权 Know-how 的基础。

我想在长荣超合金阶段，主要的困难是台湾当时的市场还没有呈现。刚开始几年，起码在前三年，市场没有明确的进展。即使有小量的需求，对他的产品，亦未必有信心。陈兴时重新调整营运计划，以国际市场为目标，是一个非常正确而适时的措施。等他进入国外市场之后，台湾市场的困难就迎刃而解了。全球化是台湾企业的重要策略，荣刚的成功，也是先从全球市场建立地位，再回头带动台湾市场，可说是拜全球化所赐。

**以创新消除与企业实务的落差**

“工研院对企业界很重要。”陈兴时表示，在过去十年中，他做了六年“经济部”的顾问，评审工研院的计划已经多年，对工研院能做什么工作，发挥什么样的贡献,他有相当的认识。他说:“我是十分支持工研院的。我认为工研院对企业界是重要的,但它应该每年都要做调整,每十年要有大的转变,工研院需要随时思考它的定位。”他深切地感觉,企业界很需要知道工研院有什么新的构想,可以相互合作;但是从创新概念到实现,业界也必须了解,要靠自己的努力才能持续。

最近几年,荣刚在推动精制产业联盟供应链(TAS),就是找工研院一起合作。工研院下一阶段的使命和任务,应该如何推动,值得花一点工夫好好地规划,荣刚是一个很有启发性的案例。

“荣刚科技”如今是台湾唯一以合金钢和特殊钢为主业的钢铁材料公司。它的产品力求差异化及高附加价值,是台湾合金钢的领导厂商。所应注意的是这个创新机制的主导者已是产业界,而荣刚公司、精钢公司扮演了重要的角色,这是台湾技术经济转型中自然的结果。对这样的发展,我心里觉得非常安慰。

回忆创业者的酸甜苦辣,陈兴时说:“当年 spin-off 前,我曾和联华电子的曹兴诚谈过,早期我们低估了商业化过程的崎岖。前期工研院所可帮助、应该帮助的只是一小半,有一大半的困难是企业要碰到的。企业化和商品化的问题,光靠工研院是不够的。工研院没有办法教,也教不了那么多。”他回想在工研院的阶段:“这个问题,方贤齐院长似乎是有感觉到,他曾订了一个政策,就是副所长以上的人,尽量要去国外修一个 MBA(企业管理)一年。史钦泰、杨丁元都曾经去美国读了 MBA。”陈兴时担任副所长的时候,就曾因这个政策,在美国作高阶管理研习一年的时间。“这一年进修很辛苦,却是很完整的一年,对我后来的创业很有帮助。”他一再强调,提供高阶管理实务的训练,是值得工研院重视的课题。

从实验室到工业量产,是一条崎岖的路程,需要过人的意志和能力去克服。对材料工业而言,尤其是一个特别的挑战,因为所有下游产品在应用上的附加价值,都是寄托在材料之上,因材料特质而彰显,因此对材料性质和质量的要求，是无比的严苛。但是一种材料的市场地位建立之后，亦不容易被取代，这是材料产业的特色。工研院对台湾的高价值材料工业的建立，提供了一个简朴的平台，幸而有意志旺盛的创业家，以不屈不挠的毅力和剑及履及的实践，终于取得了优异的成果，这是很有启发性的一段历史！

## 3.4 孙弘：盟立自动化公司

——忍耐逆境、调整产品、引导市场

生产自动化科技之研究发展，是“行政院”在1982年8月所颁布“科学技术发展方案”中的一个重要部分。许多科研项目，“经济部”以科技发展项目方式委托工研院执行，由机械工业研究所负责推动。这个方案的政策目标，是促进台湾工业的自动化，以增进台湾工业的生产力。

工研院在发展自动化产品的基本技术，自动化工业产品如工业机器人，弹性制造系统等工作，已进行多年，各种基本技术能力亦已逐渐建立。在1988年我接任工研院院长时，很多方面的意见，认为机械所必须加速技术移转，扩散所建立的技术能力，使台湾的广大制造工业能够受惠，进而提升它们的生产力及国际市场竞争力。

我们做了一番商讨之后，觉得在推动工业自动化的策略上，必须要有所更新。台湾的制造业范围极广，而大都属于中小企业的范畴，规模甚小而数目极多，对自动化的要求程度不同。过去工研院是一家一家企业去实地了解，一家一家企业去帮忙改善。相对来说，工研院的规模太小，客户太多；杯水车薪，难以发挥效用。所以在技术扩散的机制中，我们必须要第三者的参与和协助。

我们的思维是，要促进工业自动化，先要建立自动化工业。这些自动化工业的业者要推销他的产品和服务，例如：马达、传感器、工业控制等，广大的台湾制造业，就能得到自动化的工具和使用工具的窍门。所以，自动化工业公司就是这技术扩散的第三者。在这种构想下，工研院该多做的是建立基本技术的平台(Platform)，协助成立一些公司，让他们去产销自动化产品和相关的设备，通过他们业务的推展，可以达到工业自动化，促成产业升级的目的。

盟立自动化公司就是在这样的背景下成立，它的筹备前期是从张忠谋院长、徐佳铭所长时开始，我加入时已是筹备的后期。1989 年盟立公司成立的动土典礼，是由我以院长身份去主持的。这个项目的领军人物是机械所副所长孙弘博士，他带领了一百位工研院的年轻同事，共同走上创业的路程。

转眼就是二十多年了，这一群为推动台湾工业自动化的科技人，在创业的历程里，历经多次经济不景气的打击，备尽艰辛，然而还是不折不挠的，做得有声有色。如今盟立公司在台海的两岸，已有 1000 位员工，从事以技术为主的制造和服务。

我在 2012 年 1 月到了盟立公司，和孙弘董事长见面。多年来，我很期待来看这位当年临危受命、迎接生涯大转弯的老朋友。

**创新机制中的创业家**

孙弘谈起往事，20 年前的事，清晰恍如昨日。他说："我原本是希望能在工研院做到退休，并没有想过要去企业界。盟立公司在规划阶段，原是预定由当时机械所徐佳铭所长去担任公司的董事长兼总经理，但他临时因故不能就任。"

记得在那个时段，我受交通银行谢森中董事长的邀请，成为交通银行的董事不久。交通银行是盟立公司主要的投资方，面对徐佳铭的变动，希望由我去兼盟立的董事长。从银行的观点来看，自然是蛮合理的。可是我亦刚任工研院院长，自觉在院的企业伦理方面，不是很合适，而工业自动化亦不是我的专长，师出无名，所以我推荐孙弘。我认为盟立既然是机械所的衍生公司，应该由机械所的领军人物去负全责，才能更符合技术移转的本意。后来董事会同意这个意思，孙弘就成了盟立公司的董事长兼总经理。这个经过属于交银内部的讨论，不是很多人知道，我到这时才向孙弘原本说出。

孙弘回想起这意料之外的转折说："当初盟立公司的营运计划书是徐所长主导规划的，大家对此新创事业充满了信心，实在不忍心它胎死腹中。"经过一番考虑后，他决定不妨试试。最后他答应了接任盟立的董事长兼总经理，这自动化工业技术商业化的担子，就由他挑起来了。

科技商业化是很长的一条路，创业期尤是特别辛苦的过程。在看到成功的曙光前，总要经过一段黑暗的煎熬。盟立公司的前十年也不例外，虽然工研院很努力地想帮忙，但毕竟已隔了几层。身为企业负责人，他必须要尝遍创业酸甜苦辣的滋味。

**好的财务计划是成功的开始**

孙弘说："盟立的注册资本额原预定为新台币2.5亿元，后来与工研院张忠谋董事长谈话，他建议要略为增加，将来好办事。"孙弘又想起松下幸之助的一席话："任何新创事业筹备资金时，应准备比想象的金额多一倍。"所以他们将注册资本额提高至台币5.5亿元，其中包含15%的技术股。这些资本额分三期实收，第一次实收资本额为注册资本额的50%，即新台币2.75亿元，第二、三次增资再各实收25%。主要股东为交通银行、士林电机、复盛工业、义美食品、三光惟达及工研院的创新公司。

盟立公司于1989年成立后，连续亏损了三年。到了第四年的四月，才达到损益平衡点。以一家内销为主的公司来说，已经是很不容易。这个时候，就看出开始时提高资本额的好处，要不然，公司就已无法周转，自然得关门大吉了。孙弘对张忠谋增加资本额的建议，到现在还是很感谢的。

孙弘侃侃而谈十余年前创业的崎岖历程。科技人出身的新创公司，面临的第一道关卡，就是业务能力。当年自机械所Spinoff总计107人，大家在工研院做研究、写报告的能力都很拿手；但是，对如何吸引客户、说服别人从口袋中掏钱出来买产品，则完全是外行。另外，自动化技术应用的领域非常分散，不容易以标准化产品销售，大部分订单都是客制化，需要提供大量的服务给客户，如何和客户沟通,亦是重要的缺口。除了做业务、拿订单、服务客户的人才外,盟立也没有适当管财务的人员。孙弘上任后,只有向有经验的合作伙伴及股东借将。

由于CAD/CAM(自动化设计/自动化生产)的应用需要使用大量信息主机等硬件,孙弘除与IBM信息事业部门建立合作关系外,也向IBM借来一位销售经理做业务主管。这是一个成功的开始,因此盟立后来成为IBM的VAR(Value Added Reseller)之一。不久,士林电机也派出一位业务经理到盟立协助业务推展。

再者,由于是新创立的公司,想要与客户高层直接联络,总经理时常必须站在第一线上。这段草创期,有赖当年董事会成员,如创新公司张先玲等人的产业经验,协助盟立能在关键的决策时刻,走上正确的方向。

**产品的窘境**

盟立公司成立的第一年,IBM依惯例对策略伙伴提供顾问服务,他们以专家咨询的立场,指出盟立公司最大的问题是:"没有产品"。

这可不奇怪哉?当初成立盟立公司的营运计划书中,定义了四大产品系列:机器人,自动仓储,工业控制器,计算机整合(CIM、含CAD/CAM)。这四大产品哪里去了?想不到这计划书,大部分只看到市场的皮毛,到了真要上阵,才发现实际市场的障碍,所以写了和不写一样。怪不得公司得再经过一番奋斗,才能站稳阵脚。

**自动化仓储**

仓储不止是工业后端的存货管理,它亦是制造程序的枢纽,对流程控制和质量管理,有着重要的作用。但是盟立的自动仓库主机由于尚未经长时间的验证,在线的可靠度仍在确立,所以公司在这方面的业务迟迟未能展开。

这个时候刚好宏碁计算机公司(现今的纬创)要建自动仓库,但他们只敢用欧日的主机产品。此时日本"物流杂志"的社长居间介绍4～5家日本企业来台湾寻找商机，多次商谈之后，九州岛西部电机愿意和盟立合作，去作这一桩生意。这家公司有一位知名股东，就是“安川电机”，是日本机器人业的一个主要厂商。由于西部电机有不少实绩，亦愿意配合宏碁的大幅杀价，拿到了订单，盟立参与的机会到了。孙弘决定了即便赔本，亦要忍痛接下这一个大型订单，建立在行业里的地位，这个决定是做对了！

1990年广达计算机公司想要做自动仓库，为了达到价格便宜的目标，自然排除欧洲、日本产品，希望100％由台湾自制，所以广达就大胆采用盟立的主机。台湾的传统产业就比较保守，不敢一下子采用台湾的自动仓库，过了几年之后，才开始采用盟立的自动仓库系统。当有采用实绩出现时，盟立的生意便更容易推展。

盟立也尽量找机会去扩张市场，有一些是外界所不容易看到的。如台北证券集中保管公司，它需要在大楼内做实体股票的自动存取仓库，这是盟立的对象目标，亦给盟立于1991年1月奠下自动仓库的实绩基础。

到了1995年后，日元价格高涨(1美元＝80多日元)，成本升高，西部电机的产品面临销售困难，也由于它的价格政策很僵硬，故只能做一些客户专用定做型的订单。刚好这时候盟立的产品，由于不断累积实绩的结果，不论在速度、激光定位、伺服驱动及低噪音等方面，都与日本产品相当。在扎实的实务基础下，盟立发展出LCD的全套自动化设备，现在台湾的液晶显示屏大厂，如友达、奇美等，都成为盟立的大客户。目前盟立在这个领域的业务，已超越自动仓储而进入自动化物流设备的范畴。

**工业机器人**

工研院机械所在机器人方面的研究，在台湾可说是声名远播的。我记得在若干科技展览里，机械所时常展出会吸尘、会送信的，或是会舞剑、会比武的机器人，很能激发青年学生的好奇心，引起社会的注意。许多媒体通称徐所长为机器人先生，可见一斑。

然而对企业来说,这一类的机器人所指出的是未来性,在当时市场是不存在或很有限的。工业界所需要的是在高温、高污染或危险性不易控制环境下可以代替人工的机器,并可长时间做同样的操作而不疲劳,就如汽车生产在线的喷漆或电焊操作等。孙弘说:"那个时候机械所的认知与产业界的认知中间是有很多的差异。"

此外,由于一般工厂的电源有很多噪声,环境中也有很多的灰尘及可观的温差变化,这些可实用的机器人,必须要有充分的可靠度及耐用性,能忍受这些环境因素的折磨,不能"娇生惯养",随时"当机"。实际上焊接对电磁波的干扰亦很大,它的使用亦可能引起工作环境的恶化。因此,产业界不敢轻易采用盟立的机器人产品,一定要别的公司有使用过的经验后,才敢尝试。孙弘表示:"同样的设备,我们在工研院里面做了二三十部,大家嚷着要,但同一组人到了盟立,做的东西却是一部也卖不出去!"

孙弘说:"24 年前,台湾一年最多有 300 台机器人的需求,盟立若能取得 10%的市占率,一年也顶多卖 30 台主机,有些主机还需许多后续维修服务,这样的业务的营运,亏损的状态是常见的。"所以整体工业环境的兴旺状况,是企业经营的重要因素,毕竟是水涨船高。

工研院招牌亮,产业界较易与工研院谈研究合作技术开发。但它成立了一家新的企业公司,要以产品的功能、价格、可靠度为选择的依据,即使是同一班人马为主力,产业界的看法就大不相同了,可见品牌和建立品牌过程的重要。

在这种状况下,盟立寻求国际合作,希望借着知名的品牌,进入市场。

日本的机器人工业姿态很高,一时不易合作。一个可能的途径,就是欧洲。盟立找到瑞典的 ABB 的机器人公司,希望协助它们在台湾的产销。开始谈得很拢的,后来客户收到盟立的建议书后,直接通过 ABB 在日本的系统整合商购买设备,这是不合商业规范的,但是 ABB 本部的销售经理对此不公平状况,却不做处理。因此,盟立很快就取消与 ABB 的合作。

在多方努力及多时的磨合下，盟立通过西部电机介绍，找到了日本的安川电机。二十几年前安川在台湾的销售实绩并不佳，亦很希望得到真诚而能配合的伙伴，以扩展台湾的市场。在双方共同的需要下，自然能建立了共同的目标。这是一个互惠互利的关系，双方合作之后，实绩逐渐好转。目前台湾的汽车厂所使用的机器人多是与日商合作的结果。

在2011年的业务总结，机器人及自动化物流设备约占公司营收的一半。

孟子说："虽有智慧，不如乘势；虽有镃基，不如待时。"这句话用在科技产业上，一点亦不差！盟立的例子说明了时机的重要。然而如果不是前期的辛勤耕耘，时机到了，亦然一踪即逝！

**工业控制器与计算机整合**

在CAD/CAM事业方面，在盟立前几年的销售实绩不错，甚至占公司一半以上的营收。但后来由于AUTOCAD的盗版太多，IBM原与法国Dassault/美国McDonald-Douglass合作的CAD软件相对显得太贵，而无法销售。后来IBM断然切掉了这个事业，连带影响盟立在此事业方面的发展。

然而盟立在高级自动化控制技术的基础很扎实，许多实体控制机器，如Programmable Logic Controller，Injection Molding Controller等，在台湾的机械、电器、化工、食品等行业上，已建立良好信誉，广被采用。在这技术能力的基础上，近年公司的研发主力已逐渐聚焦在新兴产业先进制程中所需的设备，例如：LED蓝宝石基板切割、薄膜太阳能电池画线设备、太阳能电池板对位贴合、及触控面板贴合检测设备等。预计这一领域将继续成长，成为盟立公司的一个主流业务。

由于早期对计算机整合制造、CAD/CAM等技术产业的投入，公司对全球信息业的动态已有充分的了解，逐渐成为IBM，CISCO，Oracle等公司产品应用的渠道及代理，这一部分的营收已占公司总营业额的三分之一。

对以上这些商业化的过程，孙弘主要心得是："商业化不是谈理论可以学到,需要实际运作后才能累积。”

### 国外合作的策略重点

孙弘说:“与国外大厂合作的好处,除了解先进技术及产品之外,也同时能学习到规划及管理的能力。”原先盟立代理安川电机机器人产品,在台湾市场已可销售达每年近200台/年的记录,但近10年来台湾汽车业有萎缩的趋势,市场已经逐渐移转至中国大陆,现在盟立上海公司在大陆一年可卖出300多套专用在点焊、弧焊及激光切割的机器人设备,销售量更高于台湾市场。国外大厂的产品最大的优点是可靠性佳、耐久性良好及服务网完整。我们必须多加学习。

“通常一个好的产品构想,如果可以用1元成本完成,做到Prototype出来则需要10元,若要做到商业化的话,则至少需100元的成本。这些经验都是我在业界实际磨练出来,是当初在实验室内做研究无法理解的。”

### 危机与转机

1990年初,台湾股市曾高达12 000点。同年10月,一下子股市跌到2 300点,那是盟立面临重大危机的一年。盟立当时多招聘了150名员工,在股市下跌的那一年,则面临有史以来最大亏损,达9 000多万元。到了第三次增资时,几乎所有的股东都按持股比例继续投资,员工却大多数不敢投资,三光惟达也无法参与增资。幸而得到他在成功大学时期学长林信义的协助,由中华汽车公司承接三光惟达的应认股份。

2011年盟立合并营收实绩已达近70亿元了。孙弘期许未来新产品线能够逐步成长,成为营运的重点。他表示,现在中国大陆也已培养出一些自动化研究所出来的人才,在市场上展现身手,盟立仍需兢兢业业,才能保持国际竞争力。

二十余年来力闯自动化工业,孙弘有感而发:“台湾产业环境不见得适合发展机器人事业,因为台湾的汽车业规模不大,且都需通过日本母公司认证合格后，才能使用国产产品，在台湾发展机器人事业很不容易。"从研究机构的研发主管到创业的实业家，孙弘说："最深刻的教训即为如何让产品做到可商业化。"

我认为机器人产业的发展，亦是一个时间性的问题。许多特别用途的机器人，在国际科技界已经陆续登场。最重要的一个应用当是美国在中东战争中所使用的侦察器及无人飞机，近年来已逐渐发展成为不可缺少的工具。看来早期对机器人的研究，是不会白费的。然而前人种树，后人乘凉，在商业化的立场来看，许多前人已不复在。世事如此，自是无可奈何。

如何做企业营运，也是未来工研院新创事业需特别加强之处。虽然当年有IBM及士林电机的业务主管协助，毕竟无法全套移植大公司的系统及管理经验。一般科技人员也缺乏足够的企业运作与产业竞争的实战经验，所以邀请企业家的投入与参与，是创业者在创新路上的臂助。

现在是盟立公司苦尽甘来的时候了，我听完孙弘创业的辛勤历程，心里亦有许多感触。当时工业自动化技术发展方案以台湾产业为对象，是无可厚非的。然而台湾的产业界，必须以国际市场为目标，光在台湾风光一时，终究有它的局限。台湾的任何产品，终必须具有全球化市场的理念和质量，才能在国际上扬名立万，这可不就是全球化的挑战和机遇吗？

## 3.5 李秉杰：晶元光电材料组件

### ——忍耐逆境、重整组织、创造利基

在1980年初工研院的一个会议里，方贤齐院长希望我去看看联合工业研究所（现在的化学工业研究所）的一个实验室和实验设施，想想要怎么处置它。这个实验室里有一个反应器，能制造一些没什么人知道怎么用的化学物质，然而它要处理许多毒性物品，它的近邻是图书馆，人来人往的，时常引起同仁对它的关注。事实上，要维持这个实验室，成本还是相当可观的。方院长想要问的

是:它究竟有什么用处?对工研院有没有意义?要不要把它报废?

在这个时段,我在清华大学(新竹)的服务已经届满,回到杜邦公司(美国费城)去了。然而我仍然时常回来台湾参加会议,工研院是我常到的一个地方。方院长觉得我既然是学材料的,对这个问题,总该可帮上些忙吧。

我去看了实验室之后,发现原来是制造三五族化合物半导体的单晶成长炉,它可以合成磷化镓及砷化镓的单晶。我对这个领域虽然了解不多,但知道周期表里第三和第五族的化合物,是可以发光的材料,亦是第五代计算机的基础。在80年代,科技先进国家,特别是日本,对新一代计算机的发展,可说是雄心勃勃,很想以光电材料为主体,发展高速度计算机,和美国争夺科技盟主的地位。所以我向方院长建议要把它好好保留下来,我认为即使目前第五代计算机前景尚未明朗,但它可以是训练光电专业人才和培养未来技术的平台。

方院长对我在第五代计算机的期待持着保留的态度,但认为人才训练方面的想法不无可取之处,所以决定还是听我的意见把这个实验室保留下来。

方院长的两项考虑后来都被证实是正确的。第五代计算机始终没有上路,这个实验室所培育的专业人才却成为台湾LED光电产业的先驱。这个产业在20年后的今天,每年都给台湾增加了三四百亿新台币的产值。这一群人才,并将继续领导台湾走入光电世纪。李秉杰就是这群人中的佼佼者。

**工材所新丁上台**

我在1983年春回台湾,就任工研院工业材料研究所(工材所)所长,方院长认为这个单晶实验室应该由材料所接管。我自然亦觉得是责无旁贷的接手,并把光电材料定为工材所的一个研究重点,成立一个研究组去推动,亦开始进用研究人员。李秉杰就在这个时刻(1985),进入工材所。

李是清华大学毕业的化工博士,品学兼优,很受师长的器重。光电组里的成员大都是电子电机专业,大部分人看到化学符号就觉得头痛,所以李在团队里很快发挥了特殊的作用。他性格温和,乐于助人,很受同侪的欢迎,自然养成了一种领导风格。他就在这个领域里工作，一直到1996年时才离开工研院成为创业家。

**建立技术基础**

我在工材所安顿下来后，就邀请许多国内外有重大成就的科学家为所里的顾问，指导研究所各项工作的进行，美国罗彻斯特大学的李振民教授是顾问团的领军人物。在光电材料方面，我们以在纽泽西州贝尔研究院的陈煜耀(Gilbert Chin)、卓以和(Alfred Cho)两人为首，这两位都是国际知名的光电材料学者。陈煜耀当时已经是贝尔的高级研究主任，他麾下有一个很大的研究团队，从事材料、元组件及系统应用的研究。卓以和是分子磊晶技术(MBE)的主要创始人，对于光电半导体物理、构造、介面等科学已有重要的创见，公认是MBE之父。MBE和MOCVD是研究半导体薄膜及接口的重要工具。

这两位顾问一致建议工材所迅速地进入发光二极管(Light Emitting Diodes，LED)的领域。这个时候红色LED已经有许多显著的工业应用：显示器上已很流行，其他新的用途，可说是方兴未艾。这些工业上的使用，应该很能配合台湾工业的发展。卓以和并认为可以考虑整个价值链的构建，即由单晶、芯片，磊晶，封装，组件、组件，以至终端仪器，一方面建立技术能力，一方面寻找机会和产业伙伴，共同发展。在这个构思下，建立MOCVD成为一个重要的步骤，它是连贯价值链的一个重要环节。

在1980年代中期，每部MOCVD的价格，大约在100万美元左右，MBE价格还要高些，所以他们有Mega Buck Evaporator(MBE)的称号。我的推测大概可以编列在“经济部”科技项目的材料计划里，提供所需的经费，我们当然要设法申请。但无论如何，我们必须做好准备工作。通过陈煜耀的安排，工研院工业安全卫生中心马文松主任带了同仁，到贝尔实验室实地观摩他们对有毒性物料处理监控的方法，回来后给光雷材料组提供实验室设施的安全规划。由于对化学品及化学实验室的了解，李秉杰被指派为MOCVD项目的主要成员。谁也想不到在此后25年中,他的职业生涯,就跟这仪器结下不解之缘。

**市场导向的心态**

从1985年以后,光电材料研究计划的主任是倪国烟,倪和台湾的光电业界关系很好,来往密切,所以了解他们面临的许多困难。当时台湾的光电业,方在萌芽之中,大部分都在经营下游的封装。为了争夺外来订单,彼此都削价竞争,所谓割喉求生。所以倪组织了一个"光电半导体咨询委员会",把工材所从市场和厂商得来的资料,将有关个别公司敏感地隐秘后,加以整理分析,再与大家分享。这样一来,会员们都能知道业界的情况和趋势,在营运方面,就有更多的把握,整个产业的发展方向,就更上轨道。这一件小小的努力,很得业界的欢迎和支持。开始时会员不到十家,很快就增多了。所以这就慢慢地形成了工材所在技术创新的中介而超然的地位。因为这种关系,工材所研究工作的方向,更能够和产业的需要相结合。

产业咨询委员会这种模式很快在其他技术行业中流行,逐渐发展为协会或公会,更能直接代表业界的利益和需求,不知不觉成为国家创新机制中很重要的一种非政府组织(Non-Government Organization,NGO),这都是开始所未能预料的。

**更上层楼**

不久我聘请清华大学的林敏雄教授来参加工材所,主管材料计划的研究规划。他本是清大电子电机系系主任,林教授来所之后,光电材科研究的深度及涵盖面,都有显著的提升。逐渐地,我们更觉得材料研究必须与系统结合,才能发挥光电半导体的多功能性。这种整体性发展的概念,是材料科学的通性,亦是工材所远景的特色。

多种关系的演变,使光电计划更需要增加和台湾学术界的来往,一些年轻有为的学者亦乐于和工材所接触。光电计划中所聘请的几位学术顾问,如陈力俊、李嗣涔、张俊彦等,他们正在科学界崭露光芒,二十年后都分别成为清华大学、台湾大学、交通大学的校长。另一位顾问郑克勇教授，后来是清华大学光电工程学院院长。

1985年张忠谋出任工研院院长后，工材所光电材料组升格为院光电中心。在我做院长一年左右，又把光电中心升格为光电与系统研究所，由林敏雄任所长。光电所在工研院内和电子、电通、机械、材料、化学、能源等所同列，是院的一级单位。我退休后，史钦泰继任院长，擢升林敏雄为副院长，聘请来自IBM的资深专家林耕华为光电所所长。在这些演变中，李秉杰的职业生涯，在工研院中随着成长，已成为光电领域中的熠熠新星。

**创新机制衍生的创业者**

在1996年中，李秉杰会同五位工研院的同伴，在工研院的支持下，决定离开工研院，走上创业生涯，他们组织了晶元光电，从事磊晶芯片的制造。

在1980年代中期起，台湾的光电产业，有着快速的成长，这时已有百家以上的公司，进行封装光电元组件，提供下游电子电器等应用。这些公司，对于上端的磊晶芯片及晶粒有很大的需求。虽然当时已有供应LED晶粒的公司，但所有磊晶芯片都依赖进口，所以台湾的光电产业，很欢迎有上游磊晶制造公司的出现，期能稳定上端材料的供应，并提供技术服务。政府方面，认为这种上中下游的整合，将能增强台湾光电工业的整体竞争力，所以乐见其成，更表支持。

李秉杰考虑各项环境因素，觉得时机适宜，应该及时掌握。在工研院创新工业投资公司协助下，晶元光电股份有限公司在1996年9月成立了。创新公司是工业技术研究院全资拥有的创投公司，亦是工研院拥有的唯一企业。此公司在1980年代成立，以推动研究产业化为宗旨。联华电子公司及台湾光罩公司是创新公司所推动的标杆企业。在1987年时我曾任创新公司董事长，我出任工研院院长后，觉得创新公司既然是一个正式的企业，就该有正式的专职人员专责去推动。不久我们聘请汪其模为董事长，张先玲为总经理，汪张二位均是专业专职人员。

晶元是工研院在光电产业链上的第一个投资移转(spin-off)案,它位置在产业链的上端,尤有重要的意义。创新公司组织了一个七个投资伙伴的团队,包括价值链上的成员,投资基金和技术人员。总投资额是新台币3亿2000万元,内中5%是从技术团队的现金投入。另付给工研院移转权利金部分,包括了专利授权及一个三年期的技术发展及服务费用,数额超过7000万元,大约是总投资的20%。

### 创业家的甘苦

我在2011年的7月和李秉杰在阔别多时后再度晤面,我很直接地问他:"这件事已经这么多年了,从创业者的立场来看,你认为这么大的技术授权是否值得?"

他毫不迟疑地回答:"那是肯定的。因为有工研院的正式技术移转和授权,市场对晶元光电有了信心,这对我们业务的推展帮助很大。"他又说:"工研院的科技资源很充沛,时常给我们提供服务。事实上创新公司亦尽量协助这个新公司,提供市场及客户网络"。

然而最大的震撼是创业者角色的生态。他们已经不再是工研院的职工,已经没有固定的收入及福利,什么事都得看自己了。他们获得了极大的自由度和独立性,但失去了稳定性和安全感。其次。他们都变成负债的人,每个人身上背着的债务,大都是月薪的几十倍甚至百倍以上。同时公司正在发展,资金短缺,需向银行大额借贷。秉杰笑着说:"我们到处找头寸,借钱借到阿里山(的银行)去了!要是还不清这些债务,我们这一辈子都得去做义工了。"所以团队成员都深深感觉到,这是背水一战,只许成功,不许失败。

### 迅速改变营业计划

他们很快就发现原来的营业计划有严重的缺点,原先的构想是晶元光电制造磊晶芯片,供给下游的晶粒制造商,这个想法当然是合理的。然而当时在台湾的晶粒制造厂只有三家,全球亦只不过有五六家客户。在台湾的两家都是晶元的投资人，他们的代表都是晶元董事会的成员。任何晶元想要向产业链下游业者来往的计划，和他们都有利益的冲突。不能自由的和下游封装业建立关系，当然是公司发展的重大障碍。最后，通过公司投资结构的调整，晶元才能和下游光电封装业建立直接的关系，这样一来，晶元的可能客户群，在全球就变成数千家，整条产业链就活络起来了。台湾 LED 产业的上、中、下游关系，如图 3-4 所示。

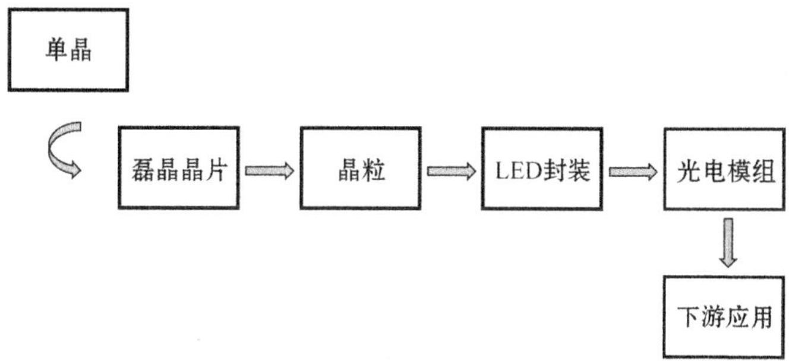


图 3-4　光电材料产业价值链

公司成立后前两年的财务报表，都是令人惊心的红字，这当然是一般创新企业所常见的。尤其磊晶芯片和晶粒属于资本密集的特性，需要有高稼动率来降低成本。第三年业务转稳定，公司开始盈利了。但第四年时 IT 泡沫来临，市场需求减弱，公司又有了亏损。一直到 2001 年公司以科技类股挂牌上市，从此转一个新的层次。

所以能够早期发现业务障碍的症结、市场的现实，和原来策略的缺失，并迅速改变，采取新的策略，这是晶元能走上坦途的关键。在市场经济的企业经营里，"穷则变，变则通"，"不变则殆"。企业经理人必须有这种准备。这种管理哲学和政府官僚体系有极大的分别。尤其是在计划经济的国家中，政府但求稳定，职责混淆；企业成败，无关痛痒。这和创新发展，可说是背道而驰。这就是政府和企业定位的不同。

**HBLED 领袖企业的塑造**

晶元从磊晶芯片制造者改变为晶粒制造者的转型是非常成功的，目前它

98%的营销都是在晶粒上。蓝光 LED(InGaN)约占营业额的三分之二,其他的主要是红光及黄光。红、黄光是一个四元素的系统(AlGaInP),比较来说,是相对复杂的。

在2010年时,全世界在高亮度发光二极管(High Brightness LED,HBLED)封装组件的总生产额超过美元100亿元,日本是最大的制造者,占总额的35%,台湾及韩国是第二位,各占19%,欧洲占15%,美国9%,中国大陆占3%。晶元是台湾 HBLED 晶粒最大的制造商,占台湾总量的42%,遥遥领先于其他业者。

晶元光电已能供应可见光全色域的高亮度发光二极管,此外在红外线及紫外线发光二极管亦有产品。这是因为晶元已经建立了在化合物半导体方面的磊晶及晶粒的技术能力。这些化合物半导体系统,包括:AlGaAs,GaInP,AlGaInP InGaN,AlGaInN 等。它们亦有能力制造高聚光型太阳能电池晶粒。在2010年时,晶元的营业额,已达台币180亿元。

**以技术为基础的制造**

李秉杰向我解释目前的制造程序,令我大吃一惊。他说在他的生产线,已有200部以上的 MOCVD,这是多么不可想象的事!

我回忆大约20年以前和卓以和的谈话中,他描述芯片表面的物理结构和几何形状,如何影响器件的功能,所以我有点开玩笑地说,那岂不是 MOCVD 要变成工厂质量保证的设备,那是不可能的。光是硬件投资不说,还要有高深训练的技术人员。以和说:"垂宙我告诉你,将来总有一天,你会发现 MOCVD,甚至 MBE 在生产线上。"我当然点头称是,但总掩饰不了心中的怀疑。我告诉秉杰这个小故事,表示我对一位睿智先进远见的敬意。得到卓以和这样的科学家的指导,实在是工研院莫大的运气。二十年前,我们绞尽脑汁要政府在台湾买第一台 MOCVD,现在台湾已有500台以上更新颖的设备,而且绝大部分是在工业界里。

从生产设备的改变，可以看出台湾工业技术的升级和经济结构的转型。

晶元的技术及创新能力并不只限于从工研院转移所得，在成立以后，公司一直积极投资在研究发展上。在2010年公司的3 000多名员工之中，超过800人是研发与工程人员，不断进行创新和技术改善，单单在研发上的经费，约是公司营业额的3.6%。若再加上工程开发部分，其金额和开发能量是相当可观的。

晶元和工研院的合作关系一直持续进行中，在2000年时，晶元又和工研院进行另一合作案，开发AlGaInN系统，将公司的产品领域延伸到蓝色及蓝绿区间。现在则合作开发新一代电子组件。除此之外，公司亦很积极和大学合作研究，包括台湾大学、清华大学、交通大学等。从很多方面来看，晶元光电是国家创新机制在台湾运行的一个好范例。

**全球化时代的竞赛**

晶元在LED行业中，已经是世界性的品牌。现在光电封装业者大部分在亚洲太平洋区域，但它们公司的总部及产品，可能在全世界的任何地方。事实上现在人约有65%晶元的客户，已在中国大陆设立工厂或区域营运中心。

李秉杰说，过去十年来，中国大陆积极培养光电科技的能力和制造产能。在政府政策及措施的推动下，光电公司的创立非常迅速，尤其在许多台商公司营运的地区，新公司的成立如雨后春笋。厦门地区是一个典型例子。中国两个重要的光电公司——三安公司及干照公司，近年在这里成立后，纷纷向外界求才，以高薪优利为招揽，向台商公司职工招手。他估计在2009到2011两年内，大约有两百位以上的光电专业人员从台商公司跳槽。对于这种大型的人才攻略，他表示严重的关切。

李秉杰所遭遇到大规模人才流动的问题，其实不限于中国大陆。在1980年代末时，工研院就面对这个困难。当时台湾的电子工业正在蓬勃崛起，大小公司纷纷向外界求才，工研院的人成为多方追逐的对象。在研究院里有三年五载经验的工程师,非常抢手。公司除了示以高薪之外,还提供奖金、花红或期权,形形色色。在人才流失的高峰期,电子所在一年内面临着35%的离职率。当然政府设立的财团法人,协助国内企业发展是一件规划中的任务,但这么高的离职率让电子所难以正常运作。

我发现人才离职问题的关键,在于员工与机构之间的沟通和共识。如果一个专业人员认为他的公司不能满足他的需求和抱负,那么离职只是早晚的事。毕竟人往高处看,每个有才能的个人,都会为自己的前途着想。所以一个公司,一个机构,必须站在员工前程的基础上,考虑他个人的需求和志趣,采取激励的措施,协助员工培养前程。从这个立场上,我们才可找到人与组织的平衡点,而达成合理互惠的解答。但员工和企业都要了解知识产权所属和法律上对他们的规范,否则任意窃取、非法采用将破坏企业投入创新和开发的意愿。

在工研院的案例中,我们在1989年到1990年间推出了许多重大的组织重整方案。内部的措施包括:调整薪资福利,简化行政管理,弹性退休保障,改善工作环境,制定工作目标,建立企业文化等。从外部来说,我们和企业界共商一个亘惠的技术移转机制,包括技术授权及人才转移。这些措施的整体效果,是一个现代化的工研院,更满意的客户,更愉快的同仁。使有意离开的心里没遗憾,使有意留下来的士气更高昂。工研院的同仁都有一个共同的理念,院方尊重个人,事事为同仁着想。离开的同仁亦有一个认识,他们必须尊重以前的战友、团队和知识产权,他们的行为要符合信义立业和法律的规范。

然而,李秉杰亦指出今天在中国大陆的情况是复杂多了。社会上似乎缺乏行为规范,政府的法令亦各有背景。在个人和公司,公司和公司之间,可以引为典范的事例不多,反而是各种纷争不断,已成为外商所诟病的知识产权保护的丛林地带。这种情况的持续,将会阻碍创新过程的发展。这是晶元及许多台商、外商在大陆所面对的重大困扰。

另外一个难题是技术产品的标准。科技界都主张建立共同一致的技术规范，以便利产品的使用和水平的提升，然而许多工业团体及地方政府常持有不同的意见，说开了就是保护主义思维的作祟。技术标准，常常是区域政府关税以外的壁垒。多处如此，为时已久，恐怕不是短期内所能解决的。

近年来国际大厂，强化其芯片制造、封装、模块、和终端用户的联合或结成同盟以达成垂直整合，获取竞争优势。如 Philips，General Electric 和 Cree，以及韩国的 Samsung 和 LG，这类的整合将成为台湾企业以水平分工为竞争的威胁。其实受威胁的，何止是台湾，所有在中国大陆的新兴公司，都避免不了同样的打击，所以从长远看来，两岸的科技产业和创业家，能不携手以诚相待，共同寻找出路吗！

晶元光电是工研人所创立，过去十五年中，亦有许多专业人员离开了晶元，转移到其他同业的公司去。这些公司，包括台积电固态照明、璨圆光电、新世纪光电、隆达光电和中国大陆的许多公司。实际上当时在工材所及后来光电所工作的老同事团队中，亦有许多离开工研院创业的，现在都成为台湾光电产业中的领导人物，例如：

- 倪国烟——嘉煜科技资深顾问；
- 陈泽澎——广镓光电董事长；
- 朱源发——全亿大(富士康科技集团)LED 销售总监；
- 谢咏芬——闳康科技总经理。

他们自然形成了全球化时代中创业家的紧密网络，相信这些工研人伙伴都能记得工研院创新、团队、尊重的文化，对整个产业的升级将会有更大的帮助。

## 3.6 罗达贤：笔记本电脑联盟

——组织团队、培养人才、创造利基

1991 年，我在工研院长任内接近三年，已带动各所及院部的领导，对院的未来做了策略规划。在电子信息方面，我们觉得工研院为台湾经济转型，率先推动集成电路技术及衍生产业，工作做得很成功。然而此后的社会对集成电路下游的应用和各项信息产品，需求更大，工研院必须正视这个趋势，早做准备。

我们决定的策略是把电子所分为两个所，一个专注于集成电路及微电子领域，仍叫电子所；另一个专注于下游信息业特别是计算机和通讯，就叫电通所。分所工作的执行，包括人员、设备、资源、计划等的分配，千头万绪，我请副院长史钦泰负责。史原是电子所所长，主持此事，当然是游刃有余。此时电子所长是邢智田博士，我们亦已聘请美国贝尔通讯公司(BellCore)郑瑞雨博士来台担任电通所所长。

**创新机制中的共识**

原先电子所已有发展笔记本电脑(Note Book Personal Computer，NBPC，或称 Laptop Computer，膝上计算机)的构想，郑所长到任后，确认它的重要性，并把它和高画质电视(High Definition TV)放在优先次序的前沿。郑所长和我谈笔记本电脑计划时，我诘问他现在桌面计算机不是用得很好吗？他笑说，旅行时总不能把桌子带着，而且未来社会经济发展增快，因为业务及旅游而流通的人数、次数会以非线性上升，所以可携带性计算机的市场成长会是很快速的。我尊重他的看法，但要求他必须先和计算机业者沟通，业者如果看好这个市场亦能提供些经费，和工研院联合开发最为理想。

郑所长和 TEEMA(台湾区电工器材同业公会)接触，承公会理事长谢来发热心的安排，和业界见面。业界知道工研院这个意图，反应空前的热烈，加入开发联盟的入门费用原定每家新台币 120 万，已有 30 多家要报名。我感到 30 几家的联盟太难管理了，于是把参加门槛提高到 180 万，然而大家都要跟着，甚至仍有十几家坚持要进来，最后合计共 46 家厂商参加这个开发联盟。这是台湾工业研究开发前所未有的盛况，我觉得非常欣慰。

这是一个由工研院提出题目，厂商平等参与的联盟模式。在一年之内，我们就开发完成笔记本电脑雏形机，并到美国 Las Vegas Comdex Show 展出，备受世界计算机业界的瞩目，因为在这么短的时间内就能掌握这些技术，在全球亦是很罕见的。很显然，这使美国、日本的制造业者对台湾的技术能力刮目相看，大大提高他们与台湾合作的意愿。台湾笔记本电脑的产业在接下来的十多年中有稳定的成长，并成世界首位。

后来郑所长离开工研院到产业界任职，有人向他抱怨当年参加联盟后在产业化阶段赔钱了。郑是个谦谦君子，宽厚大度，和我谈起这事，不无憾意；我说不然。这个联盟把台湾的笔记本电脑业培养起来，对整体宏观经济的贡献，是非常重大的。但对个别公司来说，有人做 OEM、有人攻 ODM、有人重品牌、有人拼通路，林林总总，形形色色。许多公司善用策略投入资源、广结联盟而成国际上的要角，那不是工研院所能邀功；有些公司要赔本甚至关闭，原因很多，亦不是工研院所须代过的。听了这番话，郑方适然。

现在看来，开发笔记本电脑，是 1990 年代台湾科技产业界的一件重大发展。对普及计算机应用，加速信息革命，促成知识经济及全球化的来临，具有重大的影响。不幸郑所长英年早逝，政府、社会对他的贡献，没能适切地回报。我每次回想，心中深为不安。

最近我和当年联盟计划团队里的关键人物，现任工研院院长办公室主任罗达贤，重温这段往事，并因此亦针对产业联盟这个科技创新模式，更做一些总结。

**远眺市场趋势　订定联盟策略**

罗达贤谦虚地说："我只是推手之一，有这个构想最早是王熙成和朱绍鸿等几位。在 1990 年二三月间，全球市场上已有 laptop 面世，但销售并不成功，然而，我们知道信息产品走向轻、薄、短、小，加上可移动性，很清楚是全球市场的趋势。"

王熙成在电子所分家之前，就已经开始和一些厂商沟通过，对于共同开发的模式,已有若干共识。但邢所长认为计算机已很清楚是电通所的领域,要如何进行还是等新所长上任后再说。随着时间流逝,业界的期待甚为殷切。

郑所长到任后,认为市场态势紧迫,技术风险转高,他对台湾的全面能力未明,开始时有些犹豫。但他见着同仁士气高昂,厂商及政府亦都表示支持,所以就同意启动,并亲自领导计划。当时组成一个团队,包括:罗达贤、谢锦铭、王熙成、朱绍鸿、徐鸿庆等核心人物,并分成许多分项计划,要求厂商派人参加,通过TEEMA的居中联系,“笔记本电脑共同开发联盟”便正式启动了。

这个计划由工研院电通所主办,以技术开发为重点;由电工器材同业公会协办,以推广产业为重点。两者均为公正的第三者,在共同配合的情况下,很快得到业界的信任,产业策略联盟得以顺利进行。联盟以发展“共同机种”为焦点,把机型大小设定在A4尺寸,希望利用共同机种推动标准化及共同规格,以降低业者的投资风险,扩大计算机的普及。但最后以什么产品、如何商业化,则由厂商自行决定。

从1991年四五月开始,正在和TEEMA沟通过程中,没想到来了一些贸易公司,他们希望做零组件代理商的生意,还有其他业者如纺织业等。所以46家中有贸易商,有模具厂,亦有做主板、键盘、电池等的厂商,从一方面说,联盟已全面引起相关产业的兴趣,从另一方面说,计划管理的困难无形中大为增加。所以我们要酌量提高门槛,从120万提高为180万,亦是一种不得已的管理措施。

**国际瞩目的成果**

罗达贤回顾前景,历历如在眼前。他说:“这个计划非常拼,十个月计划时程,其实只有五个月的开发时间,时间紧迫,压力特大,因为每一家都希望带原型机去美国Comdex Show参展。到后来,电通所的执行团队中,有人因赶工而造成胃出血!”

罗达贤表示,历经半年的努力,顺利完成了笔记本电脑的开发工作。由于联盟会员共同参与开发工作的执行，提升了大家的技术水准与经验，因此联盟赢得大多数厂商的肯定。

两年后台湾信息业创出营销 50 万台笔记本电脑的纪录，约占世界市场的 22%，台湾计算机产品自此在世界舞台脱颖而出走上坦途，每年都有稳定的成长，2005 年之后，在全球市场占有率已超过 80%，终于成为全球最大的笔记本计算机出产地（见图 3-5），图中的数据，来自工研院产业技术信息中心（IEK）的调查。

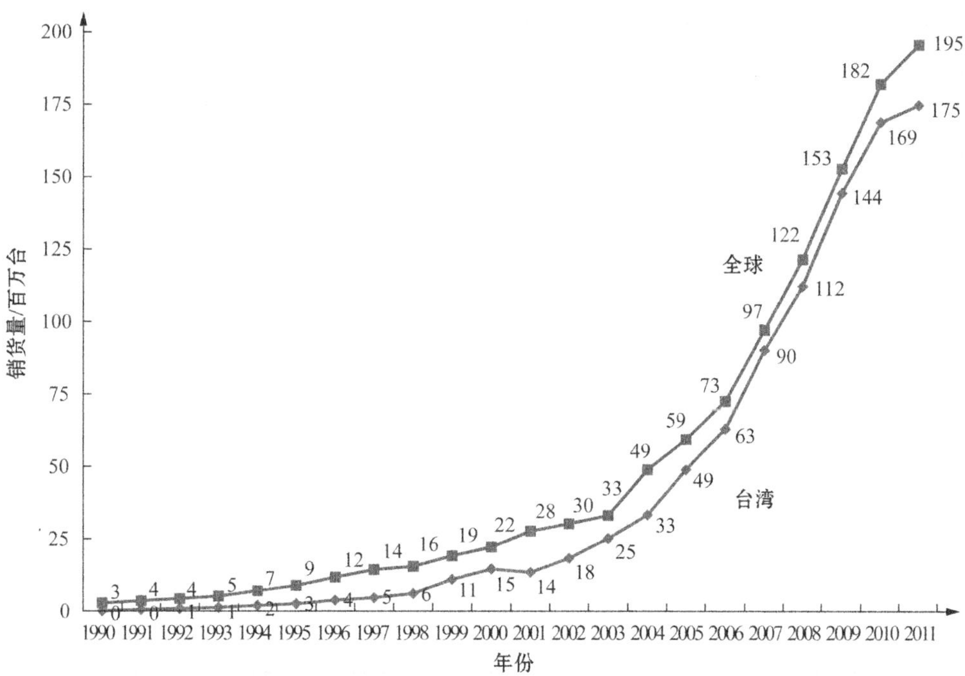


图 3-5　全球笔记本电脑之成长

这个研究一炮而红！开发时间之短，使得台湾的研发能力令人刮目相看！可惜的是，有些联盟会员很快以杀价手法竞争国际订单。现在看来，许多以杀价求生的厂商后来被这种快捷方式带入绝境。

然而许多走质量、品牌、创意设计、通路互补、市场联盟的厂商后来都成为一方之雄。他们经过反复的组织重整,价值链管理,企业合作或并购,都变成可持续经营的企业。很多已和国际名牌以多种方式结合,在中国大陆设立制造基地,把产品畅销于国际市场上,构成了典型的"华人全球化企业"(Global Chinese Inc)。

这个笔记本电脑开发计划成功地建立了产业技术联盟的模式,这个模式后来在工研院被反复使用。罗达贤提到一段往事:笔记本电脑成功之后,美国Arthur D Little 顾问公司曾问他,你们下一个目标产品是什么?原因是,他们认为,只要台湾的工研院介入、带头做产品,产品价格很快就会下降,市场生态就会很快改变,所以必须提早规划退出。这当然可以当做笑话看,不过亦是工研院及联盟厂商在国际上影响力的一种反映。从全球化立场看,低价格使它更能扩大使用率,造福全人类。

**策略联盟成功的因素**

这个案子建立在工研院现有的基础上,政府并未提供其他直接的行政奖励措施。产业技术策略联盟的成功,罗达贤认为主要归功于下列三点:

* 有优秀能力的研究机构提供技术:电通所能掌握先期信息,完成市场分析与预估,并了解业界的需求,提出具潜力的产品及规划开发工作。

* 有客观公正的公会组织协助产销:TEEMA 能协调参与业者,维护良性的产销秩序,提供行政支持。

* 参与业者能提供专业技能:结合不同专业领域的能力,确立产品标准规格,降低制造成本,并能进行联合采购,追求产品的量产与营销。

最后的效益,是带动台湾计算机产业全面发展。

**产品的标准化与差异化**

在 1990 年初联盟成立的时候,台湾已有若干计算机业者,主为从事桌面型计算机,如宏碁、广达、英业达等。这些业者,他们对新兴的笔记本电脑,固然有浓厚兴趣,但都为保护个体企业之独特性发展,追求产品的差异化;这和联盟的以标准化为目标，并推广技术扩散，广惠中小企业之策略，不相符合，所以他们对联盟多持观望态度。这种在营业策略上的分歧，是完全可以理解的。

罗达贤说："当年我们曾邀宏碁施振荣先生参加联盟，他没有答应，因为共同机种对走品牌的企业没有帮助。宏碁计算机的定价一般高于同业，如果以完全相同规格出现，不容易支撑他的品牌市场策略。"二十年前，台湾的信息产业基本上是希望追求"IBM兼容"，成为其代工者，谈品牌的厂商可说如凤毛麟角，也都是在起步阶段。

然而此后的发展，使原来的计算机业者，亦获得联盟连带效应的正面影响(Spill Over effects)。这些效应包括：零组件标准化促进成本之降低，信息流通促使产销秩序之建立，企业群聚(Clustering)建立增强营业之效能，台湾声名鹊起促使外商来台寻找商机，技术人才之扩散增强产业之创新活力等。

**人才与技术的扩散**

我问：当年的联盟会员，今天在计算机产业中扮演什么样的角色？

这个问题的答案，罗达贤说，需要作更深入的分析才能确定。主要的原因是，联盟的会员大都经过改组、增资、并购等程序，很多都不以原来名字经营。有些公司已经多次转变，更增加分析的困难。

罗达贤说："整个发展过程中，有些技术经联盟会员彼此学习而流传，因为笔记本电脑很多部分是组装应用。现在回头看，当时有些大厂虽然没有加入，但联盟所培养的技术及人才，应该是扩散到他们的企业以及台湾整个信息产业中。"

的确，数年之后，电通所郑瑞雨所长离开工研院受聘为宏碁企业投资公司总经理，电子所所长邢智田出任广达计算机公司总经理。两所的组长、经理、工程师转业为信息业公司老董、老总、总工、副总的不计其数。主要的例子如：

* 谢锦铭：原电通所副所长，后为益诠电子公司总经理；

* 杜忆民：原电子所部门经理，后为智邦科技董事长暨总经理；

* 蔡义泰:原电通所经理,后为蒙恬科技董事长;

* 张威仪:原电子所部门经理,后为中强光电公司董事长;

* 吴兆坤:原电子所部门经理,后为冠准科技董事长;

* 田本和:原电子所部门经理,后为2006年微软亚洲区总监(2006年)。

广达后来和美商戴尔计算机公司合作,成为全球笔记计算机魁首;宏碁一直以自有品牌驰名;其他的台湾业者,莫不各擅胜场,雄踞一方。站在宏观经济的立场来看,工研院推动技术开发,培养人才,最后遍布于各行业各公司中,成为20年来台湾技术经济的推手,这一效益是无可疑义的。笔记本型计算机技术联盟的影响和教训,其实值得详为分析。

罗达贤又说:"当时我们以共同机种为目标,这和一些厂商追求差异化是有分别的。实际上差异化在企业经营上,的确亦有它的必要性。由于大量业者进入,如果没有差异化,杀价竞争之后没有利润,体质不够好的厂商就得退出。"所以若干联盟会员,最后亦在激烈的全球化竞争中被淘汰出局。这亦是郑所长关心联盟伙伴,心中难以释怀的原因。

现在台湾笔记本电脑产量是世界第一,大部分是台湾品牌在大陆生产,如:广达、宏碁、纬创、仁宝、华硕等都是。这些台商,自然亦把笔记本电脑的技术和市场网络在大陆扩散,促进过去二十年华人企业的崛起,我观察这种发展,觉得"华人全球化企业"(Global Chinese Inc)应是合适的称号。

**技术联盟策略促进创新创业**

我在上文国家创新机制运行的讨论中,说明创新的成功需要多种才能的结合。技术开发联盟,是产、政、学、研四类资源结合的一种典范方式。因为笔记本电脑成功的经验,产业技术联盟是1990年代后工研院提倡的一种重要创新模式。

罗达贤表示,工研院在过去二十多年来已推动了四十余个产业联盟,由于这些经验,工研院也学习到实施过程管理的细节。例如联盟的规模,并不是多多益善，最佳的状况是把会员的数目控制在十家以内。推行的方法亦必须按状况调整，例如在程序上可分两期。前期以沟通目标为主，可以用讲习会的方式，让有意参与者先缴较小的费用，投入课程，了解产业趋势、技术、挑战、投入、责任及合理期待等，然后确认是否合适参加，再进入实施期。在执行的层面来看，技术策略联盟的成功要件是良好的计划规划，使每一成员都应能了解各自的定位与职责，并有共识致力于产销秩序之建立；同时能协助关键零组件工业，使相配合成为上、中、下游结合之卫星体系，以发挥整体系统配合的效果。

罗达贤认为："整体而言，产业技术联盟，可以加速产业升级、厚植研发实力以开拓市场。"这种科技创新的模式，在经济面上，它结合资源共同开发，使成本降低，风险减少；因产品规格标准化，所以容易达成经济规模；又能掌握时机、迅速进入市场，为社会创造新价值。"这个模式除了高新技术工业以外，亦可适用于若干领域，如农业产品技术推广等。

继笔记本型计算机联盟之后，工研院推动激光传真机、汽车动力系统、复合材料设计服务、二维磁路设计、次微米电子等多项联盟，对新技术产业的成长，整体经济价值的创造都发生功效。

有两个创新案例，可以略为说明。

＊ 汽车共享引擎研发策略联盟：由工研院与裕隆、中华、羽田、三阳等汽车厂商组成，推动汽车共享引擎之研发，以协助台湾汽车产业技术升级。此计划历时 6 年，总经费新台币 11 亿元，主要为引进英国 LOTUS 的技术，开发汽车共享引擎（适用 1200c. c.），达成引擎自制的目标。1995 年 7 月成立华擎机械公司进行产业化，1998 年 10 月中华威力车上市，1999 年整车产值约 60 亿；2000 年 9 月中华菱利车上市，产值约 70 亿元。现时公司以发展智能化复合引擎车辆，建立自主品牌为目标。

＊ 超高速"USB3.0 薄型"记忆卡国际新标准联盟：工研院结合鸿海、华硕、威刚、创见等公司十余家，组成超高速"USB3.0 薄型"记忆卡联盟，顺利于 2009

年 11 月 18 日通过 USB 国际标准化组织,成立 USB Thin Card WG,制定薄型记忆卡新规格。华硕计算机于 2009 年 12 月,领先推出全球第一张 USB3.0 薄型记忆卡。预计 USB 薄型卡将于 2015 年占 USB 随身碟市场之 50%,预估产值可达约新台币 900 亿元。

**科技创新的最终效益**

当年我和郑所长讨论计算机技术的发展时,他曾经提纲挈领地把计算机发展之轨迹向我解析,给我留下深刻的印象。他说,1960 年代计算机的设计假想是 500 到 1 000 人共享一机,1970 年代的假想是 100 人一机,1980 年代是 10 人一机,1990 年代后应是一人一机了。因此他推动笔记本电脑,就是看到这个假想已成为时代趋势。

我回忆 1960 年代在哥伦比亚大学当研究生时,自己哪有计算机可用?整个大学的研究生都要共享大学里有限的计算机。所以每天下午都得先打好数据卡片及指令,一叠捆好交到大学的计算机机房,以便排队上阵,要到第二天才看到运算结果。当时我们已经常常捧手加额、称颂天主,感谢他赐给我们神奇的计算机,可以迅速地确认或纠正许多尚未定型的理念。

我个人的观察,笔记本电脑的标准化增进了计算机的流通性,促使它在全球人类的普及化,更因无线通信技术及互联网技术的加入,使笔记本电脑成为 21 世纪社会人类文化最重要的工具。它增强了知识的流传,亦释放了上天赋给人类的创造力。以我看来,今天的时代潮流,已是一人多机。

我相信本书的读者,大部分已使用桌面计算机,并可能拥有笔记本电脑、iPhone,IPad,汽车上的 GPS 系统等。一人五机已是平常事。许多童稚或有行动障碍的男女老少,利用各种膝上或掌上计算机去消闲娱乐、怡情乐性、获取知识,孕育新意。我相信笔记本电脑在人类文明上的贡献,未来将可比美笔、纸和印刷术。这大概超出郑瑞雨、罗达贤及工研院笔记型联盟工作同仁意料之外吧!

因为推动笔记本电脑联盟计划的成功，罗达贤经工研院推荐参选杰出企业经理人，获得高度的赞扬。后来李登辉要召见他，罗因首次会面，行前不无紧张的感觉，我安慰他说，在这一行里你是专家，你要有自信，把他当做学生就行了。孟子说"说大人而渺之"，就是这个意思。罗说起这一段，大家莞尔一笑。

罗达贤回顾过去，深以参与笔记本电脑技术发展为荣，其后在工研院，他主持台湾关键性零组件发展规划的工作，又有重要的贡献，是典型"工研人"的模范。台湾过去三十年技术创新的成就，这一批幕后英雄，不求名，不谋利；安仁乐道，功不可没。我深深以能和他们共事为荣，这是台湾创新机制的一个特色。

## 3.7 卢志远：次微米联盟和 DRAM

### ——培养团队、卓越质量、机构重整

重大技术开发案的推动，有两个必要的条件：一是经费，一是主持人。两者互相影响，缺一不可。次微米电子制程计划是工研院有史以来经费最大的项目，工研院内经国外技术顾问委员会(TAC)的协助，对它筹划已久，重要的框架已经勾绘，待确定经费及主持人。

在经费方面，当时"经济部"的领导都非常支持，同意照案提报"行政院"，但是其他部会的重点计划很多，在年度预算审议中的压挤是不可避免的，所以这个项目在上一层的"行政院"、"立法院"预算程序中要全身无损过关，谁亦不敢担保。最后只有比优先次序。为了这事，我去见当时政府的高层领导，争取政府的优先考虑。当时工研院有两个重大的案子在规划。一个是55亿的次微米电子制程技术开发案，另一个是22亿的竹东院区研究大楼兴建案。

在人选方面，当然有兴趣的人不少，但是要符合才、识、德、守、领导力、国际观等要求的就不多了。TAC及史钦泰副院长经多次讨论后，第一人选是在AT&T Bell Labs的卢志远博士，但是卢的意愿不确定。我们看中了人，人家不

一定看中我们呢!

我并不认识卢志远,但考虑他的资料后,觉得要和他会面谈谈。钦泰说卢正好要来台参加VLSI-TSA(国际超大规模集成电路技术系统)研讨会,但是行程很紧。因此我们约了在科技大楼工研院的办公室里见面,会后我亲自送他去喜来登饭店会场。

我和卢志远会谈之后,印象非常好,比看书面上所描绘的还要好。他对家乡的感情深厚,服务的意愿很高,对未来有远大的抱负。然而他在Bell Labs很受器重,前景大好,回台湾却有很多未知因素,因此没有下定决心。我回想1979年和美国中止外交关系时,自己决定举家回台的情景,完全可以理解他要放弃美国已有的成就、带着家小投入不确定的未来,是一个如何艰难的抉择。

在去会场的车上我们又谈了一会,最后他问我说:"你们这个次微米计划是不是真的要做,真的会做下去?"我瞪着他说:"你如决定回来,我们一定就做。现在万事俱备,只欠东风;你一来领导,计划就起跑。"我深深了解,再大的计划,如果没有合适的领军人物(Champion),什么都不用谈。

不久,卢志远来工研院报到了,他的职务是电子所副所长兼次微米电子计划主持人。他一回来,许多有经验的专家亦跟着来了。次微米计划,这就真正上路。这个项目的完成,确立了台湾在国际半导体技术上的先导地位。

我和志远阔别,转眼十余寒暑,不正是"物换星移几度秋"吗,这次见面,是在他旺宏电子公司的总经理办公室。

**工业技术开发的典范**

回忆推动次微米计划的历程,豪情壮志仿佛又回到当年。卢志远说:"VLSI-TSA会议和院长的一席话的确是关键性,我本来就有意回台来参加次微米计划,可以多作贡献,院长让我看到了工研院的诚意,使我坚定了决心。"

他接着说:"当年因为次微米计划从美国回台湾的人,都要减薪,吃亏不少。也曾有人劝我多要求一些薪酬,但是,我不愿意那样做。因为我个人的薪资若与他人差别太大，就会影响领导的效果。然而到了今天，每一个回来的人都应是赚了。”他又说：“人生中该做的事就要去做，机关算尽，毫无益处。”卢志远爽朗地说，就是工研院提供这些宝贵的机会，他才能够获得 2012 IEEE Frederik Philips Award 的殊荣。

原先次微米计划以建立六吋晶圆厂为目标，后来改为更前瞻性的八吋晶圆，预算则由原先的 55 亿修改追加到 70 亿。原定以五年开发完成的计划，竟然提前了半年完成，使最后决算的计划总经费为 65 亿台币，所以我们退还给政府 5 亿元的开发经费。

此案因企划清晰，团队勤奋，执行期间许多困难终能一一克服，故计划超前半年完成，开发了八吋晶圆 0.5 微米 DRAM/SRAM 的制程，工研院成为全球第四个拥有次微米电子制程技术的团队，确立台湾在国际半导体技术及高新产业界的地位。

**公开公平的产业化过程**

因为次微米计划成果的重要创新意义，“经济部”决定组织民间公司进行商业化，并公开说明预备以计划之硬件投资金额转换持股 49%，公平招募民间集体资金入股，成立衍生公司。民间反应非常踊跃，有意竞逐的非常多，政府最后以公开招标方式进行，公司成立之资金为新台币 140 亿元，是为“世界先进集成电路(股)公司”(Vanguard International Semiconductors Corp，下称 VIS)。民股十三家公司代表人张忠谋出任董事长，次微米计划主持人卢志远担任副总经理，后升为总经理。计划之技术团队，依其志愿选择归属，绝大部分人员移转为新公司成员。

此一政府资助之科技发展项目，在计划完成、公司成立后，政府实收效益可达投资之四倍。此后之产业税收、就业税收及其他间接经济效益，尚无正式估计，然而促使台湾跻身全球次微米电子技术之前沿，成为全球信息产业价值链之一重要源头，殆无疑义。

次微米计划完成时我仍在工研院院长任内,衍生公司于1994年12月成立时我已在工研院退休。

卢志远叙述衍生公司成立的经过,如在眼前。“计划经费一半是费用、一半是厂房等设备投资,即资产一共投资30亿;但是做了五年要算折旧,因此,政府在spin-off之际,底价定在19亿。”

“早年工研院要spin-off联华电子(UMC)和台积电(tsmc)的时候,政府是到处拜托,因为大家对半导体产业没有了解、更没有信心;但是次微米计划要出去的时候是大家抢。除了台积电、联电有兴趣外,台塑集团的王文洋前来看了几次,华邦电子焦家也很有兴趣,甚至也有外商(美国的美光、日本三菱、德国西门子)公司亦想介入。”后来,“经济部”就定了几个原则,第一个就是外国人不能参与竞标,外资因此出局;于是,日本三菱找了黄崇仁成立力晶半导体,西门子找茂硅成立茂德,美光就放弃了。“当中王文洋志在必得,才是曹兴诚、张忠谋担心的对手。后来开标前,王文洋被王永庆劝退。”卢志远谈起当时群雄竞争的盛况。

原先政府的计划是,把计划完成后的生产线拍卖给业界,当时任“经济部”工业局副局长的尹启铭提醒大家:买卖公家财产需要“审计部”鉴价等工作,前后要花两年的时间。“如果真的等两年,必定延误商机,这个技术就没人要了!”卢志远回忆:“当时科技顾问室游启聪博士就建议了一个方案,将政府的投资转为股份,而且要占股权的49%,看竞争者愿意出多少钱来入股。”

这个办法很管用,实际招标的工作由“经济部”主持,在1995年前后开了好几次说明会,业界争相角逐的情形引来媒体极大的关注。结果台积电带了13家公司领军来投标,最后得标,一股14元,远高于政府的期待。

### 科技项目的回馈

张忠谋订定世界先进的资本额是140亿,政府拥有的标的价为57亿,约占股权的比例是40.7%。世界先进上市后不久股票达每股60元,最高到一股65

元。如以60元计算,政府拥有股权的市值约342亿;故政府因投资次微米计划,净赚300亿。就一个技术研发机构来说,这实在是很特殊的成绩!后来政府拿了2500万给工研院做奖金,但是研发人员大都已经到世界先进公司了,这笔奖金就捐给了工研院。

卢志远表示,科技项目要有1%的直接回收的效益都是很困难的,林院长曾调查过全球类似工研院的研发机构的回收,最好的也只有3%~5%,曾经想让工研院定在3%,但是这个目标亦是很不容易的。次微米计划的内部直接效益达600%,外部效益更无法计算,这也是因为它的时代性,而时机正好的缘故。

**项目成功关键:多层支持与管理创新**

卢志远说,回想1990年次微米计划推动之初,最大的困难工作竟是采购!

当年公家采购案特别是科技业,都必须议价,300万以上的采购案必须公开招标。"次微米的采购金额算起来有20多亿,一共是两百多个采购案,等于天天要办招标,其他的事几乎都没法启动了。"卢志远提到这段往事。

当时工研院里次微米开发指导委员会,决议同意可以用"议价"方式来进行采购。上了公文到"经济部",当时的技术处处长、次长都表示很赞成。会计处处长也说当然应该突破,但是"我们却迟迟没有收到正式的回复。"卢志远眼看没有回音,又亲自去沟通,得到的回复是:"目前政府推动的十二大建设都是高科技,采购作业要突破还得一起突破。"他到这时了解了,次微米计划只有等到和大家"一起突破"吧,他和邢智田所长讨论后,觉得只有认了,所有采购还是走公开招标的路吧。

"我们招标的一个重要问题是自己的能力有限,不一定能开出好的标单,难以避免不合格的厂商和产品来抢标。"由于次微米计划一开始就是打着将来要产业化成立公司,换句话说,它将会是台湾第一家次微米晶圆厂,大家眼睛发亮了,摆好姿势,准备参与。"我们说服厂商自己来提案说明自己的强项。因此我们从中比较不同产品的优缺点，最后终能顺利开出能令人心服的好标单，买到合适的产品。”

然而另外一个难题马上出现，那是政府的预算编列与动支规定所带来的问题。“毕竟半导体是高科技产业，有些设备在世界上真的是独门技术，只有一两家能做到；依照公开招标采购办法，必须确认两次废标后才能指厂议价、给订单。每一废标招标，必须间隔三个月。如此一来，要两年后所有机器才能到位。”这样的延迟，对一个五年计划来说，执行压力实在太大。加上当时科技计划的预算几乎 7 个月才能确定，若要再等预算确定才作业，大家都没把握能来得及完成计划目标。

卢志远说：“后来，是由林垂宙院长致函‘行政院’，希望政府同意工研院提前办理采购；并签下切结书，保证若未来预算没有到位，发生任何问题将由工研院自行负责。要不是林院长当年的魄力，这个次微米计划便没法做成。”

管理上的弹性与创意，使次微米计划能稳定进行。次微米计划所有的采购开标，都由“审计部”来监标，毫无瑕疵，更被视为科专计划执行的重要标杆。

回想这段台湾科技产业创新的关键年代，我们两人都沉浸在美好的情绪之中，十分怀念那段大家无私地为台湾前途打拼的日子。深感在那些时段里，不只我们这样自我期许，政府的高层领导与我们工作有关的，如：孙运璇、李国鼎、徐贤修、郝柏村、陈履安等都是以身作则，建立了行为的模范。

我认为最重要的是大家做事没有私心，一心只想要帮助台湾往前走。当年为了卢超群和钰创公司的参与次微米计划，以及张忠谋以工研院董事长去当 tsmc 董事长这两宗事件，“立法院”不同党派之间很多质疑，我承受的压力，外人难以想象。但是我们没有私心所以能诚信，因诚信所以有勇气去面对。我任院长六年中工研院的科专计划甚为庞大，次微米计划加上研发大楼便有 77 亿元的预算，过程中经过了无数会计、主计、审计的梳理，每一项目都是稽核完备。事过二十年后总结，我自觉相当满意。卢志远说他自己完全不和厂商来往，在那段时间，有很多老同学在半导体设备界任职，他就避不见面，后来也弄得太不近人情，所以改坚持见面不接受宴请。总之，工研院的文化从院长开始，彼此不送礼物，主管不让部属付账，这是塑造清廉文化的开端。

**选择 DRAM 为载具**

我们为何选择 DRAM 为载具？

"一开始我们的目标就是要完成可量产的(manufacturable)、可运转的(turnkey)的晶圆厂，要真做出东西来，就是说良率及可靠度要达得到标准；所以必须决定一个次微米技术的驱动载具(technology driver)来验证。"卢志远表示，当时 micro processor 的制程技术要求较低，但是结构却很复杂，什么奇形怪状都有；相对来说，内存产品技术挑战(demanding)高，它的结构是棋盘式的，比较容易除错(debug)，对技术验证来说，是研发工作最好的载具。加上从此后要量产的产业立场来看，内存有标准的规格，后进的国家如果把技术和生产做好，就有机会后发先至。在 1980 到 1990 之间，台湾的半导体技术还在追赶的阶段，内存产品有世界公认之标准规格，方便单独崛起，就能切进市场；不像逻辑产品已经是 Intel 垄断的局面，连 Microcodc 都是 Intel 的。80 年代日本即是先以 Memory 切入市场，后来韩国的成功，也是用 Memory 做先锋的。

**载具设计的来源**

计划团队依照"经济部""邀集业者共同参与重大项目计划"的指示，规划之初就和有意参与的公司(台积电、联华、华邦、华智、华隆、天下、硅统等)筹组开发联盟，经多次集会讨论，建立了参与联盟的权利与义务的共识；草拟的"次微米制程技术发展计划与业界合作实施要点草案"，也获"经济部"认可。

在与联盟的讨论中，针对如何取得 DRAM 设计来源作深入探讨，共同达成五项共识：

* 设计技术的来源必须成熟可靠，以确保本计划的成功；
* 此项设计技术必须要移转国内，使能在国内生根；

* 提供技术者必须同意 DRAM 载具的所有权、及因此工作而产生的知识产权为经济部所有;
* 设计技术提供者与本联盟公司不发生利益冲突;
* 合理的价格。

工研院的规划小组成员为时任:副院长史钦泰、电子所所长章青驹、副所长邢智田,以及 DRAM 专家欧德明、创新公司董事长汪其模等人。这些共识,或叫条件,小组向林院长和张董事长报告得到授权进行。根据这五项考虑,可能获得这个载具的来源有三:电子所自行开发,向现存大型 DRAM 公司作技术引进,向专业设计公司以合约委托。

卢志远说:"最直接的方法应是由本院电子所聘雇有经验的工程师参与计划。但国际上具有为 0.5 微米制程技术、而设计过 16 兆位 DRAM 经验的人才,可说是极为稀少而不易求。"工研院的待遇制度也无法吸引这种人才,自行开发时程恐怕过慢,无法配合整个计划的进行。

"我们亦曾考虑寻找由日本或美国大型 DRAM 公司,引进既有或开发中的 16 兆位的 DRAM 为载具。"然而,16MDRAM 为极尖端的技术,当时尚未达成熟阶段,可以提供技术的公司极少。再者,适用于 0.5 微米技术的 16M DRAM 技术是当时各公司的终端机密,期待它们把下一代半导体技术的主要竞争武器,提供给潜在竞争对手,这种机会自然是十分渺茫。卢志远说:"即使有提供的机会,代价将极高,谈判必定费时。而且,"经济部"想要完全拥有知识产权几乎是不可能,而工研院想再授权台湾产业使用的条件也不易达成。"更根本的问题是:这个设计技术提供者绝对不可能放弃本身 DRAM 产制的授权,如此一来,与联盟成员将产生利益冲突。

最后工研院的规划小组选择将设计载具的工作,以合约方式委托 DRAM 专业设计公司负责。小组随之积极寻求可能的对象,在两份正式申请书中,一个是华智公司(Vitelic),另一个是 Etron(钰创)公司。但华智公司申明不放弃其本身产销此类 DRAM 产品的业务，在商业上将是各联盟会员的竞争对手，它并与日本 OKI 公司有技术协议，所以知识产权与其他权利义务问题十分复杂。相形之下，Etron 成为较佳的选择。钰创是一个新创的公司，它是由一班在美国大型信息公司从事 DRAM 研发工作多年，富有经验的华裔科学家所创立的公司。

历经数月的谈判，Etron 公司同意将技术成果完全移转，将代训工研院电子所工程师，以获得设计能力。在产销权益方面，答应永久放弃对本产品及改良产品的生产、销售及委托代工制造的权利。至于知识产权方面，亦同意按"经济部"规定知识产权法规办理。

因为 Etron 公司负责人卢超群是他的兄弟，卢志远不参与和 Etron 的谈判。在计划酬金方面，经张忠谋董事长指示，将计酬原则依"一切费用采实报实销并加上合理的达成里程碑目标给予奖酬"的观念(cost plus)加以编列，由双方议定技术开发进展时程，分年编列，因此大幅降低了总支出。当时我知道这项工作的敏感性，所以以院长的身份，跟踪进行的情况。

**产业化的甘苦**

1994 年 12 月 25 日圣诞节那一天，次微米计划顺利 spinoff，成为世界先进公司。卢志远受任命为副总经理。1995 年，第一年的营业额达 44 亿，当时只有一条从工研院移转出去的生产线，世界先进公司以此制造 DRAM 产品，净赚了 22 亿！

可惜好景不长，接下来两年，1996 年、1997 年全球 DRAM 价格崩盘很厉害，公司出现了亏损。日本在崩盘前，从事 DRAM 的原来共 10 家，即著名的"五大手、五小手"，崩盘后只剩下一家！美国德州仪器公司也退出不做，1998 年卖掉 DRAM 厂。身为世界先进公 DRAM 产业的负责人，卢志远当然感觉沉重的压力。他说："内存产业有它的景气循环，每五年就要碰到一次世界性的市场冲击，这是半导体业界所周知的事，可称之为灾难性的干旱。"为什么这么说呢?“Memory的利润很高,因此,当他开始获利,总会吸引新的投资者出来,等到新的竞争者厂房两三年后建好,开始生产后,一下子市场上爆出过剩的产能,严厉的削价竞争就开始。”他认为IC产业的营运模式(Business Model)其实和农产品业的模式差不多,如同番茄收成后没卖出去就烂掉,IC产品卖不好也会因技术更迭而被市场淘汰,因此,同时间产品大量涌入市场,就引起价格的暴跌!

“从事内存产业必须要能坚持,有决心毅力和策略,长期做下去才能成功。”卢志远谈到当年面对市场溃退,张忠谋董事长要他提出应对的策略建议。卢说:“我给了他三个建议案,第一,再集资200亿继续做下去,虽然在表面看来,风险会更深,但是我有信心可以走出来。第二,和其他DRAM厂谋取授权,但如此做是没有前途的,因为失去了自主技术。第三,当然就是放弃DRAM产业。Tsmc能做的,VIS也可以做。”

张忠谋深谙半导体产业,他有美国德州仪器的经验,了解DRAM严苛的挑战,决定放弃DRAM。他要世界先进集成电路公司改变营业方向,进入逻辑产品,大部分的技术向Tsmc购买。所以原先DRAM团队的技术研发、设计、测试的人才,大部分都不需要了,张董事长提供了一个优渥的资遣方案,相关人员也就安静地离开。

“Morris说DRAM太可怕了,他决定把世界先进改做晶圆代工,等于是台积电的副品牌。”卢志远表示:“他要我去台积电。但我觉得有些同仁还留在世界先进公司,所以不好接受。因此我决定去创业,这就是后来的欣铨科技。”

当年330人的研发团队,一起进入世界先进公司,但在公司退出DRAM之后,亦有不少人留了下来,有些人去了台积电,以次微米制程技术能力贡献到逻辑产品的代工。目前世界先进的营收仅次于台积电,高于联华电子。卢志远表示,台积电主要的研发干部,许多来自世界先进;离开他就的,如国科会纳米研究室杨富良主任;自行创业的,包括:晶豪、欣铨、钰创、旺宏、华亚、友达等公司,都可以看到当年次微米团队的人才,甚至连大陆中芯半导体也从当中猎才!

### 宏观与微观

卢志远的远见思维，使他离开了半导体封测制造的传统模式，走入以技术导向的利基市场：晶圆测试，这是另外一幕创新的尝试。

“有生命力就自会有出路，这个团队从无到有建立了次微米制程技术，每一个细节都摸过，这是坚苦卓绝一路探索的成果。”卢志远说：“培养人才是不会浪费的。但是一个国家有没有决心去支持一个龙头产业，是国家经济发展的关键。”

对卢志远这一番话，我当然很有感触。事实上我对次微米电子制程计划的动态，一直都很关心。1994 年底世界先进半导体公司隆重诞生，迅速盈利，我在海外，心里非常快慰，希望台湾此后能以 DRAM 称雄天下。但是不久听说这间公司已退出 DRAM 的竞赛，另辟战场，我在海外虽然不知详情，然而中道而废是一事实，心中万分惆怅。回想 1990 年代初时筹备次微米电子制程计划之本意及过程之艰辛，对这个转折颇为困惑。是不是当初选错了目标？还是后来缺乏了斗志？

这种转变，当然在商场上是不足为奇的。其实最初的时候，我们是为台湾的前途找出路。我们知道事之难为，然而总体环境多舛，可选择的不多，DRAM 是信息时代的火车头，此事攸关前途，故不惜苦其心志，背水一战。其后技术开发完成，成果转移产业化，各方投资人已经尝到甜头。从民营企业的立场来看，经营的重点已转为持盈保泰；自然患得患失，考虑适时退出。是耶？非耶？

如今台湾的 DRAM 制造已全线溃退，产业转型，这是世界先进公司引军退出后所可预见的结果。没有了持续自主技术的发展，就如失去灵魂的躯壳，在这竞争性激烈的科技战场中，后来再多的投入运营，自然无济于事。

卢志远是性情中人，故满怀报国之心，壮志未已，我心戚戚。然而世间无奈之事甚多，岂能尽如人意。过去 20 年中，我看世事浮沉，不免略有感悟；静观次微米电子计划的开端与结局的差异，说开了就是宏观与微观、政府与企业、大我与小我的分野。在不同的位,谋不同的事。近十年台湾和韩国经济实力的消长,如果详细地分析,自然是有它的因果关系。我对志远的煦煦其外、刚毅其中的风范,佩慰至深。最后珍重握别,深以达人知命,不坠青云之志相勉。

## 3.8 卢志远、张季明:欣铨科技与晶圆测试

——卓越质量、信义立业、创造利基

**DRAM 之杀戮战场**

次微米电子制程发展计划,是工研院接受“经济部”科技项目委托的最大项目,是一个五年计划,从 1990 年开始,总经费原为新台币 55 亿元,旋为符合国际市场发展趋势,将原制程设定六吋晶圆放大为八吋晶圆,因此工研院要求政府,同意将经费追加为 70 亿。此案在我任工研院院长时启动,由副院长史钦泰督导,电子所副所长卢志远为计划主持人。此计划成功完成后,经“经济部”以公开招标方式,成立了世界先进公司(VIS),卢志远受聘为副总经理,不久升为总经理。

次微米计划以 DRAM 为载具,故世界先进公司之业务定位为拥有自主技术的 DRAM 制造者。此时世界上 DRAM 用量大幅成长,市场严重缺货,VIS 之成立正值黄金时刻,营运第一年(1995),即有盈利 22 亿元。此种成就,可谓空前。因此触发台湾半导体业之投资热潮,全世界约有 16 家 DRAM 公司,三分之一即在台湾,但此等台湾公司,多以向海外大厂如 Mitsubishi, Oki, Toshiba, Qimonda, Siemens, Infineon, TI, IBM, Elpida 等购买技术为主。除 VIS 外,其他皆可谓是技术母厂的专业代工制造者。

不料 1997 年间国际景气衰退,DRAM 价格下滑,1998 年亚洲金融风暴突发,信息产业泡沫破裂,DRAM 之市场严重失调,VIS 自然亦被波及。在 1998 年时,台湾所有 DRAM 公司,均告严重亏损,力晶亏损 28 亿,德碁近 40 亿,VIS

约50亿。

面对市场溃退，营运亏损，研发投资困难，技术团队流失，卢志远身为VIS的总经理，遭受的压力极大。1999年董事长张忠谋决定将VIS退出DRAM领域，转进Logic IC，在业务上与台积电分工，合攻晶圆代工业，以巩固Tsmc竞争优势。对卢个人，张以台积电技术首席延揽。但卢考虑再三，决定此时应是离开VIS之时，即伙同好友秦晓隆、张季明、邓茂松一同创立欣铨科技公司。四人都是次微米计划中的伙伴，有多年的战友情谊。秦现为欣铨副董事长，张现任欣铨总经理，邓其后出任华润电子集团总裁。

除了领导团队是工研院次微米计划的领导班子外，欣铨科技公司的技术和投资，与次微米计划没有关联。他的20亿创业资金主要来自宝成鞋业、华泰电子（杜俊元）、旺宏电子（胡定华）、交通银行、宏泰电工、钰创科技、及创新公司等。世界先进公司及台积电公司亦都不是投资人。

**选择新战场**

卢志远与伙伴们讨论，究竟应投入半导体产业的哪一个领域，既可将原有知识发挥最大价值，又可创造新的利基?

这个团队对半导体产业都很熟悉。半导体产品概分有逻辑产品（Logic）和内存产品（Memory）两大产品线，前者如Intel公司之微处理器Micro-processor为代表，后者如：DRAM、Flash。制造系统产品的企业必须具有两种组件。

现在美国所有大公司都做逻辑产品，除了美光（Micron）公司之外，内存公司几乎已全部放弃。世界内存产业现在全部都在韩国，三星（Samsung）历经两次的景气危机，屹然不倒，现在已是世界盟主，德国奇梦达（前身为西门子）及尔必达（前身为NEC加Hitachi）等连续亏损多年，靠政府强硬的产业政策支持而仍无法幸存。DRAM产业必须有全生产线的布局，技术必须走在最前端，举例来说，制程从50纳米到30纳米，是必须全线进展，竞争也十分惨烈，是一个“赢者全拿”（winner-takes-all）的游戏。而逻辑产品生产线较多弹性，机台不同代的产品仍可以沿用,所以它的使用价值很高。

但是欣铨考虑的策略,是在这两大之外另辟一条新路。卢志远对半导体工业的发展,有一个肯定的认识,“未来半导体的投资规模将会越来越大,在彼此激烈竞争之下,厂商都会将投资重心放在前段的晶圆生产,同时会缩小自家工厂里后段测试的规模。”卢志远认为,虽然后端测试不是晶圆厂的核心,但硬件投资却占了20%,如果以1000亿新台币的设备采购来看,就有200亿要用在这里。他认为晶圆测试有机会从晶圆制造产业独立出来!

张季明回想创业的情景说,“当年创业伙伴的组成主要来自世界先进公司,因为世界先进在1999年已成立满五年,已达到对政府的承诺。”当董事会决定退出DRAM、转做晶圆代工时,原来工研院次微米的团队中,许多设计人才已先离开,留下的主要是做制程和测试的团队。

**时代性的产业机会**

张季明思考周密,待人温良,而处事明快,富执行能力。他在1990年自美返台加入工研院,担任半导体制造工程组副组长,将计算机控制技术(PROMIS)导入半导体晶圆实验工厂,建立有效的弹性制造系统,以提升芯片制程技术开发的效能。其后他率领团队,完成台湾首座次微米8吋晶圆厂的量产技术验证。1994年他加入世界先进集成电路公司,担任产品制造工程处处长。其后也担任营运企划暨管理处处长,负责供应链的管理工作。

他回想当年两大世界性的改变,使得晶圆测试业者如欣铨有了发展的契机。这两种改变,一是世界半导体业购买IC的模式;一是网络技术的盛行。

13年前,晶圆制造和晶圆测试是一贯相连的,代工大厂内都有测试部门,以便随时检测、修正。随着测试成本是产品工程难度的提高,及信息科技的进步,晶圆测试外包的产业机会就形成了。1999年在IDM大厂委外的典范移转(Paradigm Shift)中,形成了这种半导体水平分工的结构,所以欣铨找到了晶圆测试的利基市场。具体来说,在新的半导体界营运模式(Business Model)中,国际大厂订单定价，从原先的 Wafer Buy 营业方式，即以晶圆片数定价，改变为 Good Die Buy，改以每片晶圆内合格晶粒的数量定价。

张季明解释说："在原先 WaferBuy 的营运模式时，晶圆良率测试是在每一片晶圆自动侦测 5 点，若有 3 点良好正常，则视为合格；若仅有两点正常，则不通过，视为废品。"但是在"Good Die Buy"的方式上，必须精算晶圆上有多少合格的晶粒，以这为计价的标准，这对客户当然有更大的经济价值，亦需要更大的设备投资。如此一来，客户认为不合适由制造商自己做测试，而是由客户和晶圆制造厂共同商定 Test Program，再将良率测试外包到第三伙伴来进行，以示公允。1999 年欣铨科技成立之际，台湾 34 家测试厂，没有任何一家专门做晶圆测试，所以欣铨定位在这关键位置。近年来，它 50%的业务来自 IDM 大厂，其次是 IC 设计公司，晶圆测试占了九成，而以通讯产品为主。

此外，"2000 年之后，因特网的使用，使得欣铨可以和客户实时沟通，打破了地域和时区(Time-zone)的限制。所以客户可以不必非要在自家工厂里做测试，亦可以选择外包"。这是第二个重要因素。两端业者都可以通过网络对晶圆质量有实时的掌握，欣铨就像两端的 Virtual Laboratory 一般。

**产业定位**

欣铨科技定位在半导体产业前段的集成电路设计(IC Design)与晶圆制造(Wafer Fabrication)，以及后段的封装测试厂(Assembly and Testing)之间的晶圆测试(Wafer Testing)，提供晶圆测试的技术服务。如图 3-6 所示。

这是在晶圆制造完成后，以探针(Probe)来检测晶圆上的每一颗晶粒良莠与否，以便在晶圆切割与封装前，筛选出符合规格要求的晶粒。由于晶圆测试是进入封装、上市之路的必经关卡，因此，欣铨科技如同晶圆设计与制造的裁判一样，把守着每片晶圆的表现水平。所以它必须有充分管制质量的能力，亦必须不偏不倚，为晶圆制造者及用户所信托。

再者，随着消费性产品朝向轻薄短小、高效能、低功耗的方向演进，IC 设计

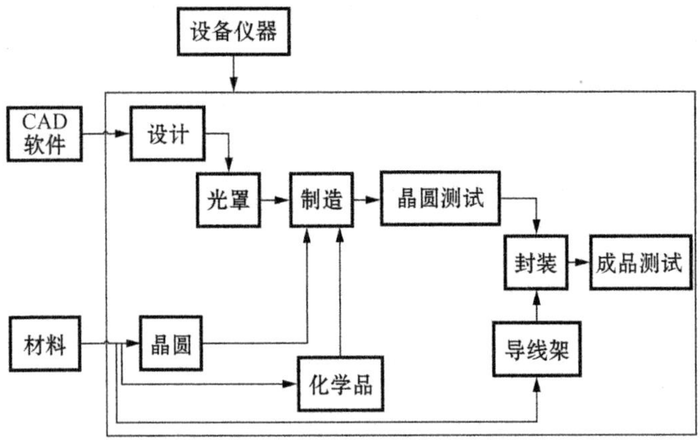


图 3-6 半道体产业结构

也朝向单位面积电路密度增加、功能强大的方向前进。另一方面,半导体制造技术进入纳米级尺度时,不仅前段设计与制造端深受挑战,后段芯片封测技术亦有许多困难待克服。这是需要有高端半导体物理、电子工程的专业知识和仪器。

后段封测成本跟着水涨船高,为求降低后段成本,促使多芯片封装(Multi Chip Package,MCP)与系统封装(System in Package,SiP)等多种封装技术的兴起。然而为了避免模块中因单一组件报废,导致其他相关晶粒一起作废而浪费整体成本,封装前的个别组件之晶圆测试,及晶粒良莠的把关日趋重要,测试科技在产业的重要性于焉确立。为客户提服务和降低成本,就是卢志远、张季明和他的伙伴们为自己创造的新价值。

IC 产业依摩尔定律(芯片内部晶体管的数量每两年会增加一倍,成本则持续下降)的规范运作,欣铨志在成为半导体产品验证、测试量产之最具成本/效益的专业领导厂商,亦必然随着摩尔定律求进步求创新。

**精益求精**

目前欣铨科技 90%营收来自做晶圆测试,以质量及不偏不倚的公正性,使得它成为国际大客户最佳研发的把关伙伴,它的营业额亦稳定地增长。

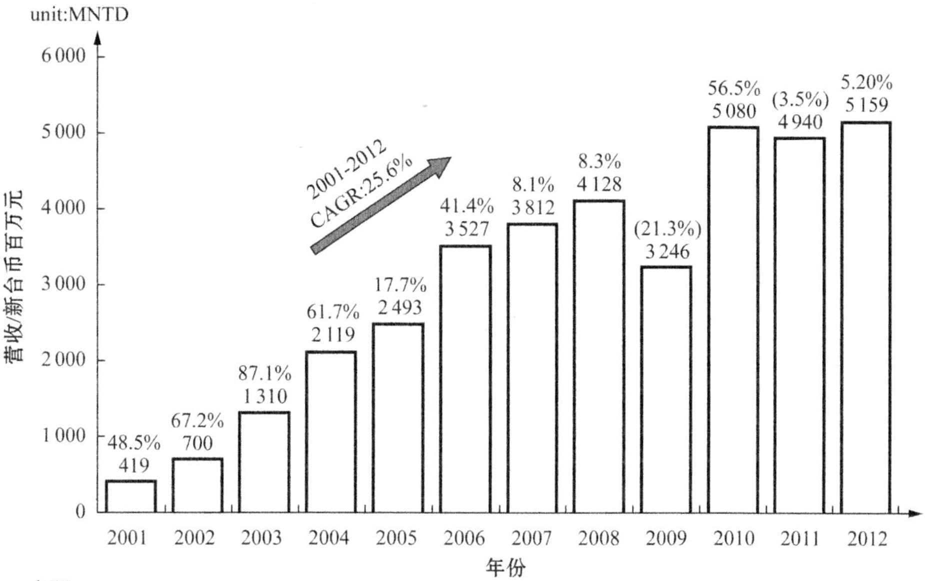


**来源：** Ardentec Corp.2013

图 3-7　欣铨公司营收趋势

创业初期(1999—2004),欣铨的第一波客户来自内存的客户,如:钰创、旺宏等。2001 年新厂刚落成,却遭遇全球网络泡沫化风暴。内存晶圆厂就将晶圆测试的工作拿回去自己做,先进制程的内存晶圆测试需求大幅缩减,逐渐出现现金压力。

欣铨首先着手强化组织,将营运与业务两单位纳入同一组织,并且自此淡出 DRAM,改切入逻辑 IC 产品及以混合讯号的晶圆测试。然而,“内存和逻辑产品在技术上很不一样,不论是机台、程序或焦点”。张季明说:“当时做逻辑产品,我们等于是新厂商、新面孔。若是去做个人计算机产业的客户,等于是成为现有大厂的竞争者,评估起来我们将毫无机会。建立第二波目标客户群是当务之急,我们分析之后,选定从手机这个新兴的区块切入,未久就获得国际领导厂商的肯定,IDM 是 TI,代工厂是 Tsmc,IC Design 是 Marvell。很幸运,我们选对了客户目标。”

欣铨于2005年顺利在台湾股票市场上市,展开与资本市场的互动,可以自市场取得资金。这个阶段的重要突破,就是国际化:欣铨前进新加坡海外设厂,以吸引当地及欧洲客户。

"前进新加坡海外设厂主要的考虑,在于就近服务当地的客户,掌握新加坡本地的晶圆厂与IC设计公司的商机,并藉此延揽人才,建立国际人才的团队。也使得欣铨本身的工程与管理团队更具国际观与全球化能力。"

张季明分享欣铨在国际化的工作中,一个特别的做法,除了录用当地人才,"我们公司内有许多年届四五十岁,台大、清华、交通、成功毕业的优秀干部,为了使他们有更多的国际经验,我们希望能外派海外公司两年,让他们可以有深入地了解当地文化的经验。"

**金融海啸的淬涤**

欣铨目前全球共有五个厂,员工共有1400人,其中台湾三个厂共1100人,新加坡厂2006年成立,目前有160人,韩国80人。2010年12月欣铨决定在韩国设厂,地点位于京畿道平泽市,于2011年7月正式运转。

"2008—2011年,公司面对金融海啸的压力,我们在营运上则致力于建立以质量为核心的竞争力系统,推动信息安全管理系统认证,让客户安心。"张季明表示:"取得ISO-27001认证,在半导体界是一项创举。我们认为,供应链通过网络做信息管控与监测,所以质量保证和信息安全非常重要。"

虽然免不了要实时处置金融资产换取充裕现金、厉行节约控制成本,欣铨仍勇于选择性扩张,正式进入韩国设厂,以建立第四波目标客户群,购置及扩建生产基地。另外它亦获得新竹科学园区管理局的核准,进入铜锣园区。那将有五公顷的保留地,给欣铨再拓展三个厂房。因为有优异的经营成绩,2011年欣铨获得"经济部"国贸局颁发金贸奖"行政院"院长奖,韩国子公司获京畿道省长颁外国投资高科技奖,张季明也继卢志远和秦晓隆之后,为欣铨科技第三度获得优良商人金商奖。

张季明引导我参观欣铨鼎兴厂的无尘室，在这些洁净度达 1K 的厂房里，有数百台高阶的测试机组，每台的单值都是美金数百万元。奠基在卓越的技术，欣铨获得国际大厂多年的委托，俨然成为客户们的台湾验收及品管研发中心，这占了 50%以上的营收来源。

台湾半导体代工厂年产值 6000 亿，测试产业则有 1200 亿。台湾目前已有五六家做晶圆测试的公司，欣铨则有 20%晶圆测试市场占有率。

**企业文化的表彰**

张季明表示，晶圆测试是利基市场，在大产业链中也会随时代改变而受到冲击，设法增加对客户的价值是欣铨重要的企业文化："持续扩展对世界领袖级客户的优质晶圆测试服务；保持在系统封装/裸晶的测试技术领先；在新兴的价值链上扮演良率中心的角色；强化人才的延揽，训练及产学合作。"

这是个没有物料、没有制程、没有污染的知识服务业，在科学园区的表现是非常亮丽的，从成立第二年起，即已不断地稳定获利与成长。回顾来时路及面对未来挑战，张季明说："基本上我们都是以工研院的精神为基础，因为团队的本质上就是工研院的系统、工研院的精神传承，就是：卓越，勤奋，不断创新。"这些企业文化的表现，应可从欣铨的质量政策上看到，见图 3-8。

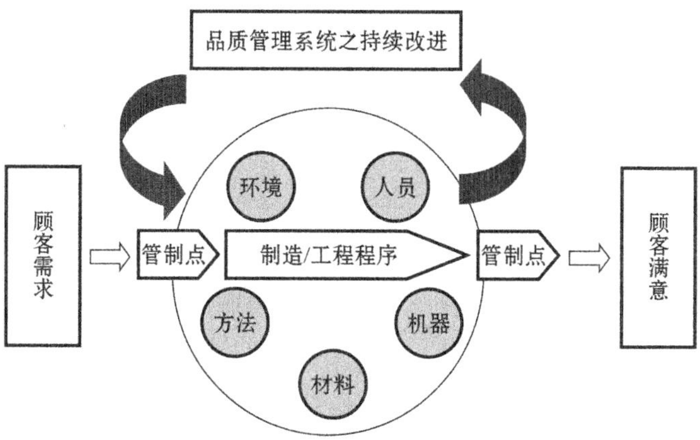


图 3-8　品质改进系统：欣铨公司

我对近 20 年来国际半导体工业的观察,深深觉得质量是企业成败的最重要因素。一般人认为三星在 DRAM 独霸天下,要归功于韩国政府的政策支持,我深不以为然。三星今日的成就,主要的原因我认为是它们对产品质量的坚持,得到客户的信赖,所以能够以高于同业的售价获利。在 20 世纪末期的两次 DRAM 周期循环中,美国、日本、台湾的业者,大部分如风卷残云,瞬息消失,三星营业虽有起伏,但年年得利。

2009 年哈佛大学商学院的一个分析(Jordan I. Siegel and James Jin-Ho Chang, Harvard Business School Case Study 9-705-508, February 27, 2009)极有启发性,摘要如表 3-2。

**表 3-2 DRAM 产业在 2003 年营运利润之比较** 单位:美元

| | Samsung | Micron | Infineon | Hynix | SMIC |
|---|---|---|---|---|---|
| 平均单价 | 5.68 | 4.93 | 5.05 | 4.97 | 4.43 |
| 成本 | 4.31 | 6.61 | 5.02 | 5.33 | 4.84 |
| 原材料 | 1.18 | 1.93 | 1.58 | 1.93 | 1.84 |
| 人工 | 0.54 | 0.94 | 0.76 | 0.51 | 0.23 |
| 折旧 | 1.35 | 1.88 | 1.5 | 1.48 | 1.63 |
| 研发 | 0.6 | 0.57 | 0.71 | 0.58 | 0.8 |
| 行政管理 | 0.65 | 1.28 | 0.46 | 0.83 | 0.34 |
| 毛利 | 1.37 | −1.68 | 0.02 | −0.36 | −0.41 |
| 毛利率 | 24.10% | −34.10% | 0.50% | −7.30% | −9.30% |
| 产量(百万 256m 当量) | 896.4 | 672.9 | 535.3 | 521.5 | 68.2 |
| 总利润 | 1,224.30 | −1,129.50 | 12.90 | −188.10 | −28.10 |

可见三星获利最重要的因素,是客户对产品的倚赖,为确保终端产品的使用,愿意以市场均价以上的 10%,购用它的先进 DRAM。至于各种制程及营运效率的改良及韩国政府政策上间接巧妙的支持,使三星在物料、营销、人工、资金等成本,因技术的绝对领先、财务的超级杠杆及财团的盈亏掩护,都较同业为

低，自然亦反映营运功力的高下。

此分析所可注意的另外一点，是各公司在R&D方面的投入，均为营业额的10%的层次，且要有相当的绝对花费门槛数额，非此不足以支持技术升级的需要。这是一个相当重要的指标，无怪乎许多竞争者，虽然见猎心喜，但一经挫折，便无心恋战，终于偃旗息鼓。

记得在1993、1994年时，为了促成工研院文化的建立，我决定在工研院导入ISO系统，督促每个研究所、中心及院部，实行质量运动，并定下达成ISO 9000认证的时程，成为达成卓越目标的保证。所以邀请了实施质量管理极富成效的飞利浦台湾公司总裁罗益强，来工研院为质量运动鸣枪起跑。当时仍有不少同仁质疑：研究机构为何必要导入广用于制造业的质量管理方式。但是我的立场是很坚定的，我和大家说，ISO 9000将是未来企业竞赛的入场券。任何人希望和一流企业来往，必须了解它们的游戏规则和心态，否则你就不用玩了。通过卓越质量来赢得客户的信赖，是一条正确的道路。

我很高兴在欣铨公司的奋斗历程中，见证卓越和创新理念对企业的竞争力提升之功。质量是信义之本，信义为立业之本，这句话真像陈年香酿，应是久而弥新。我可从卢志远和张季明的团队身上，从次微米到世界先进，到欣铨科技，看到成功创业家们的生涯轨迹。

## 3.9 洪传献：新日光能源

——卓越质量、产品重整、引导市场

洪传献是清华大学(新竹)毕业的电机工程博士，他的论文指导教授黄惠良在光电材料及太阳能科技方面研究多年，造诣极深。明师高徒，我认识他们有相当长的时间。洪传献从进工研院开始，就对创业有浓厚的兴趣，数年后即被延聘到一个能源新创公司去，但不久回到工研院，此后又再度进出。可以说工研院是他创业的启蒙地、中转站和充电站。

洪传献现在是一个知名的卓越创业家与企业经理人;他所带领的新日光能源公司,已在国际崭露头角,成为台湾太阳能产业的一个明星公司。他的创业历程,可以给研究企业创新机制什么样的启发?

评估研究机构对社会的效益,除了技术、专利、Knowhow,产值等,常常容易被忽视的就是人才的培育。当我们说到人才,好像人才到了哪里,哪里都可发挥。其实人才一如果实的种子,他的萌芽和茁壮,需要肥沃的土壤和环境。以人的观点来说,这包括资源、机会、经历、管理、同僚的激励,以及创新的文化,这些都是人才培育的决定条件。

回头想来,从培养创业家的立场来说,这可不就是工研院推动台湾经济转型、孵化高新产业一个确切的解说吗?

**能源列名八大重点科技**

经过多次的"行政院"科技顾问会议后,台湾的"科学技术发展方案"于1982年8月26日的"行政院"第1795院会修正通过,八大重点科技正式启动。它们是:能源、材料、信息、生产自动化、生物技术、激光科技、肝炎防治、食品科技。其中能源、材料、信息、生产自动化、激光科技五项都以经济部为主办单位,而工研院为其主要的执行机构。然而能源科技及能源产业在台湾的发展,虽然名列八大之首,无疑比较其他各项为慢。其实这个现象,可以说是全球皆然。非到原油价格扼杀经济发展、地球暖化触发生态危机,各国对能源问题的轻忽,正合一句老话:不见棺材不掉泪。

在规划能源科技的早期,政府已于1979年延揽在美国宾夕法尼亚大学的叶玄教授来台。原先政府高层的一个构想,是以中油公司和台电公司的业务为主体,成立能源部;将已知的能源应用技术和新能源的研究发展合并管理,设立一个能源研究院,希望由叶玄来领导。这个构思显然没有得到中国石油公司和台湾电力公司的支持,以致胎死腹中,能源研究院自然成为空中楼阁,转于

1981 年在工研院成立能源研究所，以叶玄为所长。1983 年工研院决定将能源所和矿业研究所合并，更名为能源与矿业研究所，仍由叶玄出任所长。

**一进工研院：登堂入室**

洪传献在清华毕业后，受到叶所长的延聘加入能源所，负责太阳能研究，这是能源所看重的一个主力技术重点。他因所方的安排，列席参加世界能源会议，得以看到世界性能源科技的动态。“我因叶所长而成为工研院的一分子。当年一开始就是使用 Polysilicon，寻求光伏(Photovoltaic)的应用。能源所因为有能源基金支持，经费十分充足，我记得中兴院区有准备要盖几个不同的能源实验室，现在的 64 馆应该就是当时预定的太阳能馆。”洪传献娓娓道来三十余年前的往事。

他回忆往事颇有感触地说：“后来比较大的冲击是张忠谋回来接任工研院院长，他在检查计划后，认为太阳能研究计划不应该设在能矿所，应该转到电子所或是材料所。”这件事我是知道的，当时我担任材料所所长，有机会多次向叶所长讨教，并和洪传献讨论。洪考虑各种因素后，愿意到材料所来。这是我在工研院和洪传献建立工作关系的开始。

洪的专业知识很好，工作积极，很得同事敬重。我看他人瘦瘦的，腰杆挺直，红光满面，一谈之下，方知他是太极拳高手！我当时因早期所学的步法手势，荒废已久，而师父南迁，续学无门，不免有点动心，想向他求教喂招。可惜彼此工作时间相违，未能如愿，至今仍然耿耿于怀。

谈到这段单位调动，洪传献说：“当时能源所才刚盖好无尘室，因为工研院的制度，人和设备是分离的，我人调离了能矿所，无尘室就荒废了，实在十分可惜。好在林所长的支持，开始在材料所 77 馆 4 楼重新盖无尘室。”未久，我调任院长，太阳能材料计划由副所长李立中主管，洪和李副所长之间相处甚欢。

**第一次出院：牛刀初试**

在我于 1988 年出任院长时，叶玄所长已离开工研院一两年，所长一职由工研院协理冯大中代理。此时叶在创立光华非晶硅公司中,并从美国 Chronar 公司转移技术。不久,他延聘洪传献去担任副总经理。洪虽知创业维艰,但考虑故人情深,终于选择离开工研院,这距离他转入材料所不到一年。

"到了光华非晶硅公司,我兼管制造、销售,管理等工作。公司制造发电薄膜,产品性质虽然不错,但结果是一片亦卖不出去。因此,我们就改做消费品应用,应用在手表、计算器等产品上,当然就有较多的市场。那时我们的产品以销售日本为主,但是市场成长仍然比预期慢。"洪传献表示,当时全球消费性 solar cell(太阳能电池)的片子大约有 40%是光华所提供的。

"这个经历让我学习到许多教训。当时光华再做营运规划时,认为一片可以卖到二十元,等到我们真正把产品推出,一片只卖得两元。至于太阳能发电,市场也完全不成熟,全球太阳能发电量不过 1 百万千瓦,现在单单新日光年产量就有 1300 百万千瓦。"所以产业的要素,首要在市场。洪传献计在光华做了四年就离开了。

接着,国科会的人造卫星发展计划,请洪传献担任组件组组长,并即派他到法国 Aerospatial 公司接受了一年多的训练。回头看,他高度肯定这是一段受益良多的经历!他说:"在经营光华非晶硅时,我可说是似懂非懂。在法国受到完整的整厂训练是完全两回事。它们是理论和实务兼具,过程虽很辛苦,但是对我后来的企业经营,非常有帮助。"

后来太空计划无疾而终,当年国科会招聘征选的三十几个人也散了。

**二进工研院:磨砺以须**

这时李立中已升任工研院材料所所长,邀请洪传献回去材料所。李要他协同罗钟凌顾问等四人组成项目小组,在实验量产管制室,辅导同仁克服技术量产的问题。

"我认为科学家工程师在创业所遭遇的困难,是缺乏相关的产业经验及训练,所以很难理解问题所在。一般在观念觉醒、管理经验上都不够。我感觉在这段时间内，我对工研院实在没有什么重大的贡献。"然而重入工研院，他已经比以前沉潜成熟，面对科技产业化，已能作更周详的考虑，洪传献这样表示。2005年李立中所长转任工研院美西办事处总经理，他亦再次遇到创业的机会。

**二出工研院：及锋而试**

"几十年来，我一直在做的就是太阳电池，在圈子里的人都知道的。在一个机会里，苗丰强先生找了温志忠先生，邀请他共创一个公司，温本身是做silicon材料的，温便推荐我去。但是不久苗丰强在研究中发现，材料货源有供应不稳的挑战，所以整个计划又缓下来。"

在这期间，原台湾集成电路公司(tsmc)资深副总林昆喜从公司退休下来，成立创投公司，力晶黄崇仁董事长则在背后支持。"林找我，说他要组织太阳能电池公司，邀请我加入。我考虑之后觉得这是一个机会，决定一试，于是新日光能源公司就成立了。"洪传献说。

"我记得第一年成立，厂房还在盖，我们就赚钱了。因为我对太阳电池的供应链很熟悉，公司还没开始花钱，已能先买卖太阳能电池有关的产品，所以在2005年筹备期间，因为物料的差价提供了可观的利润空间。"

2006年新日光的厂建立后，它的技术能力已经在台湾产业界的前沿。它在湖口有一条生产线，那时以购买晶圆产品(Wafer Products)制造成太阳电池(Solar Cell)后在国际上销售。因为市场需求迅速，到2007年时，很快成长为三条生产线。2009年因国际金融海啸的袭击，获利转为净损，但2010年业务迅速回升，并达成盈利30多亿新台币元，相当于一个公司的资本额。

洪传献带领我去参观位于五楼的生产线，新日光有50%的产能在此工厂完成，年产700百万千瓦。精密的高科技设备与优良的质量管理，正是新日光成功的基石。

**太阳能发电产业的展望**

在2005年后，国际上太阳能电池的生态，已有急剧的变化。到了2011年，中国大陆已超越日本及德国,成为世界太阳能电池最大的出产国。台湾的产量,亦成世界第二位。根据工研院的统计资料(ITRI Today, No. 70, 3rd Quarter,2012),各国(地区)所占世界太阳能电池市场的份额如表 3-3。

表 3-3　各国地区占世界太阳电池市场的份额　　单位:%

| | 中国大陆 | 中国台湾 | 日本 | 德国 | 美国 | 其他 |
|---|---|---|---|---|---|---|
| 2005 | 8.3 | 4.1 | 45.6 | 19 | 8.6 | 14.4 |
| 2007 | 28.1 | 10.8 | 21.8 | 20.5 | 6.4 | 12.4 |
| 2009 | 37.5 | 12.3 | 12.6 | 15.4 | 4.4 | 17.8 |
| 2011 | 58 | 11.7 | 6.8 | 6 | 2.7 | 14.8 |

这个表所显示的是中国大陆的产量急速崛起,美国与日本的产量急速退缩,这种状况能持续多久,其实应是未知之数。

目前台湾做太阳能电池的,主要的有新日光、茂迪、力晶等公司,规模不相上下,都列名在全世界的前十二名,茂迪亦有相当大的投资,在中国大陆制造。现时新日光年发电能量为 1.3GegaWatt,实际出货量为 733MWatt。从 2007 年开始,每年平均累积成长率为 110%。2010 年和 2011 年的营业额均超过新台币 200 亿元,客户包括欧、美、日等地。2011 年产量虽有增加,但市场价格却在下滑,所以国际市场的竞争力具有极大的不稳定性。

洪传献说,新日光的产品亦有相当的数量销售于中国大陆,但大都不以大陆为终端市场。大陆的厂商主要是做封装(packaging),因人力成本低,较有利润。由于 2010 年全球太阳能电池市场的业者普遍都有可观的利润,所以中国大陆大量设厂进入太阳能电池领域,导致国际上价格普遍下跌。但大陆的企业生态很不单纯,不能纯从市场趋势来看他们的发展。他们找台湾做组件,但大力投资推销品牌。他们可以花一亿美元在世界足球赛中打品牌,这是台湾的业者做不到的。中国大陆政府为减少温室气体的排放,对绿能科技及产业的发展,十年来不遗余力。中共十八大后习李领导班子当政,组织新政府,必将加强第十二个五年计划的执行,从国家政策面持续推动太阳能电池及其应用。

目前2012年的挑战在于市场供过于求，可预见的市场将会淘汰体质不好的企业，所以市场的稳定性是一个隐忧。2012年夏天，美国已有太阳能公司Solandra，System 123等，宣布破产，这对美国的科技产业界已造成不小的冲击。然而奥巴马总统对国际能源供应及环球暖化的威胁，有极深的了解。从2008年上任以后，极力鼓吹绿能的发展，对太阳能产业的协助视为施政的重点。他当选连任后，可预见的下面四年中，必有更重大的措施，辅助美国本土太阳能科技的研究及产业的发展，以免美国在这个具有重大策略重要性的领域中缺席。所以上文所列的世界太阳能市场现况，应该是一种过渡的现象。这种发展的趋势，是美国以外的各国业者所必须面对的。

**创业成功的关键**

我问他经营光华非晶硅和新日光，有什么不一样的心得？

洪传献认为，产品要有竞争力，要先有好的企划，这不是一蹴可就的。他说，韩国三星发展一个产品经常要经过五到十年的准备，所以产品一到位，别人就无法和他竞争。在台湾，不论政府、研究机构、企业界都很难有这样长期的规划。长此以往，台湾只能做制造，但制造是产业价值链中获利最低的一环。不论是已有的品牌或新创产品，都需要强有力的研发和规划的支持。

他感慨地说："早期光华的例子亦不是不成功，由于营业策略的缘故，技术再好也没用。在新日光，首先选对了产品和策略，然后尽量去保证质量和降低成本。"

"台湾多数企业，都是看短线，即使成功了，获利也会太小。"洪说。然而台湾企业要改善这一点，难度颇高。他认为可能的方案之一是由政府支持五到十年的技术长期发展，如果工研院能进行中长期的研发计划，对企业界会非常可贵的。

我说在中长期计划方面，以前工研院大都仰赖政府的经费投资。但几年来政府的研究经费，不增反减。加上政党斗争的影响，复杂性更高；所以把政府当做研究经费的主要来源,是不可能的。未来工研院要能做长期的科研计划,恐怕要仰赖工业界和工研院共同合作才成,这是台湾创新机制中的转变。

洪说:"工业界的科研力量今非昔比,以新日光来说,现在做太阳电能研发的超过 50 人,但工研院本身只有五六个,另外有十来个资深的研究人员在他所参与研发工作。所以要合作,真得好好规划。"弦外之音,是认为工研院在太阳能领域的研究,已不是龙头了。

我的看法是在任何国家创新机制中,谁是舵手、龙头、driver 或领导者,并不重要。关键的问题是各玩家能否各守定位,发挥各自的专长,以通力合作。硅谷(Silicon Valley)在过去 60 年中的发展,大学及产业在不同的领域中,交互成为领导者,就是一个很好的例子。

我认为产业界除了提供研发资金以外,未来和工研院合作应要有管理经验的人来加入。他们的参与,将可使台湾整体对国际市场有更好的掌握。在 1990 年工研院所推动的笔记型个人计算机开发联盟,因为产业界的积极参与,得到优越的成果,建立了台湾在国际计算机信息产业的地位,亦是一个很好的例子。

洪传献说:"只要能做成功一件具体的合作就够了,彼此互信的关系很重要。企业发展最宝贵的是项目,但是国内外是有竞争者的;若工研院保密的工作不能做好,企业要合作,会有疑虑。"洪又说,"这些年我体会的观念,市场信息其实都在,只是如何选项目。往往自有了定见,转成偏见,反而减弱了视野。所以需要学习虚心,没有偏见才能看到机会。技术出身的人容易本位导向,事实上,技术只是达成目标的手段之一。技术人员要能从宏观去看未来,才能看到事实的真相。这是企业经营者必须克服的。"

我想政府在 1980 年初就能集思众益推动八大重点科技,后来变成十二大重点科技,建立科学工业园区,强化工业技术研究院,这些都是宏观的、长期的、基础的措施,所以今天台湾在国际上的竞争力,可以说其来有自。当时政府的领导，在综合实力极为薄弱的时候，能够虚心作宏观的规划，并确切地笃行。然而现在台湾的综合实力大幅增高，但政府体制内衮衮诸公，议论盈庭，争辩竟日，能起坐立行的，寥若晨星，令人扼腕叹息。现在中国大陆、美国、韩国、日本新政府相继成立，均对政府角色及国家创新机制，有重大的政策及措施的改变。台湾如不能体认环境竞争之严峻，居安思危，奋发图强，未来十年，将是台湾被边缘化的危险时段。

## 3.10 王敬堂：三芳化工人工皮革

——建立团队、机敏策略、创造利基

在1960—1980年代，石化相关产业是台湾经济的主力，上游从汽油、燃料油、石化原料起，中游包括药品、树脂、塑料、薄膜、涂料、接着剂、添加剂、人造纤维、特殊高分子聚合物，到下游的纺织、成衣、家庭用品、机电封装、建筑材料、运动器材等产业，约占台湾GDP的三分之一以上。然而这些产业大都遭受国际市场激烈的竞争，亟须提升产品及制造的技术，以免走入“夕阳工业”的命运。工研院的化工所，以服务这些产业为主要任务。化工所是工研院历史最悠久的单位，三任所长郝履成、俞培新、吴丁凯，都是化工界卓有名望的专家。我在1988年接任工研院院长后，向清华大学借聘高分子研究所教授的老友胡德出任化工所所长。胡学识渊博，处事明快，到任之后，积极领导同仁，展开各项工作。不久我们陆续延聘了许多国际高级人才来所，包括在美国的李钟熙博士。李先任副所长，其后继胡为化工所所长。

三芳化工公司时任副董事长的王敬堂先生就在1989年中到化工所来谈合作，三芳是一家合成皮制造公司。当时台湾合成皮业之产量，虽已居全球之冠，但其产品属性绝大多数皆为低价品，导致同业削价竞争，前途堪虑。三芳感觉必须转型升级，以质量提升和新产品开发为策略，来面对市场挑战。他们的计划,是由合成皮转入高级人工皮革。三芳当时的技术能力仍小,希望通过工研院的协助,建立主要的技术载具,就是生产超细纤维,成为高级人工皮革的基本材料。

这个超细纤维计划推行相当成功,然而对于产业的最终发展,究竟有多少影响?我心中常保持着高度兴趣,因为台湾的人纤产业,这些年来并没有消失,经过几次重整转型之后,反而变得更为健康,特别在运动鞋的国际市场上,尤有重要的地位。

我在2012年秋天和王敬堂再度见面时,已经相别二十余年了。我很希望这个问题,能得到他客观地评价。开始时彼此彬彬有礼相互道候,接着我终于鼓起勇气,开门见山地问:"现在三芳在世界人工皮革业的排行榜中,应是在哪个位置?前五名?前十名?"王敬堂这时已经退休了,仍是三芳的荣誉董事长。他的声音洪亮如常,毫不迟疑地说:"在这个行业里,我们是世界第一!"

**创业家的养成历程**

王敬堂的少年时期,实际上是相当坎坷的。他在1936年出生于嘉义一个公务员家庭,小学毕业后,获录取进入嘉义高工就读。嘉义高工是当时全台五所高等技职学校之一,名誉很好,报考生20取1,比进嘉义中学还难。王很早就对化学工业发生兴趣,所以从初一开始就选择了化工部。高工毕业时班上有13人录取"国家就业考试",揭晓后他被安排至"国防部"第二厅服务。他觉得辛苦读了多年化工后要去政府当情报人员,实在没有兴趣,亦不符初衷,所以决定不去军方。在当时的家庭状况及社会环境下,作这样的决定,是需要很大的决心和勇气的。嘉工的陈炳勋校长很看重这个有主见、有抱负的青年,就让他回学校在实验室做助教帮忙,虽然开始四个月没有领到薪资,但他能够安心学习,衷心感受到师长的关怀,更激发他向上的志气。等到两年后他通过了普考,得到等同于大学同等学力的资格后,他的天地就大大地开展了。

比王敬堂长八岁的邓秋水老师,原是成大化工系毕业的高材生,此时在嘉工任教并为化工部主任，非常赏识这个学生，对他多方激励。不久邓接受台塑集团王永庆的邀请，进入台塑工作，旋出任南亚公司总经理。邓便邀约这位学生前去台塑，这就开启了王敬堂的化工职业生涯的序幕。

在台塑期间，王敬堂被指派在PVC高分子聚合物试俥部门工作，其后在南亚学习，从事高分子聚合物加工，历任技术处长、工厂厂长、资材处长等，可以说得到了经营化学工厂的完整训练。

1972—1973年时，第一次国际石油危机发生的前夕，王永庆觉得国际商情险恶，似乎有“山雨欲来风满楼”的预感，指示王敬堂去欧美采购重要原料。王审度情况，深深觉得时间的急迫，所以赶办出国手续，立刻出发。他马不停蹄地访问了亚洲、欧洲、美国重要的供货商，并采取许多果断的措施，终于在一个月内搜购了5000吨重要的塑料添加剂DOP等，使台塑公司在石油危机中有更大的应变能力，并促进公司营运的灵敏度。

尽管公司董事长很欣赏他的才能和贡献，然而王敬堂慢慢感觉到一个庞大企业里的组织文化，往往限制了个人的创造力。邓秋水正当盛年，预测未来生涯发展的轨迹，亦逐渐有了创业的想法。邓王之间理念一致，进而成为创业伙伴。

**创业：机缘和挑战**

碰巧这时日本想要移转PU合成皮的湿式制程到台湾（南亚是采用干式制程），邓秋水便募股在1973年成立三芳化工，总公司设立于高雄县仁武乡。随着邓秋水因家庭关系，举家去美国，他便邀请王敬堂到新公司担任总经理。王感念邓多年的鼓励和提携，再三斟酌之后，决定放弃在南亚公司安定优渥的职位，跳入未知数甚高的创业竞技场中。

三芳公司的主要股东，是来自高雄第三信用合作社董事长林琼瑶及其弟弟林琼璋，第二便是邓秋水的家族，王的股份很小，就任总经理，是专业性的营运管理人。

果不然,公司刚成立后,由于资本不足,产业环境不好,所以在财务、员工、市场上都要花很大的力气去经营。王回顾当时的情况说:"邓秋水老师常住美国,偶尔从美国回来时,常常一谈就到三更半夜,他说,如果公司有个三长两短,我可是要破产的。创业初期的压力,实在非常大。"

幸而他在化工界的人脉很广,在南亚的经历又给他完整的经营训练,公司经过两年,就达到损益平衡点了。当时台湾做合成皮的已有26家,三芳是第27家,约有员工30多人,是典型的中小企业,以后的十年中,成长稳定,但甚迟缓。

到了1980—1990年代的时候,中国大陆由于改革开放,经济逐渐兴起,他们的出口产品,价格非常低廉。相对来说,台湾的原料和人工成本日益增高,环保意识抬头,和人纤有关的产业看来就要日落西山了。原来近30家的合成皮工厂,很快就倒的倒、退的退,最后能生存的,已寥寥可数了。

王敬堂认为这已到了求变求生的关头,非开发新产品、进入新领域,将不能面对未来的挑战。他评估认为以新型纤维材料制造人工皮革,将是三芳公司唯一可行的策略,但是他们的技术能力不足,看来只有工研院才能帮到他的忙。

穷则变,变则通,这个企业的危机,是不是会是三芳发展的契机呢?

**借重化工所合作开发新技术**

在1989年时,时任三芳公司副董事长的王敬堂亦是台湾合成皮公会的理事长,知道当时台湾进口的人工皮革材料全盘为日本人控制,他们以一码台币750元的天价卖到台湾来。奇货可居,漫天要价是当时日本厂商一贯的做法。所以王敬堂请工研院化工所,协助研发这种人纤材料。

化工所内原有一个塑料纤维技术研究室,由化工界资深科学家许巍文博士担任主任,这是全台湾很独特的研究群,许多和高分子科技有关的人才,都把它当做焦点。室里的研究人员如郭东瀛、白志中、彭镜县等科班出身的纺织工程师,都是一时之选。1989年八月,当三芳提出这个合作开发案时,时任人纤技术研究室团队主任的白志中博士,觉得这是一个必须正视和响应的挑战。他们考查各项信息，判断日本的来料应是当时在开发中的超细纤维制品，而这是台湾还未能生产的复合纤维。要做好这个工作，化工所必须开发新的纺丝制程，包括设备、材料、制造等，庶几能达到质量要求。

所以对化工所来说，这会是一个相当困难的挑战。但权衡当时产业界的困境和三芳的诚意，实在亦难以说不，白志中考虑再三，下定决心要把握这个时机。

我先前在美国杜邦公司(E. I. Du Pont)服务时，是在 Fabrics and Finishes 事业部，对于人造皮革 Corfam Poromeric Fabrics，有些接触。虽然我不懂超细纤维技术，但是对人工皮革的经济价值和市场前景，有粗浅的了解。从消费面来说，市场前景很好。因为随着生活水平的提升，人们都对于历史性喜爱的"皮革"就有更多的需求。从制造面来说，用牛的皮来制革，物料的使用率奇低。试想一张牛皮摊开来，把头、尾、四足形状不规则的部分去除后，可用的部分不过二分之一。所以所有使用皮革的下游业者，非常希望有成卷的、规则的、平整的"皮料"可以用来设计及应用。所以时尚设计师和高档制鞋业对 Corfam 人造皮革都有极大的期望，觉得它将可和尼龙(Nylon)一样，成为世纪性的明星。所以广告打得很响，杜邦公司的总投入，达美金数亿元。当我知道三芳公司以超细纤维(Super-fine fibers)进入人工皮革市场的策略，以及与工研院合作开发的构想时，向胡所长、白主任表示充分的鼓励。

在胡、白两位的领导下，这个合作案很快就成型了。双方说明这个计划要包括产品设计、制程厘定到生产试车，为期约四年，预算约新台币 1 200 万元。所方指定彭镜县博士为计划主持人，初期参加计划的，还有郭正亮、冯学利、唐静雯等几位，都是化工所里的好手。在他们的共同努力下，有关原料选配、制程设计、纺口模具设计等关键问题，经过繁复的尝试和验证，终于得到了一些突破。

1990 年 7 月研究团队向三芳公司作进度报告时，计划主持人彭镜县描述各项工作内容,作了一个较保守的总结说,工作进展虽好,但是尚未100%完成,说来"还有50%失败的机会"。

王敬堂董事长说:"那就是说有50%的成功机会!"

他当面向胡德所长要求要继续努力往前走,双方迅速达成前进的共识。于是化工所就再接着进行放大实验,先做长纤切短,交由三芳针轧,进行后段人工皮革制程开发的试验。这些工作除了先要花费改良 Pilot Line 上的设备外,亦要提高批次的数量15倍,即由10kgs/lot到150kgs/lot。再经过约1年多的努力,终于有较明朗的成果,三芳也觉得更有信心。

1991年时,三芳化工再投入10亿元,约等于公司的一个资本额,在高雄厂区兴建超细纤维及人工皮制造工厂。很快,化工所方面协助设厂规划、设备设计、硬软件来源评估、制造与安装过程监督协调、纺丝技术移转、生产与品管人员之训练等。在设备安装试机期间,彭镜县率计划同仁黄彦智、胡玮、张俊绮等南下高雄驻厂,与三芳时任技术部副理的王龙传所精选出来的干部郑达民(其后接任三芳公司纤维厂首任课长、目前已转升任高雄二厂经理)等多人,在酷暑下的机器堆里与时间赛跑,每日工作16小时,承受着巨大压力,许多人都是两三个月难以成眠,几乎都是靠"只许成功、不许失败"的意志力支撑着旺盛的团队士气。到了1993年底,工厂试车成功,顺利运作,大家才喘了一口大气。这时胡德所长已回清华大学建制,李钟熙继任化工所所长,所方对三芳案的支持始终如一。

我在1994年元月间,由白志中、彭镜县两位陪同,到高雄三芳公司工厂现场参观,为同仁打气,看到双方无间的合作,士气的高昂,令我深受感动,印象深刻。

建厂成功的消息在报上发布后,日本厂商找上三芳愿意将750元一码的超细纤维皮革以400元出售,王敬堂对他们说:"谢谢,不用了。"

**创意新产品、国际化经营**

三芳公司掌握树脂、纤维、不织布等上中下游重要核心技术,目前是全世界最大的人工皮革生产者，台湾没有对手。韩国、日本之对手，竞争力落后尚多。因为应用人工皮革的厂商对质量和品牌的要求很高，所以在大陆有意供应的厂家虽多，但大都还未能升级到可以挑战的地位。2011 年三芳人工皮革年产量 3 750万平方米，2012 年可达 4 375 万平方米，换算起来，约为 1 000 万头牛的皮。三芳所出产的人工皮革，80％提供品牌运动鞋使用，例如 Nike、Adidas、ASICS、New Balance、Puma 等 20 多个国际上领袖性的品牌。

人工皮革的应用其实是很多样化的。除了球鞋、手套、皮鞋、皮包、皮衣等皮件，还有沙发、皮椅、皮带，到汽车座椅（主要客户包括裕隆、福特、三菱、Nissan）等。令人惊奇在是在 3C 外围产品上的应用，三芳将生产 PU 合成皮之技术开发出 CMP 研磨垫，用于半导体及光电产业制程中，跨足晶圆与 TFT 面板两个明星产业。在这个市场上，三芳是台湾第一、全球第二的供货商。2010 年美国苹果计算机公司的 iPad 问世，主动要三芳开发 iPad 的保护罩，开启了人造皮革在 3C 产业应用的新一章。

公司成立 40 年来只有两年因全球经济不景气影响有少少的亏损，一直都保持获利状态。公司营运极为稳健，也不炒作股票，EPS 在 2 元左右。2012 年营业额达台币 110 亿元，约为资本额的三倍。

台湾在复合纤维方面的生产，三芳公司亦是第一位，每月可以生产 1 000 吨。三芳目前在广东黄江裕元工业区有两个厂，在越南有一个厂，营运情况良好。2011 年 6 月印度尼西亚厂落成，半年就达到损益平衡点。目前员工总数超过 3 000 人。

现时三芳公司人工皮革的生产，主要已在大陆及海外，但基本技术的研发，仍以台湾为中心。台湾地方小，物流管理简便，基础原料取得容易，材料组合能较快完成。公司研发重心在高雄，技术及设备都经常更新。从上游的 Polyol 到 PU polymer，到纤维（如超细纤维）以及人造皮革产品，三芳都有涉猎。台北早年因贸易商群聚集中，所以仍是市场经销的重要据点。

因应客户不同需求、规格、成本、用途的考虑,人工皮革种类繁多,价格分布亦广,所以三芳公司在2004年成立研发中心,使能从事自己的设计与研究。三芳以化工所技术为基础持续精进发展,在研发上很有系统化。在人工皮革的研发上不断以战战兢兢,毫不松懈的态度,营造利基与特色,期能带动公司更上层楼。

我在2013年元月间由白志中、彭镜县、陈静芬三位工研院伙伴陪同,再度访问仁武厂。发现厂区已比以前扩大而充实,制造流线清晰,设备管理井然,楼板洁净,空气清新。质量保证区仪器新颖,人员训练成熟。研发部门除正规高分子科技外,并及产品设计、客户参与等多方面。今日的三芳公司,已经充分具有国际性的化工企业的态势,我的心中非常安慰。亦很庆幸工研院在三芳公司转型发展的二十年中,做了一点积极的贡献。

**竞争优势:超细织维**

三芳为求PU合成皮的再高级化,在上述的四年合作开发完成具有细度相当于0.15丹尼的超细纤维后,再经由不织布制造、PU树脂含浸、分纤、表面加工处理等制程,制成如真皮的超细纤维人工皮革,销售至市场。

在此技术基础上,三芳再自行研发,挑战更细的0.001丹尼超细纤维,制成世界上最高级的人工皮革,已经获奖无数。超细纤维细度可达头发直径的200分之1,具有真皮的质感,又有真皮所没有的防水、透湿、透气、保温等特色,亦即把皮革和塑料的结构改变,以提升产品价值。三芳英文名为San Fang,也可以衍伸为3F:流行(fashion)、机能(function)、环保(friendly)。超细纤维的研发,协助三芳产品奠定符合3F的竞争优势。

三芳是工研院技术合作的一个典范伙伴。工研院的优势是掌握技术,产品开发则由三芳负责。三芳将产品在实用上的状况及未来的需求,回馈化工所,彼此本着诚信,来回沟通调整,从顾客角度引领化工所技术从实验室到市场化,以加速创造新价值。

据报告到2003年时，三芳与化工所研发合作之超细纤维及相关产品产值已达10亿元，到2005年时，合作案衍生之自有专利授权权利金，三芳皆按时主动汇缴化工所。三芳公司的研发中心，持续与工研院合作，并促成公司参与业界科技项目、政府辅助之技术辅导案，或有效引荐工研院其他相关领域，到2012年时，总计已超过30案。研发范围包括纤维质量提升与技术咨询、PU素材开发、纤维素材研发、生产制程监管系统开发、废水废气处理工程规划、光电周边应用材料开发、特殊功能性薄膜材料开发，等等。

化工所主导这个合作案的两位主角：白志中其后升任纤维技术组组长。白处事笃实，待人诚敬，领导力强，1997年在工研院提前退休后转任宜进（纤维）实业公司副总经理，1999年再转任职于财团法人纺织工业研究中心（目前更名为“纺织产业综合研究所”）副总经理，2010年承敦聘为该所所长，人职相宜，对台湾此后纺织技术与产业之发展，必有更大之贡献。彭镜县在此期间内亦在台湾科技大学进修，获得博士学位。彭学养丰硕，任事精勤，善体业界需求，履实负责，极获企业界之赞扬。其后升任工研院正工程师兼纤维纺丝研究室主任、国际合作计划主持人等职，现仍在院内从事机能性纤维之技术开发，促进产研合作，贡献卓著。

**创业者的特质**

王敬堂具强烈的企业社会责任感，也有研究者（Researcher）的精神，喜欢吸收新知，他对日文日语非常熟练，时常将NHK上看到的新信息、新知识，转介与同仁分享。他有非常尖锐的市场触觉，能将独特的创意转化到人工皮革各种不同的应用上，跟着社会动态持续进步。王做事果敢，待人真诚，落力建立团队，培养后继领导。现任研发总监蔡武藏，为原来创始团队之一员。现任总经理王龙传，在化工所合作案时任三芳技术副理，为此案的领军人物，筹划周详，任事勤敏，亦以领导力著称。副总经理冯崇智、施建雄协理、郑国光协理、林至逸经理等继续从事高阶人工皮革与纤维等原材料与应用技术开发，均工作勤奋,有国际视野。公司之领导阶层极为和谐,团队之间相互信任。

我回想杜邦公司1960年代在Corfam产品和1990年代三芳超细纤维人工皮革的例子,颇有感触。当年杜邦凭优越的高分子科技优势、制程设计能力和充裕的资金后盾,发明了完美无瑕的人工皮革。Corfam各种物理延展性,经长时间使用循环后,始终完美如初。各项指标概以技术为本位,符合中间制鞋者的要求。但它忽略了终端使用者的习惯:消费者要求皮鞋因使用而转舒适,而不是像没有生命的艺术品,一成不变。单一的产品,亦不能为市场所接受。所以亿万美元的投资,最后宛如投水,成为"技术成功,商业失败"的经典案例。

综结过去20年和工研院的合作,王敬堂说,"工研院在三芳公司发展的关键时刻,在技术上帮了一个大忙,使公司能转型发展。其实工业界不能光靠工研院去开发新产品,自己要建立能力,才有条件去接收新的技术;同时要了解市场的需求,使技术能使得上力。双方要各尽其责任,并互相配合,才能不断地创新。"我想他的这段话,是台湾过去30年创新机制最好的说明。三芳公司能利用政府鼓励工业升级的政策及措施,借助于工研院的研发团队,在较小的投资风险下建立它的技术平台,以此开发新产品,或运动鞋,或家具,或提袋,或时尚大衣,或机电用品等,应对市场,机敏灵动。这是充分发挥了台湾产、政、学、研创新机制四重奏的优点。但再好的创新机制,亦需要创业家去身体力行,才能创造新的经济果实。

成功的创业家要有眼光、有勇气、能合作、能变通,要能欣赏新技术,更要能掌握新市场。这些特质的结合,在王敬堂引领三芳公司的创业历程中,应有很多的启发。

三芳公司在过去20年中,已因科技创新而顺利转型;但可以想见的是,新的挑战就会旋踵而来。中国大陆化学工程的人才是很丰饶的,我相信在不久的将来,就会有高级的人造皮革问世,在三芳所熟悉的市场领域中展显身手。三芳公司的新领导班子,应居安思危,把握这段历史上的空挡,为企业创造新的竞争力,似乎是他们所应正视的课题。

## 3.11 宋智达:讯号压缩与沛锦科技

——尊重团队、调整市场、创造利基

### 台湾科技产业孵化器起源

我就任工研院院长后,要求各研究所、中心每季作工作报告,议程亦包括实验室的现场参观。一年下来,我发现全院的实验场所严重不足,许多实验室的设施大部分非常老旧,有些实验作业甚至接近安全顾虑的边缘,与我们经常往来的IBM,Bell Labs,MIT,UC Berkeley等,距离颇远。我觉得工研院的物理环境及设备必须改善,应该有高雅、现代化的院区和安全有效的实验场所,这和吸引科技人才,寻求国际伙伴,推动产业合作等,都有密切的关系。建设一个新工研院院区,乃成为全院远景规划中的一个重点。

在很多场合中,我尽量把工研院在台湾创新机制中的定位和远景向社会各界沟通,亦时常安排海内外高层人士来院参观。当他们了解科技创新对台湾的前途,工研院研究计划的重要地位,同仁的敬业及奉献精神后,逐渐地印证了我对他们的介绍。在这时段中,一个关键性人物,是李登辉。

我认识李,是在材料所长任内。当时我们常有许多国际知名的材料科学者来访,这显然引起李的注意。李精通日文日语,特别喜欢见见日本的科学家,藉以了解从日本到欧美间科技发展的现况和趋势。当时东京工业大学的铃木弘茂(Hiroshegei Suzuki)教授,就是其中的一位。铃木教授是国际知名的精密陶瓷材料专家,对工材所研究计划及人才培养,有多方面的协助。李和铃木见了几次,亦知道我在工研院的构想,在1984年起就来新竹参观,并鼓励院里的同仁,在此后的七八年中,李成了工研院的常客。

1991年左右我在一次会议中,提出工研院院区建设的计划时,李已经是最高领导,他问我究竟需要多少经费,我答新台币22亿元。他一时有些迟疑,说会产生什么效益呢?我说,"工研院是培育技术和人才的基地,人才是国家长期发展的主要支撑。这个计划虽然不能和目前的12项台湾经建计划等量齐观,但它的效益是多方面和长时间的;未来对台湾前途的影响,将不在12项计划之下。"李看了数据,想了一会说,宗旨是很好的,你应该向"行政院"李院长(焕)和"经济部"陈部长(履安)报告,请他们研讨一下能否列入政府预算之中,提供一些支持。我随后向陈部长和李院长报告,他们两位觉得是理所当为,陈部长有丰富的科技背景,认为可以列入"经济部"科技发展项目之中。所以工研院中兴院区的远景,到这时不再是空中楼阁了。我得到情商学养丰硕、盛名设计的汉宝德教授的协助,很快进入到设计蓝图和工程模型的阶段,亦再邀请李登辉到现场勘察。这就是现在中兴院区约124 000平方米的创新广场,工研院在中兴院区的总工作面积,因此约增加了一倍。

这计划的设想中,工研院的各研究所、研究中心将会把一些主力项目集中到大楼来,这可促进各单位研究人员的合作,建立团队的精神。同时好让院里腾出一些空间,提供工业界合作开发时的使用,以强化工研院和产业界的关系,加速创新的过程。后者对一些刚萌芽的初生级(Start-up)企业,特别重要,因为他们需要工研院环境的滋养而茁壮。这就是"育成中心"或"孵化器"的概念(Incubation Center)。但当时科技产业孵化这个概念,在国际上亦方在萌芽之中。

这些理念在当时,是大胆的假设。虽然我自有信心可以实现,但在"主计处"、"审计部"、"立法院"审议的过程中遭受不少质疑。有些人觉得这是个狂想,有些人认为空间太多将形同闲置,有些人诘问工研院何德何能得此殊遇,至于民间企业来使用工研院的实验室,更是不可思议!

在1993年的夏天,我主持了新大楼动工典礼,到1996年完工落成时,我已经在工研院退休了。

我离开工研院后，许多院里的重要计划都持续发展，不在此多说。在这栋建筑群里的新创事业“育成中心”，以及提供既有企业研发合作的“开放实验室”，外界的需求特别大，所规划的空间很快就不敷使用。工研院产业育成中心是台湾的第一个孵化器，自成立以来，在国际间的评比相当杰出，并获得多项奖项，包括：“经济部”中小企业处“育成中心特别奖”、亚洲育成协会（AABI）的“2005 年度最佳育成中心”、美国 NBIA 的“2006 年度最佳育成中心”。

从具体经济效益来说，在过去 15 年中，据报工研院的报告，育成中心促成了 652 亿的新投资，协助创造了 1.7 万多个优质的工作机会，这都令我感到十分欣慰，觉得是对当时促使梦想成真三位长官的一个交代。

长时间来我很想见见育成中心的一些成员公司，了解他们的亲身经验，所以请工研院为我作个介绍。在这个背景中，我和沛锦科技公司的宋智达总经理在 2012 年的夏天见了面。

**初生之犊**

沛锦公司是一家相当特出的企业.刚迈入第十个年头，现在是一个十来个人的小公司。它凭着自有的知识产权授权的途径，使许多国际大科技公司，成为他的顾客。沛锦科技的独特芯片的使用，在 2012 年中达到六千万颗，预计 2013 年将超过一亿颗。从 20 世纪中期以后，台湾的中小企业从以低廉劳工生存，转换到以脑力创造利润的转型，沛锦公司应可说一个典范案例。

这是我首次和宋智达总经理见面，发现他质朴而谦和，健谈而自信。他出生在台湾屏东县乡下，在淡江大学电子系大学毕业后，1983 年进入工研院电子所任职。很快地他发现高深研究对未来发展的重要，所以在 1987 年离开工研院，到美国新泽西理工学院研究部攻读，1989 年取得电机硕士学位。此后的十年间，他在美国先后任职于 Intel、Bell Labs、Hewlett-Packard 等国际级企业，从事 Flash Memory、Video chip、CPU 等技术的研究开发。1998 夏天，他加入德国 Siemens 公司，成为产品经理(product manager)并派回德国。他旅居美国及德国,前后共 18 年。

**创业历程**

2001 年 5 月,宋智达参加德国 Munich BMW 基金会赞助的创业投资比赛,获胜得奖,开启了他对创业的兴趣,于是成立了沛锦科技公司。2002 年 1 月在慕尼黑,沛锦科技获得德国联邦管辖基金(German Federal Government Fund,又称为 TBG)的财务支持。一年后,宋智达把他在美国的房子卖了,换取资金搬回台湾,在工研院育成中心设立了主要的工作团队。沛锦科技的定位是高阶集成电路设计、多媒体系统芯片与影音压缩专利技术(Multimedia IC/IP)的开发设计。

我请宋智达介绍他所拥有的专利的精要,他说:"在过去的 40 年中,摩尔定律扮演着半导体技术产品的关键驱动力。然而摩尔定律较适用于逻辑器件,而记忆储存器密度成长和 I/O 性能迁移的成长速率比摩尔定律所预测的慢。在过去 40 年中,从逻辑到内存以及 I/O,产生了非常大的差距,压缩技术填补了这些空白,就成为沛锦技术的主要业务。"我继续问,沛锦的压缩技术究竟有些什么重要的功能,是其他公司所不及而需要求助于他的。

他说沛锦独创的 TITC-NLS 压缩技术专利产品不但可以减少耗电、减低内存成本(On-chip SRAM and Off-chip DRAM),并能解决 EMI(电磁波)的困扰。因此它已陆续获得全球主要影像视讯译码芯片供货商的采用,特别是从事数字影像与数字音频的 IC 设计、IC 制造及系统厂商。这些用户包括:德国 Micronas、日本 SONY、Kawasaki、Renesas、Sharp、Panasonic 等以及台湾凌阳、旭曜、联咏等公司;2013 年二三月之间,Samsung、Nokia 的高阶智能型手机已采用了沛锦科技的 IPs,沛锦客户生产的 LCD Drivers 芯片已提供给 SONY Google、MOTO 联想,以及大陆的中兴、华为。

这是台湾的半导体设计专利技术,外销先进国家的成功案例。从他的叙述中,很显然沛锦科技压缩技术的专利知识产权具有若干特殊的优势;他的自豪,自应是实至名归。

2012 春天，沛锦科技的压缩技术正式量产应用在 HTC ONE Smart Phones，也让沛锦科技“经历十年水火淬炼，踏进上帝应许的丰美的新境界”。宋智达如此形容他的创业历程。

图 3-9 为描绘沛锦科技客户的产品销售量。

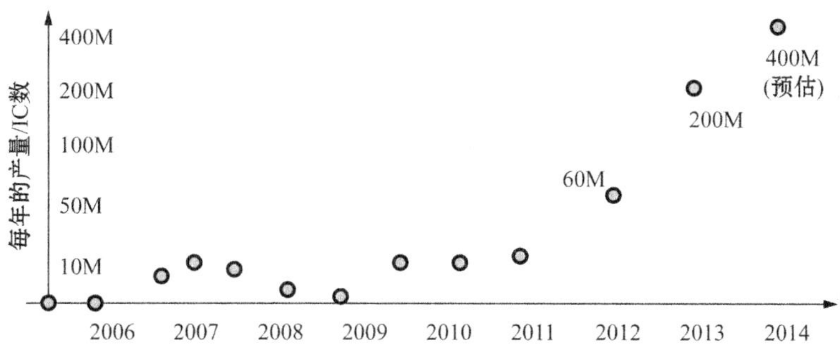


图 3-9　沛锦公司销货成长表

从 2006 年第四季，沛锦科技客户的年出货量从年超过 500 万颗，到 2012 年第一季突破 6 000 万颗。在 2006 到 2008 年，主要的客户都在德国，IT 泡沫后许多客户停业，好在日本的客户来了。到了 2012 年，客户群已变成是韩国和台湾为主，大都和 Smart Phones 有关。宋智达高兴地说，沛锦科技 2012 年每位员工的平均营收额，约为同年 Intel 员工平均营收额的两倍。

目前沛锦科技正在推广医疗器械市场和计算机软件的业务，并开始转投资在一家以质量教育为导向的文创产业公司，名为乐菓子文创(Sibonnevie)。沛锦科技将于工研院的场所增加 1 至 2 个部门，以帮助他们在发展中国家设立 IC 或系统设备，并建立产品流程。

**政府的角色：他山之石可以收玉**

沛锦科技公司可以说深得德国和台湾对科技创新的鼓励。在过去的十年中，沛锦在慕尼黑获得了两项长期计划，成效良好，包括得到 IEEE 光学学报“最佳论文奖”，以及慕尼黑发明专利权。在台湾，“经济部”中小企业处的“协助中小企业提升技术应用能力计划”,提供了沛锦第一波的挹注。由于中小企业处的协助,沛锦顺利以“超高速低功率高画质之影像压缩 IP 技术开发计划”,取得“经济部”技术处 SBIR 计划的研发补助款;第二年更进一步协助取得“经济部”工业局“促进产业研究发展贷款”,使公司资金运用更弹性灵活,逐步以技术研发为出发点,稳健成长。我好奇地问,台湾和德国的创业环境,在他看来,有什么不同?

宋智达侃侃而谈两个政府对创业者不同的看法和做法。“德国人很守法,他们订的法律很松,几乎可以说是无法无天;台湾的法律则在预防舞弊或犯罪,管理上的手续非常繁琐。”他说:“以我个人为例,德国联邦政府敢投资我这个外国人,前后已经十年了,他们没有要求稽核过,没有质疑过钱是怎么花的,只要求我们每年把公司的年报(Annual Report)寄给他们。他们连我这样的外国人,都是给这么大的信任,可见德国对创业者是十分尊敬、尊重和信任的。”

“在台湾,政府把钱借给企业,却是一天到晚要查账。”因此,沛锦科技申请先期研究之后,不再申请延续了,实在是不堪行政之繁琐。要从亲朋友好取得资金的支持,在台湾则是容易多了。“另一方面,我认为在台湾,政府给的补助有时未免太多了,容易流之浮滥。”对于创业者来说,宋智达认为,政府还没有成熟的机制来协助。

我很同情宋智达所描述台湾的行政手续的状况,不过我建议还要做更深入的分析。两个政府对产业科技创新的投入,一般来说,台湾高于德国。行政机构要求厂方保留财务记录,以备稽核,恐怕与法律有关。但是政府的行政手续繁琐,即在工研院亦常以为苦。

不过对一个新创公司,宋智达认为台湾仍有独特的优势,例如:风土人情和善,容易找到客户或和合作伙伴,工程与材料便宜,人才素质优良等。一个新产品的概念,容易找到各式各样的创业家的协助合作。他所描述的这些因素,就是本书在第一部中所讨论的国家创新机制,他以一个创业家身份所感受到的台湾的创新环境，可不就和美国 Silicon Valley 有近似的地方吗？

关于社会人情的不同，他有一个有趣的观察：台湾“重情”，美国“讲理”，德国“守法”。因为能体察人情，所以台湾的企业有弹性，反应快速。因为讲理，所以美国的企业讲求策略，培聚人才。因为守法，所以德国的企业守纪律，重质量。我认为这个观察，很有见地。我们当然亦可指出一些例外和负面的特性，然而他能从正面立论，表示了他的度量和阔达。一个年轻人有这些气识，是很可佩服的。

**领导风格：与人为善**

这情、理、法的均衡，显然是他所追求的管理方针。我在访问沛锦科技公司后，表示希望和他的一些同仁单独谈话，以便了解一个创业公司的人文。他很爽快地答应了，随即安排一个小会议室，鼓励当时在公司里的同仁和我见面。

我心里有些好奇，在这竞争激烈的半导体产业里，宋智达如何吸引这些员工安心留在这小公司里？

他的领导风格显然是一个关键因素。无可讳言，小公司的待遇远不如大公司的优厚，但是沛锦的员工士气高，团队精神好。他们一致的感觉，是公司虽小，但是前景大好；个人职责明确，工作有成就感，亦有发展的机会。在员工的眼中，宋智达能授权，会栽培，亦乐于和他们分享。

我注意到，绝大部分的员工都是研究所毕业不久，就进入沛锦。他们多半不是毕业自一般人眼中的“名校”，却在宋智达的带领下，逐渐养成了专业能力，而且能够对公司作出贡献，在国际竞赛场上开拓一片天。

在沛锦六年的张博智赞许宋乐于承担责任，使得每一个人都敢于尝试。六年来不是没有跳槽的机会，但是他自觉在沛锦能安心学习，有机会发挥潜能。徐志庭说宋不断鼓励他们学习，要求他们要开拓境界；宋时常带同仁出国历练，除了技术之外，亦要体验市场趋势和顾客关系。在公司八年的卓韦婷特别指出，宋重视家庭价值；她的孩子还小，需要多些照顾，公司尊重她的需要，给她工作的弹性。原来学信息管理的萧郁,进公司后受到训练,没几年已是专利能手。沛锦公司现在已经获颁十个美国专利,而且不断在更新中。学工程的林科宏在公司五年后,已能负责压缩技术应用在手机上的产品开发;能达成使命,他颇为自豪。

宋智达是一位虔诚的基督信徒,使我提起了宗教信仰的课题。一位同仁说,“信仰对宋智达影响是绝对的,他深信上帝的允许,使他不论在什么样的难关,都能乐观面对。”我相信由于宗教信仰,使他特别能关心别人。他是一个努力上进的人,所以他亦乐意给同仁同样的机会。

**工研院角色:育成中心对新创公司的辅导**

工研院育成中心的租金比新竹科学园区或其他私人工厂办理的租金高。然而沛锦科技从艰辛运营的草创期到今日营收快速的成长,工研院仍是宋智达心中的首选。为什么?

“工研院对沛锦科技有正面影响,而且这影响是与时俱增的。”宋智达表示,当年它们申请政府 SBIR 计划小额的补助时,一般小公司并不容易进行。他认为因为公司位在工研院,得以大大提高通过的机会。

“再者,一个新创的小公司从工研院能得到整个研究环境的滋养是很重要的,一方面工研院研发人才十分多元且充沛,同仁可以在这里交朋友,又有许多技术研讨会可以就近参加。大家的工作士气高,斗志高昂。”反之,“如果我们为了降低成本,去租一个便宜的小厂办公,小公司人少,容易闭塞,同仁的工作感受也是很有限。”大家都说“创业维艰”,许多人着眼的是成本,宋智达却看到工研院的无形资产带来的价值。

“工研院在形象的效益以及在国际网络的价值是台湾极珍贵而少有的。”宋智达说,他的客户来公司参访,工研院的门面无形中成为沛锦的加分因素,而沛锦与国际网络、重量级的人物有机会洽谈,常常得到工研院的协助。

他以一个实例说明。2011 年 9 月时,工研院国际中心邀请沛锦科技参加一个企业交谊活动，并给他一个机会，把公司简介了一番。随着介绍他和几位外商见面，包括前瑞萨汽车零部件总经理及 Hitachi ULSI 公司的总经理。会谈极为融洽，这位日本朋友接受邀请，成为沛锦科技的日本代表，对日本工业界推广沛锦的产品。三个月后，沛锦科技开始提供 IPs 和解决方案给 Renesas CIS 和 Rohm Automobile Device Bus。“我们在日本的市场从此拉开序幕！这样的机会不是一个新创的小公司有办法经营得到的，这真要感谢工研院提供的机会。”

自 2007 年开始，沛锦科技开始进行医疗领域应用的初步研究，并签署了第一个与工研院的医疗设备合作案，在 2011 年的 3D 视频录像机的合作案中，共同研究超音波设备内容。他说：“若没有工研院的帮忙，这个研究案可能花费沛锦科技百万美元、至少五年以上的开发时间，才可能完成雏形。”因为工研院人才、设备都是充足的，大大缩短了开发时间与成本。

我和沛锦的年轻工程师谈话时，发现好几位都住在中兴院区的 12 层单身宿舍里，他们都很喜欢那里的环境：方便、舒适、优雅，对他们的工作很有帮助。这座宿舍大楼是我就任院长的第一个建筑设施，当时很坚持尊重个人（Respect for the Individuals）和使用者友好（User friendly）的设计理念，想不到 25 年后还能让一些年轻人感受到，产生些社会效益，自是意想不到的欣慰。

展望瞻未来十年，他还要留在工研院里吗？宋智达毫不迟疑地说：“当然要。”沛锦科技早已从创业育成中心的孵化——新创企业养成阶段，进入“开放实验室”的共同研究开发。他高度肯定与工研院近距离合作的价值。

**给未来创业者的建议**

沛锦科技可以说是相当典型的知识经济企业，凭借着人才的智慧，创造公司的新价值。公司的同仁展现了超强的团队精神和向心力——零流动率，令人对公司的企业文化刮目相看。对其他创业者，我请宋智达提出建议。他说：

- 远处着眼，近处着手：眼光要放远，跳跃之前先看清楚。在创业之前，我曾有15年职场生涯的训练,也向许多杰出的领导人学习。

- 与人为善、得道多助:你帮助了别人,别人自会帮助你。
- 好的市场策略:想想市场需要什么服务,你如何能提供这些服务。
- 对不同的人才需要尊重及有弹性。
- 不断地学习:三人行必有我师,从有经验的人、书本、研讨会学习。

这些建议,是他身体力行中的感悟。宋锦达笃信耶稣基督,他的信仰带给他博爱、勤劳、奉献和服务社会的理念,这无疑是创业家所珍贵的软实力。

## 3.12 伍日照:香港麦当劳

——以人为本、团队精神、创造利基

在一个闷热的夏夜里,我在床上辗转反侧,脑海中萦绕着最近和吴校长谈话的情景。说也奇怪,身为高等教育机构首长,他看来不同情我有跟学生来往的意愿,几次尝试说服我不要去教授任何课程。“为什么?你在香港科技大学的本职是副校长,应该是全职投入行政管理工作。准备课程和带领学生讨论等,会分散你的时间和注意力。”我表示强烈异议,我说这所大学所以吸引我来服务的原因,并不在它的美丽海景或优渥薪酬,更重要的是它能提供一个幽净的学术环境,使我能和学生有脑力激荡的机会。此外,把我当做“不能同时走路和嚼口香糖”(Can't walk and chew gum at the same time)未免小看了我。要知道,我如果整天苦坐会议室里,讨论枯涩的行政事务,不但没有刺激,无形中亦是一种折磨。长久以往,我的脑筋很快就会滞碍,在学校里亦不可能有所贡献,这将不是他邀请我加入学校领导团队的初衷。最后,他勉强同意我在晚间去开一门课,但有一个条件,我必须将所有的心力放在副校长的职务上(起码在白天没有托词不去开会),因为合约上就是这么写的。

我感到肩上扛着特殊的担子,我得证明我对于教学的坚持是正确的,我的课将会带给学生和学校教育上有实质的意义。我将如何把握这个机会呢?

就在我昏昏欲睡之际,骤然被刺耳的声音叫醒了,是校方警卫室打来的电话。“林教授,我们要向你报告,天文台现在已经挂上八号刮风讯号了。”“喔?谢谢你的电话。”“所以学校明天不上课也不办公了。”这个感觉使疲惫的神经突然放松了,我很快就进入梦乡。

“铃～铃～铃～”才一瞬间电话铃声又向了,时间刚过早晨八点。我抓起了话筒,电话线的另一端传来一个清脆的声音:“Otto,我是Daniel-伍日照,我们今天早上有约。”

听到这个名字,我就完全清醒过来了。我说:“对,没错,Daniel。不过没关系,看来台风还没有走,我们可以另约时间见面。”他接着说:“其实我已经在校园里了。”

我从床上跳起来,急着问他:“吓,为什么,怎么这么快就到学校了?”他平静地说:“因为刮了八号风球,路上几乎没别的车辆,我自己开着车,一眨眼就到了清水湾。”

**以身作则:创业家精神**

我从1999年开始,在香港科技大学工学院开一门名叫“技术管理”的课程,在夜间上课,算是迎接新世纪的来临。这门课的目的,是要提供给读工程学科的学生们,一些有关管理的基础概念和工具,以拓展他们的视野,协助他们的职业生涯。我秉持的理念是一位年轻工程师进入到一个企业组织之后,迟早都会成为经理人,所以他必须为这种职业生涯做些准备。特别是多数香港的制造业,已把工厂北迁到珠江三角洲,甚至中国内陆各地,所以实际上香港的专业工程师,很早就会走上管理的路。在这个全球化的时代,工程师将会面临复杂跨领域、多文化、多客户的产品营销问题。这门课的重点在于管理层面的实务,而非管理学的理论。

这门课程的教学大纲里的一个主题是创业精神。我认为创业家是带动创新,以创造新价值和新财富造福社会的关键人物,创业精神是知识经济时代的一个重要课题。讲解创业精神自然有多种不同的方法,我想,邀请一些典范创业家现身说法,和学生们分享经验,会是一种很有意义的方式。我希望学生能从成功人士的事迹中得到真实的启发,知道这些人不仅是案例上的名字,而是活生生的教材。

在几位可能演讲者名单中,我第一个想邀请的,就是香港麦当劳公司的执行长伍日照—Daniel Ng。我一向主张创新不只来自新奇的产品和制程,同时也包含营运模式和营运计划。麦当劳的情况很符合我的描述。

香港麦当劳的案例引起我格外关注的原因,是它的主题是日常饮食中看到的简单无奇的产品,没有蕴藏什么特别的高深科技,是每一个人都能体会而批评的。了解这位创始人在二十五年前,如何决定要在香港卖汉堡,应该是很有趣的事。他怎样让挑嘴的香港人接受口味平淡的碎牛肉饼?这是多么不简单的事。只要想想你站在香港的一个典型的十字路口,举目一看,随处都可看到卖着香喷喷的叉烧、烧鸭、鱼丸、虾饺等各式各样点心的店铺,每样都是价廉味美。在这种环境下卖汉堡饼,会是多么困难的挑战,它的成功几率,想想都让人捏把汗。

**灵动的创业家**

我并不认识 Daniel,从来没有见过他或联络过他。老实说,我想他也不认识我,因此要从公司渠道找到他并不是件容易的事。唯一确定的是他已经从麦当劳退休了,除此之外,没有人知道他现在确实的行踪。他对飞行很有兴趣,喜欢开小型飞机;不久以前,他和一个朋友驾驶小飞机从香港进入广州,可说是开风气之先。最后有朋友提供一些信息,显示他已经有了一个新的嗜好,可能在中国西北、吐鲁番和乌鲁木齐附近,研究少数民族文化去了!后来我多方求证,果真是如此。他这时致力于推广“多种族文化”及“少数民族音乐”,而且是知名大提琴家马友友所创办“丝路计划”中的重要成员。

最后，有位朋友给我一个电子信箱试试，但不保证它的确实性。我写了一封谦恭有礼的邮件，介绍新开创的香港科技大学和我的课程，表达希望邀请他来担任演讲嘉宾的诚意。一如预期，毫无回音。过了将近一个月后，我又寄了一次邮件，这次用了比较急迫的语气，学期很快就近尾声，等等。在第三次电邮后，他传来了讯息，表示他愿意到学校来了解状况，并且讨论他能为这门课做些什么。我实在是太高兴了，我们约定了一个他回到香港后的日期，大约是一个月之后。

这个日子就是香港刮八号风球那晚的第二天。当天，所有公家机关和学校都不开放，但伍日超记得我们的约定，不顾恶劣天气及诸多的不便，自己开着车到了香港科大的清水湾校园。

**企业家的价值观**

我匆促地赶到学校中庭，巨风强劲地吹着，雨滴扑面而来，眼镜面模糊难认，远远望去，一个男士身上披着雨衣，正在好奇地左右张望。我急奔向前，伸出双手问道："你是 Daniel?"他微笑着握住我的手说："早安，Otto。"

我问："你怎么不在大堂另一边的咖啡厅等我?"他说："我去过了，不过他们没开门。"我说："既然这样，我们到我办公室去吧，不过今天没有秘书帮忙，只好委屈你喝我泡的咖啡了。"在走向电梯间的路上，我说："慢些，也许我们可以试试看 LG5(地下五层)的麦当劳，最近新开张的。不过，我想它可能也没开门。"

他看起来很惊讶："哦，你们学校里有麦当劳分店? 如果这里有麦当劳，那它一定是开着的。"

"你怎么能肯定? 毕竟今天可是强烈台风。"

"这是我订的规则，所有麦当劳餐厅，天气再不好，像是八号的强烈台风，也必须开店营业。像现在这种时候，总有人需要一个地方，坐下来吃些东西。我们是为了服务人群而存在的，怎么能在人们需要我们的时候缺席? 所以，所有分店经理，都必须确保他的服务人员能够上班。如果有需要，经理应该雇出租车或自己开车去载人。”

“嗯,这倒是个很好的想法,不过这间店是新开的,我们就去看看吧。”我们乘着电梯下楼到 LG5,果然看到亮亮大大的 M 字招牌。里面已经坐着许多顾客,很满足地啜饮饮料,吃着薯条。

就在我们走进店里时,柜台后的一位男士好像遭到雷击一样震惊。他快步上前,用力握着 Daniel 的手说:“早安,伍先生,能见到您真是太惊喜了!”他的言语迫切,态度真诚。我在旁边看,深深为这感动。但忍不住想:这个人看起来就像受到惊吓,他一定在怀疑这位已经退休的老总是不是来做突击检查的!

我坦白地向 Daniel 说,我们之前从未见过面,但这一幕“认亲记”确实是有力的身份识别,对我来说印象非常深刻,他会心地微笑。在桌旁坐下之后,我们看着窗外呼啸的风雨,似乎都很享受室内温馨的片刻。在麦当劳咖啡的陪伴下,我们慢慢地进入正题,谈谈香港麦当劳的成立,以及邀请他来创业课演讲的想法。

**市场策略焦点:人**

一开始我就提出藏在心中很久的问题:二十五年前你是怎么说服香港人接受汉堡饼的?在 1970 年代的时候,即使在香港这样一个号称东西方门户的城市,亦并没有很多人去过美国,或是体验过美式餐饮。

伍日超慢条斯理地说:“事实上,卖牛肉饼这种产品只是这个事业的一小部分。我们的重点是如何吸引客人到餐厅来,提供适当的服务,让他们愿意带着家人或其朋友,一次又一次的再来?”

“啊!人是营业策略的焦点,People is the Beef!顾客是这门生意真正的‘牛肉’。”我惊呼着说。

“不错,我们真正销售的是符合标准的服务:清洁、快速、质量、价值和礼貌。当顾客在我们的店里感觉到很舒适之后,他要点汉堡、炸鸡、咖啡还是可乐都随他喜欢,他可以这次试一种,下次试另外一种。

“顾客有信心在我们的店里，不管买什么，都是物有所值，这就是价值。我们的餐点有一定的、可以期待的、可依赖的质量。我们的服务快速：现点现做。我们的餐厅非常干净，而且我们的工作人员都彬彬有礼。客人到店里第一句听到的话就是‘欢迎’或是‘早安’，最后一句听到的一定是‘谢谢’或是‘欢迎再来’。”

他在描述这些情节的同时，我的脑海中立刻出现走进同等价位的传统餐厅的画面。桌面通常有油渍菜汁，地板黏沾湿滑，服务匆促粗糙，餐点时咸时淡。而且，坐上位子后，客人常要苦待服务人员来点餐。当点到的菜肴上桌时，你还得赶快吃完，要是坐着再要享受片刻，服务生就会开始盯着你，这是多么鲜明的对比！

**执行策略的焦点：人**

我开始了解 Daniel 的营业策略是以服务顾客为焦点；但是这是否能够落实，绝大部分取决于在餐厅现场工作的人员，你怎么确保员工会做到你的要求？

“是的，我们倚赖员工去执行服务(Deliver)，所以必须提供训练。公司依照当地社会情况，为员工提供很多训练。在更高的层次上，公司总部办了一所大学，训练不同职务和不同层级的职员。就我所知，全球共有五个这种机构，我们称之为麦当劳大学。”

“但重要性不亚于训练的，是员工的心态。我们得让所有员工感觉到他们是公司的一份子，受到公司里上下的尊重。”Daniel 说：“我们的员工互称 Crew(队友)，就像在海上航行，我们都是同一条船上的队友。”

一般来说，在香港大部分的机构里，老板、经理通常被称为“波士”(Boss)或“老细”，员工一律简称为“伙计”，辈分尊卑非常明显。但在香港麦当劳，每个人都被称为 Crew，没有波士，亦没有伙计，因此员工会觉得同受到尊重，觉得自己是公司的一份子。他会欣然接受微笑的训练，也会主动问候走近柜台的顾客，就像这些顾客是他自己的宾客一样。

1975年时Daniel在铜锣湾开了他第一家餐厅,就在很热闹的大街上。每个小时有好几千人行经过他的店面,很多人看到大方的布置,整洁的桌面,微笑的脸靥,平易的价格,都不禁想一想,是不是可进去歇一下脚。只要其中有3%的人停下来,他的店就能全天满座。无疑,一位顾客走进麦当劳,就会发现这里和当地传统的餐厅有多么不同。在口耳相传之下,麦当劳大获成功。伍日超在1975年时第一家做起,到1995年退休时,香港已经有一百多家的麦当劳餐厅。他退休后公司持续地成长,现时已约有230家,员工人数达一万人以上。

**创业家的精神**

在我们讨论到新成立的香港科大和我班上的学生以前,我问了另一个问题:"你在1975年时,有没有思考过这门生意成功的机会有多小?"

"那是当然的。确实有很多朋友认为我大概是疯了。事实上我的看法是,越多人怀疑,对我来说,我的机会越多。越少人敢插手的东西,我越能放手去做,自然成功的几率亦会越大。"

伍日照是一个工程师,他的创业历程是相当传奇性的。他是在香港出生长大,后来到了英国伦敦皇家学院(Imperial College in London)进修,获得化学工程博士学位。1965年毕业后他在芝加哥的煤气技术研究所,从事与能源系统有关的环境保护工作。七年后他回到香港,转入风险基金行业,1975年自己下海创设香港麦当劳餐厅。他是一个有独特创意的工程师,非常喜爱音乐和文化,他认为中国的丝路是多种民族文化交流的典范,所以在麦当劳退休后他很快就到丝路去,追求他长时间的兴趣。

他讲课的那一天,学生对于他的演说反应空前热烈。在介绍词中,我特别说到他在八号风球那天早上叫醒我的电话和会面的情景。我认为这显示创业家的基本人格特质:勤勉、勇气、守信、冒险。

我们在讨论伍日照和香港麦当劳的企业历程时,我脑海中浮现了很多主题。

### 以人为尊

第一项就是聚焦在“人”的策略。当提供如汉堡和咖啡这种普遍而平易的产品时，能让一家餐厅突出于其他餐厅的地方，莫过于过程中所提供的服务质量，和创造对顾客的价值。当以人为焦点时，餐厅就会努力确保顾客在店里的优良感受。在亲切有礼的气氛下，清洁友善的环境中，顾客感觉到自由自在，自得其趣。顾客不会受到强迫，选择产品都是出于自己的喜欢，没有人向他推销；顾客不会受到催促，他想坐多久就坐多久。这是真正以客为尊的企业文化。最近提到这个问题时，Daniel 认为，在零售店方面，苹果计算机公司是很成功的一个例子。在 Apple Store 里，店员有充分的能力替顾客解决困难，而服务态度谦和，从不给顾客任何压力、推销任何产品。

各地的麦当劳餐厅亦会保持一些弹性，可根据当地市场喜好，调整装潢和规划新产品。清洁也是重要的特征，不只是座椅、餐桌、公共区域，即便洗手间都随时维持清洁，这是麦当劳在香港特别超越同类餐厅的特点。所以每次造访麦当劳餐厅都是愉快的经验，它是家庭外食的第一选择，家庭中如有 70 岁以上的老人或 10 岁以下的小孩时，更是如此。

### 善用科技

其次，运用科技支持价值链。虽然麦当劳所提供的基本上是美国人百年来的日常食品，但公司善于利用现代材料加工、质量保证和全球供应链管理等技术，能够提供顾客满意的服务质量。例如肉排的新鲜度、薯条的酥脆度等都受到严密的监控。如果有顾客不满意他拿到的产品，麦当劳会毫不迟疑地换上新的。客人退回的产品会立刻丢弃，绝不会留下转卖给别人。

虽然我们的目的不是在分析全球麦当劳公司的技术管理，但足以确定的是，所有加盟店都是在规范的质量保证系统下营运。因此，我们可以理解麦当劳虽然不是发展技术的组织，但却十分注意新技术的出现，并积极地将新科技应用在它的商业运作上。

### 产业楷模

第三,设立企业创新的楷模。麦当劳在1955年于美国成立,广受欢迎以后,许多其他快餐连锁店,包括后来称为KFC的“肯德基炸鸡”、“汉堡包王”、“温迪汉堡”以及“Arby's”等等,纷纷在美国各地出现,这些快餐店形成了现时美国日常生活饮食文化的重要部分。麦当劳登陆香港后,这股风潮也出现在台湾和中国大陆,今日它们都成为全球性的企业,这也许是连伍日照亦意想不到的发展。

快餐是我们这个时代的产物,这个产业所创造的工作机会、销售收益以及缴付各级政府的税金都十分惊人。有些学者认为麦当劳公司对食品业的影响,就像福特汽车公司对于汽车业的影响一样重要,两者都对于国家和全球经济都产生了重大的示范作用,这就是不折不扣的创新。

快餐产业模式,也对向来以精致复杂著称的中国菜造成冲击。麦当劳的成功促使许多中国创业家将中国菜烹调过程简化并系统化,造就了中式快餐业。今天在许多中国的大城市,中国快餐逐渐崭露头角。我个人去过的餐厅,像“真功夫”、“筷将军”等,都使我对中国创业者的创意印象深刻。我个人还没去过“加州牛肉面”用餐,但听说这是由台北发源、在北京和上海壮大的食品界明星!我对于海峡两岸食品业和餐厅业源源不绝的创新精神深感惊奇。

### 社交网络

第四,麦当劳已成为社交网络中的重要一环,这包括了很多形式。在某些东欧国家,去麦当劳用餐是一种社会地位象征。回顾1990年代早期,我亲眼看到人们在莫斯科麦当劳门外大排长龙,麦当劳店面之大就像莫斯科的火车站一样惊人。在香港、台北和上海这些城市,麦当劳餐厅是初中、高中学生最喜欢去做功课或会晤朋友的地方。许多麦当劳餐厅设有游乐区吸引父母亲带着小朋友前来消费。许多越来越多的退休人士,因为麦当劳的放松气氛和特别优惠长者的咖啡,而喜欢到麦当劳聚会!

这一切的发展都是源自于以“人”为策略焦点而产生的愿景，以及以“人”为焦点的诚笃施行，这是伍日照所启示的创业精神。他的这堂课，是学生们所共认最棒的课，虽然我花了不少时间为它筹划，我相信是很值得的，这亦是大学能给学生们最难忘的世纪礼物。

# 第四部

## 文化——创新创业的永续

# 4.1 东西文化在世纪末之浮沉

## 美国社会价值观之蜕变

在19世纪、20世纪之交，美国的科技创新领先全球，许多美国的发明家与创业家，成为全球人类文明的典范。对人类社会经济文化影响重大的，如爱迪生之于电话、电灯与电力，亨利福特之于汽车，莱特兄弟之于飞行器之控制等，都有超地域性、划时代性的贡献。

这几位并不是科班出身的研究家，然而对科技的应用及价值的创造都有远见和期待。福特不是第一个发明汽车的人，但是他致力于建立汽车生产线及经销系统，使一般民众都能享受汽车带来的便利、自由和机会。爱迪生不是第一个发现电力的，但他为了使每一家庭能够有照明、每一工作场所能够有动力，孜孜不倦从事于电力的开发和输配。莱氏兄弟亦不是第一个想飞的，但他们认为人类要效法自然，自可比美飞鸟，凭虚御风而知其所止。这三种科技创新，开启了20世纪的大门。他们有浓厚的求知欲望，虚心而不计虚名，并愿意向他人学习，以达到更高远的目标为满足。

在这段时期中，美国社会充满着蓬勃的朝气及对未来高尚的愿景，人们工作勤勉、做事负责、生活俭朴、敬神守法、乐于助人；并以持续求新的态度，探索自然的奥秘。20世纪的前70年中，美国的自然科学研究有极大的进展，特别在量子物理、计算机科学、材料科学和分子生物学方面，突飞猛进，开拓了新技术和创新的领域。

然而随着生产效率的提升，经济国力的增强，个人财富的累积，到了20世纪末季，社会精神倾向松懈，个人生活习于浮华，政府乐于维持现状，企业组织官僚化。从前的积极、奋发、朴实、勤敏、谦虚已不复见。下面所描述的现象，在20世纪末的美国社会上已是见怪不怪，甚至成为社会时代性价值观的常态：

• **先享受后付款(Play Now- Pay Later)**

何必勤勉工作、量入为出,玩了再说;

将来如无力还债,自可破产清结。人皆如此,不必自苦。

• **只看底线(Bottom Line)**

只要最后结果,过程并不重要。

为了底线,许多瑕疵,先行糊贴起;长期投资,尽可往旁推。

• **赢家通吃(Winner Takes All)**

金牌之后都是死牌;团队精神不外嘴唇服务(Lip Service)。

社会的奖赏制度扭曲。

• **免费午餐(Free Lunch)**

虽然大家说没有 Free Lunch,然而这次可能有例外。

侥幸之心,人皆有之。

• **抛弃式社会(Throw-Away Society)**

用完即随扬手去,天然资源大后台;虽然有点小浪费,千金散尽还复来!

• **按钮化答案(One Button Solution)**

观察、强记、慎思、明辨,这些功夫已经过时;只要能按钮,答案就出现。

• **装聋作哑(See no Evil- Hear no Evil)**

即使是错的、坏的、不义的,先得过且过,明哲保身。

• **优柔寡断(Analysis- Paralysis)**

先作咨询分析,再由时间淘汰,如果还能生存,存者就是实在。

精简机构,先组织委员会讨论;遇到危机,先由项目小组调研。

这些思维和行为模式,可以说和创新创业的精神背道而驰,无怪乎在20世纪末季,美国的竞争力在全球化潮流中受到很大的挑战。汽车工业、家电工业、材料工业等的质量和功能都逐渐背离顾客需要，竞争优势渐失，其市场地位遂为日本、欧洲所取代。这些影响所及，百业凋零，失业人口剧增，破产房屋堆积。此时布什政府为中东战火焦头烂额，日烧美金数十亿，举止失措。股市败类在国家内忧外患之时，背弃公德，趁火打劫，包装坏资产由基金承接，辗转促销，造成金融崩盘，肆虐全球如海啸之袭击，其流毒更甚于十年前之非典瘟疫。

2008 年奥巴马出任总统，政府以重手法救市救业，并在伊朗停火。但现时国债高筑，而两党攻讦未已，经济危机，仍未落幕。所幸者美国之高等教育仍为世界魁首，若干科技，如生化技术、无线通信、网络技术、云端计算等仍然领先全球，故其创新创业远景，虽受重创，仍不无可为。

**中华文化价值观的再兴**

在 20 世纪初美国在科技创新高度发展的时段中，太平洋另一端的中国，正进行翻天覆地的政治社会改革。

孙中山领导的国民革命，在 1911 年推翻了数千年的君权政治，建立了一个以民为主的共和政体，成为亚洲的第一个民主国家，亦以美国的自由、平等、民主的立国精神为模范。以孙中山为临时大总统的中华民国政府，随即陷身多重内忧外患。经全体中国人一致努力，终于在 1945 年战胜了日本帝国主义者的侵略，正式接受日本的投降，并使中国成为联合国的一个创始国，展现它在国际上的领导地位。

1949 年中华人民共和国成立，此后的 60 年中，它与台湾各以不同的策略，重建战后的中国。在过去的 30 年来，两岸都有辉煌的经济成就，令世界瞩目。

海峡两岸的中国人，大部分都具有崇高的抱负，希望以科技求生存、谋发展、争上游，为人类服务。北宋张载所说的："为生民立命，为天地立心；为往圣继绝学，为万世开太平。"是大部分中国知识分子的共同愿景。

在中华民族崛起的背景中，实际上有许多中华文化价值观的展现，可举其重要者说明如下：

**• 以人为本　爱人如己**

孔子《礼运大同篇》开宗明义说，“大道之行也，天下为公。选贤与能，讲信修睦”，这是人类文明中一个极端重要的政治理论。紧跟着的是，“故人不独亲其亲，不独子其子”。就是说这个国家是以人为本，国家施政要爱人如己、推己及人。以人为本在企业上的表现，就是要为顾客着想，要为员工着想，以社会利益为利益。以人为本的思维亦很清晰地表现在胡定华的创投业、洪传献的新日光、罗达贤的笔电联盟、卢志远张季明的晶圆测试案中。特别表达以服务顾客为尊理念的是伍日照的市场策略，人就是市场策略的焦点。

**• 坚忍毅力　背水一战**

中国历史上有许多背水求生的故事。因为没有退路，只有以坚韧不拔的勇气和毅力去谋生存、求发展。创业过程中，时常遭受许多困难的挑战。在陈兴时的荣刚材料、孙弘的盟立自动化、李秉杰的晶元光电等案例中，他们在逆境中所表现的勇气和毅力，是公司成功的最重要因素。

**• 机敏应变　聚焦策略**

穷则变，变则通。时代与环境可以说瞬息万变，创业者及企业管理者在遇到瓶颈时，必须能迅速检讨，适时改变策略。刘金标决定以新材料建立自行车新品牌，王敬堂决定转进高端人造皮革市场，这是“机”与“变”，即使一公司之力有所不及，但都能利用台湾创新机制中的资源，寻求工研院的技术协助，达成目标，这是“变”与“通”。这两个公司现在都变成全球化的企业，建立在各自领域中的领导地位，成为传统产业升级的典范。改变产品策略建立市场地位，常常是痛苦但必要的决定，亦是科技创业家陈兴时、孙洪、卢志远、李秉杰故事中的启示。

### • 集中力量　创造利基

集中资源，改造或塑造竞争优势。勿论白猫与黑猫，概以实用为第一。沛锦科技是一个小公司，然而其创始人宋智达能发掘市场的空隙，建立技术利基，变成许多国际企业重要的伙件，是一个很有启发性的案例。实际上在所有科技制造业中，陈兴时、孙洪、李秉杰、卢志远、张季明、洪传献及胡定华所领导的许多公司，都必须努力去建立他们的利基地位。

### • 提高质量　止于至善

“大学之道，在明明德，在新民，在止于至善”，是品质的原则。《中庸》所阐述的“博学，审问，慎思，明辨，笃行”，是达成卓越质量的方法。换言之，追求卓越是中华文化固有的传统，源远流长，自非欧、美、日的舶来品可比，许多西方的质量理念，肇基于此。第三部所描述的十二个案例中，从碳纤维自行车到半导体晶圆设计，无一不与提升质量有关。

### • 信义为立业之本

孔子说：“民无信不立”，企业必须取信于顾客。“行不义必自毙”，企业之产品及制程，必不能对社会有害。所以顾客满意和社会责任，是产业追求永续发展的根本。在碳纤维自行车、荣刚材料、半导体晶圆设计、香港麦当劳的故事中，对此更有明显的描述。

### • 团队精神　群策群力

二人同心，其利断金。现代科技发展复杂，产业化之路崎岖，更须分工合作，以求互惠互利。笔记本电脑联盟、次微米技术联盟、世界先进公司、沛锦科技公司，对台湾科技产业发展有指标性的作用，应是团队精神的表率。而三芳化工和工研院的团队精神，亦是台湾创新机制中的一个重要典范。

这些价值观是相辅相成的，它们之间实有非常密切的关联，如图 4-1 所示。

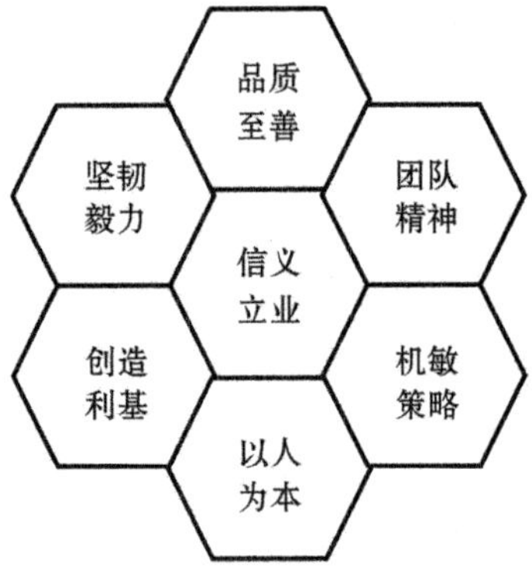


图 4-1　成功创业者的价值观

## 4.2 可持续的创新

在典型的农业社会里,经济的动力主要来自产品的培养、收成、交换与贸易,创新的领域大都属于品种、肥料、方法、用具、加工、储藏等,社会上的经济活动比较单纯。

到了工业社会,技术的进步导致生产效率的提升及多种新产品的制造。在制造的两端:生产端及消费端的服务业应运而生。随着国际化的发展,金融、财务、法务、运输、供应链等亦成为经济体制中的重要份子。经济价值链因之更向两端伸展,链的一端为研究发展,另一端为顾客服务,成为系统中较高价值的所在。这些新经济因子的加入,使工业社会的经济力量,相对于农业社会,有非常快速的成长。企业管理,在这个过程中,亦建立了重要的地位。制造业的重要性,是因为它的加乘作用。庞大的产业价值链,因为制造而建立,它提供了个人的就业机会,亦累积了国家的税基。

到了知识社会,科技新知快速的产业化,创造新的经济价值。在化学、化工、电机、机械、土木、建筑、交通、运输等领域,都有重大的进展,促进经济力量的再度高升,更适当的用词,是非线性式的膨胀。1980 年代后,计算机、通讯和网络的交互使用,促成了全球化时代的来临,亦改变了生活习惯及工作规范,更促进了许多新产业的出现。知识社会后期的新产业，大部分都得到社会的高度参与，更使知识社会的经济力，迈向另一历史性的高峰。

创业家的角色在这时代社会中特别重要，因为许多潜在的机会，要靠个人敏锐的观察和深邃的远见去发掘，以策略性的思维塑造利基，在坚忍毅力支撑下履践笃行，才能达成创新的目的。

个人创业家时常对庞大企业组织的官僚化感到不耐，而选择以中小企业的形态去推动科技的商业化。这种多元并行的创业形态以美国最为典范，它有庞大稳当的科技企业，如通用电器（General Electric），国际商务机器（IBM），柯达（Kodak），亦有活跃蓬勃的个人创业家，如兰德（Edwin Land），乔布斯（Steve Jobs），盖茨（Bill Gates）等，当然这些中小公司最后亦成为庞大的企业。在优良的国家创新机制中，产、政、学、研四重奏的相互激荡下，创业家自可翩翩起舞。

然而在过去半个世纪里，与高度经济发展并行的，是环境的污染，资源的耗费，地球的暖化，和生态的破坏。现在的地球，已经蒙上破灭的阴影，许多地球末日故事的传播，并不是完全空穴来风，而来源于人类对地球前景的恐惧。

所以未来的创新，必须要考虑它对人类在地球上持续发展的冲击。换句话说，创业家从事创新的工作，无论是技术驱动或市场拉动，他不应只考虑顾客今天的需要，亦必须考虑技术应用的终局（End Game），对社会、对地球可续性的影响。可持续的创新，必是能造福人类的创新，它必须有下列的价值：

* 启发人类的智慧；
* 延伸人类的能力；
* 增进人类的健康；
* 维护人类的安全；
* 减小资源的倚赖；
* 保障生态的均衡；
* 消弭贫富的对立。

在这个框架下的创新，才是能持续的创新。

最近十年的发展，许多科技的进步，都有可能转化为持续的创新。比较明显的例如：

* 3D Printing 及纳米技术整合的精密制造，节省能源物料并减少污染；

* 3D Robotics 及无人驾驶飞行器（UMA），监测危险环境变化增进工业安全；

* 合成 DNA 分子为数据储存及传输的载体，减少对物料能源及时间的需求；

* RFID-EDI 的整合成为智能交通、电子商务的桥梁；

* 物联网（Internet of Things）的感测、分析、使用对对智能城市化的使用；

* XSpace 类的私人企业在太空开拓新领域；

* 云计算（Cloud Computing）在启发智慧、环球商务及教育医疗等的应用。

一些长期引起兴趣的课题如：

* 温室气体的减排、捕捉及储存；

* 海水淡化及物料循环。

这些科技界的发展，对可持续创新提供了曙光，就等待新一代创业家的努力，促使其实现，以造福于人类社会。

创新机制自然亦是一个考虑的重要课题。在本书第一部第六章所述的三种创新机制模式中，分离独立的模式多会将创新的果实交付给产业界，而大企业因具有较大的经济力量和市场地位，他们很可能会独占或寡占创新产业的设立。在集中整合的模式中，很明显，政府将可能庞断或主宰创新产业，这将加深资源的扭曲，或引致腐化现象的发生。在定位链接的模式中，技术成果的商业化多将以研究机构为主导，组织创业家并协助他们获取适当的资源去创业。通过这样的技术转移，将可促进中小企业成为社会的主流，有助于消弭社会贫富的对立，达成可持续性创新的目的。

现时许多社会学家、经济学家及企业领袖，主张发展社会性创业（Social Entrepreneurship），针对社会经济金字塔结构最底层的需要，辅助其创业，增加其向上迁移。

（参考文献：Hart，Stuart L. and Clayton M. Christensen，“The Great leap：Driving Innovation from the Base of the Pyramid，Sloan Management Review，44，51-56，2002）

实际上，科技创新将提供实际可行的载具。本书第二部所述工研院的创新模式及第三部所述的案例中，工研院在辅助建立中小企业的角色，促进社会财富分配的正义，是科技创新四重奏中定位链接模式明显的表述。中小企业已成台湾社会的主流，是一明证。

## 4.3 软实力与创新创业

如何使创新的源泉涓涓不绝？如何使创新产业持续经营？这是任何创业者所日夜萦怀的两个问题。

### 有无相生和科技创新

老子是中国一位伟大的哲学家，他要人类向自然学习。天地自然的一个法则就是有无相对与相生，这对科技创新，特有重大的启发。

天地万象，具“有”或“硬”的一面，亦具“无”或“软”的一面。前者是显性的，是物理的，可触摸亦可量度的。后者是隐性的，是精神的，需要以想象去领会的。当然在自然界的事物里，这两者并不全然是绝对的泾渭分明。老子哲学及易经理念所表示的黑白两分，其实界限弯曲，而黑中有白，白中有黑，两者互相依附。所以“软”与“硬”，“有”和“无”是一体的两面，是相对而非绝对的。两者互与表里，相得益彰。

《老子》第十一章说：“三十辐共一毂，当其无，有车之用；埏埴以为器，当其无，有器之用；凿户牖以为室，当其无，有室之用。”他用车轴、器皿、居室来说明万物"有""无"的两面。他指出:研磨陶土以塑作器皿,如果器皿内都填满了陶土,何有空间可以载物? 一间房屋,如果没有门窗,以何支持生命?

所以"有"与"无","实"与"虚"是相互依存的,这是大自然所给人类最浅显的启示。因此老子下了结论:"有之以为利,无之以为用"。我们可以演绎说:"有"界定了使用的范围,是实体、硬件、载具;"无"提供了使用的价值,是虚拟、软件、创意。这是"硬"和"软","有"和"无"共存共利,互补互惠最好的解说。

这个古老的有无共存和虚实相生的概念,实际上广用在现代日常生活中。举例来说,房屋建筑,不论大小,都是先去制造一个空壳。建筑师先在天地中营造一个硬"壳",以定义建筑物的范围,然后再设计这个壳里的"空"间,以提供使用的价值。无论住宅、酒店、学校、博物馆、办公楼、大商场,都跟随这个原则。建筑师的功力,就看他处理"空""壳"的均衡,及对艺术、文化、美观、使用、效率等的考虑。

另外一个例子是计算机。所有的计算机都讲求硬件、软件的配合。工程师制备各种硬件,如处理器的大小,内存的容量,计算步的速度等,以定义计算机的性能和质量。同样重要的是软件,他要设计适当的软件,使能处理文字、数据、图表、绘画、动漫、文件、声音、搜索及特定功能等,以发挥计算机的使用价值。

所以计算机的利用价值,由计算机的硬件与软件互相匹配而产生。如从整体计算机产业来看,软、硬件两业固然相互依存,但更多的使用价值,已逐步向软件业倾斜。在1980年代时,计算机业以计算机制造者如IBM,DEC,Sperry-Univac,Honeywell,Wang Lab为主体。但1990年代中,以计算机软件为主提供各项服务的公司,均有重大创新面世,故微软Microsoft),雅虎(Yahoo),谷歌(Google),亚马逊(Amazon. com),易趣(eBay)等计算机软件服务业的获利率及成长率,远较计算机硬件制造业者为高。上列硬件公司除IBM外,其他四员均已不复存在。即如IBM,十年前也已将硬件制造卖出,目前以提供顾问服务为主。

计算机产业的营运模式，二十年来由垂直整合转为水平分工。至于计算机制造，由寡头垄断转变为全球化供应链的管理。一个典型的笔记本计算机，其关键性零组件约由300家之多的供货商合作提供。可想见的未来岁月里，由于云端计算(Cloud Computing)技术的成熟，计算机的形态将更有重大改变：个人或企业所需的数据、计算、分析，都可凭虚御风在空中由某处得到。届时使用者只需插上电源，经简单地运作，屏幕上便可显示结果(Plug and Play)。故软件技术，故将成为计算机应用的主导。即使如此，计算机的使用价值，仍由两者交互扶持而产生。老子说："天下万物生于有，有生于无。"看来在2500年前，他已预见云端计算和网络社会业(Facebook，YouTube)等的来临了。

全球化时代的技术世界里，有无相生，硬实力与软实力的相长，是科技产业成长的轨迹，这是可持续创新的重要法则。

(参考：林垂宙，《中华崛起未？全球化时代中软实力的竞赛》，香港大学出版社，2010)

### 信义为立业之本

什么是创新企业可以持续经营的力量？在现代化的公司管理中，什么是最重要的运营目标？我们当然可以从很多方面来分析这些问题，重要的因素将包括：产品功能、技术特色、制造效率、质量保证、销售网络、顾客接受度、市场占有率、财务健全度、价品及成本自由度、公司及投资结构、环境及管理措施等。然而这些攸关公司盈亏的因素，不是企业可恃以可长可久的基本动力。

要了解什么是企业成功的基本因素，我们必须先要了解企业存在的原因。一个企业，可以说是向顾客提供产品或服务的平台，它所提供的产品或服务，必须对顾客产生价值。不论它的性质为何，或在何领域，企业必须遵守它对顾客的承诺，包括质量、价格、交货及服务。产品本身及在制备的过程中，亦不能产生对社会有伤害或环境有不良的影响。所以这样一个企业，才能引起顾客的信任，亦会是社会中一个负责任的成员。举例来说，企业所提供的食品或用品，不能使人中毒;它制造的过程中,不能有污染公害。

这正应合了中国一句老话:“信义为立业之本”,信义亦就是企业所倚赖长盈久安最重要的基本,它是一种企业软实力。

孔子对人际管理关系最重要的一个启示,就是“信”。在《论语·颜渊篇》里,他对施政优先次序有清楚的阐述:子贡问政。子曰:足食足兵,民信之矣。子贡曰:必不得已而去,于斯三者何先?曰:去兵。子贡曰:必不得已而去,于斯二者何先?曰:去食。自古皆有死,民无信不立。

这是孔子对国家软实力与硬实力最明确、最扼要的宣示。富国强兵,很明显地,是任何政府所衷心追求的目标。时不分古今,地不分南北,人不分中外,每一个政府领导人,无不希望把国家发展带上一个高峰,亦可在历史上扬名百世。足食是经济力,足兵是国防力,这是何等明确的硬实力,如何不是最重要?

然而,孔子说“不”。足食足兵,固然是一个政府重要的行政措施,但从长远来说,政府施政中不可退缩的最后防线是“民信”。民是人民,是全民;信是诚信、信用、信任、信心。政府对人民的承诺要有诚信,说话要有信用;人民对政府才能信任,对未来国家的前途,才会有信心。诚信就是国家软实力的根源,这比经济力、国防力等硬实力,来得更为重要。的确,少食缺兵多是历史上改朝换代原因的表象。然而溯本清源,历史上王朝的溃败大都由于政治败坏,丧失民心。中国历史上因失“信”而失国的事例,可以说比比皆是。

一个企业可大可久、持续营运的根本,就是信任和公义。这句话看来很简单,其实它的含意无穷。一个企业有显明的责任信守对顾客的承诺,亦有潜在的责任维护对社会的公义。所以企业必须在“信”“义”的基础上去执行它的各种行为。最近二十年一些企业败类在婴儿奶粉中掺入三聚氰胺(Melamine)以增加含氮量,或在冬虫夏草中注入铁粉以增加重量,或包装坏资产为投资基金,或造假账以蒙骗投资人,利用形形色色的伎俩去扩大市场,谋高利润,最后都为人情法理所不容,难逃身败名裂的命运。

老子第十七章对领袖的评价，很可发人深省。他的一个结论说："信不足焉，有不信焉"。领导人的诚信不足，人民当然再不信任他。所以民信如水，可以载舟，亦可覆舟。企业和顾客的关系与国家领袖和人民的关系是可以比较的，当企业不能取信于顾客时，企业就失去可持续性了。

**追求卓越与祸福相倚**

"信义立业"并不是一蹴而就的事，然而孔子在两千五百年前已经在实施方法上提出一个重要指南，这是在不断地追求卓越的结果。

在"中庸"的论说里，孔子指出国家的管理施政，就如个人的求学一样，要"博学之、审问之、慎思之、明辨之、笃行之"。这个治理国家的方法，不意成为两千多年后许多企业管理理论的源头。在社会上的多种行业及多种层面间，包括现代化的制造业及服务业，都可以适用。一些先进的企业公司，发挥这个理念，融熔在管理措施之中，更是得心应手。日本的丰田汽车公司，就是以追求卓越的质量文化，在市场上超越美国的通用汽车公司，在 20 世纪的末期，成为全球汽车业的霸主。

丰田公司为推行以质量至上、客户为本的理念，制定了一套连续性但有阶段性追踪的生产程序，各阶段可以循环改进。这个"丰田生产系统"，成为世界上企业的一个优良示范。美国密西根大学亚伦·沃德教授以它为基础，提出一个学习过程的循环，那就是：现场观察，问为什么，形成结论。这个过程包括五个步骤：观察（Look）、发问（Ask）、模型化（Model）、讨论（Discuss）、实行（Act），简称为 LAMDA。这和"中庸"所提出的五个方法的论说，可以说绝为神似。

以这五个程序为框架的精益思维，应用在企业中，可以达成重要的效益：减低浪费，缩短工时，降低成本，控制质量，提高耐用性，增加顾客满意度。这个方法的一个重要特点，是它不倚靠抽象的概念，艰涩的词汇，或令人望之生畏的符号，而采用了平凡的语言及简单的工具，所以生产线上的职工和董事会议室里的首长间，亦可互相沟通分享，建立团队精神。精益思维所揭橥的方法，已在国际上甚多企业里推行,获得了优良的成果,在海峡两岸的企业,尤其容易产生效益。

(参考:赵克强译著,《精益实践在中国》,机械工业出版社,2012)

以孔子、孟子为主的儒家精神,广在中国社会中生根:中国人对博学、审问、慎思、明辨、笃行的过程,视为理所当然。所以我可以说儒家文化已为追求卓越的质量精神准备了肥沃的基础;而质量工程如精益思维更为儒家文化提供了实践的蓝图。

在孔子的另外一个文献中,提出了"止于至善"的哲理。"大学"的首章开宗明义说:"大学之道,在明明德,在新民,在止于至善"。为了要止于至善,人们必须不断地追求卓越,必须作阶段性的努力,不断改进。孟子说要"苦其心志、劳其筋骨",所以"动心忍性、增益其所不能",这亦是精益思维应用过程中的重要环节。质量良率的要求从百分比(Percentage),到千分比(Parts per Thousand),到百万分比(Parts per Million),到十亿分比(Parts per Billion),就是止于至善的历程。

在企业营运或创业建立的过程中,是非常崎岖多变的。老子说"祸兮福所倚,福兮祸所伏",是实虚互动、有无相生的显明表述。我们亦可以从两方面来解读这句话。从谨慎保守的一面说:不要因"福"而高兴得冲昏了头脑,亦不要因"祸"而沮丧得萎顿悲伤。从积极进取的一面说:在企业顺利成长时创业家应该居安思危,努力研究开发,展拓新机会;在企业逆境时创业家更需坚忍不拔,积极创新,毕竟"飘风不终朝,骤雨不终日",眼前所看到的,不过是演变的过程。所以不论逆境顺境,创业家要以不屈不挠的毅力,保持追求至善的质量文化,乃可创造可以永续经营的科技产业。

本书第三部中所描绘的创业家故事,许多都是"祸福相依"、"虚实互动"的表述,亦是他们成功秘密之所在。

# 21 世纪高职高专规划教材书目
## （经管、财会和文法类）

（有＊的为普通高等教育“十一五”国家级规划教材，有＊＊的为普通高等教育国家级精品教材并配有电子课件）

＊高等数学（经管类用）
应用文写作
应用文写作教程
经济法
经济法实务
经济法概论
计算机文化基础
文献信息检索教程（2 版）
创新能力考试指导
大学生身心健康教育
职业院校学生心理健康
心理学原理与应用
法律基础
＊现代教育技术
法律基础概论
税法
税法实务
税收法律与案例分析
行政法
＊办公自动化技术
电子商务
＊电子商务概论
计算机网络技术
＊管理学原理（2 版）
管理学基础
管理信息系统
管理实践指南
企业经营管理
统计学
统计学及统计实务
项目管理
金融学概论
金融学基础
宏观经济学
＊流通经济学（2 版）
西方经济学
微观经济学
国际投资
国际贸易实务
国际贸易理论与实务
国际金融
国际商务谈判
国际货运代理实务
外经贸英语函电
外经贸英语信函写作
外贸英语函电与单证
商务英语函电（2 版）
＊商务英语口语
商务英语口语教学指要
英语翻译
英美概况
港口物流实用英语
＊推销学（2 版）
消费心理学
消费心理学及实务
市场营销学
现代市场营销学
市场营销实务
营销策划项目教程
**网络营销**
公司理财项目教学案例
＊汽车营销学
汽车营销实务
汽车保险与理赔
保险学
保险实务
＊证券投资学（2 版）
证券交易实务（2 版）
＊中国税收（2 版）
税收法律与案例分析
中国税制及实务处理
中国税收及策划
审计学
审计实务
公司理财项目教学案例
公共关系原理及实务
秘书学原理及实务
档案管理学
会计基础
基础会计
＊＊基础会计学
财务管理
财务会计
成本会计
管理会计
会计电算化
企业财务管理
会计模拟实务
财务会计综合模拟实训教程
＊财务报表分析（2 版）
＊广告学概论（2 版）
广告文案写作
旅游学概论
中国旅游地理
饭店财务与管理
餐饮服务与管理
现代物流基础
物流技术基础
物流仓储与配送
物流管理
物流运输管理与实务
＊房地产开发与经营（2 版）